faubourg

PISSER DANS LES COURS D'EAU

CARNETS DE REPORTAGES TRÈS INDÉPENDANTS

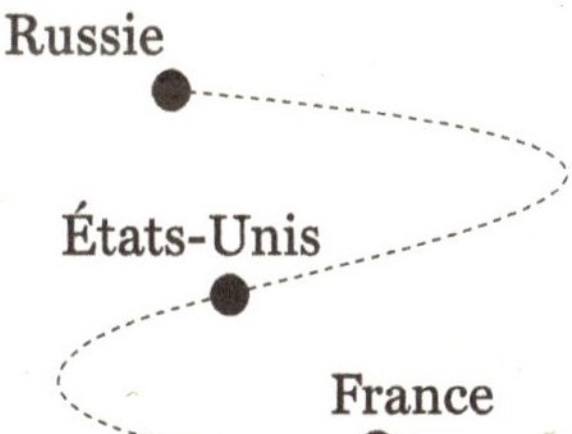

N'hésitez pas à nous dire ce que vous en avez pensé

SERGE HASTOM
DE LA REVUE *INVENDABLE*

Ces récits ont été publiés dans leur version intégrale entre avril 2024 et février 2025 dans les trois premiers numéros de la revue *Invendable*, « Let's get lost », « Autostop Poutine » et « Merde in France », en collaboration avec Louis Borel, Nicolas Cortes, Faustine Delétrain et Ségolène Le Stradic.

PISSER DANS LES COURS D'EAU

CARNETS DE REPORTAGES TRÈS INDÉPENDANTS

SERGE HASTOM
DE LA REVUE
INVENDABLE

« Tu seras INVENDABLE à perpétuité, l'Invendable, dans tes livres aussi bien que dans ta personne, et ainsi se réalisera tout à fait la séparation, naturellement désirée par toi, d'avec les vendeurs et les gens à vendre. »

Léon Bloy

PROLOGUE

La mère de Vaché me sert deux sandwichs et un verre de *than* maison. Elle insiste sur le « maison » à propos du verre de lait fermenté, mais le pain l'est aussi et puis le concombre, le fromage, les petits oignons. Vaché en est drôlement fier. Moi, je n'ai rien demandé, je ne peux rien payer, c'est l'hospitalité arménienne, il n'y a pas à discuter. On me fait asseoir au rez-de-chaussée d'une maison à courants d'air, sur un muret couvert de tapis. La mère me lance *« iest »*, « mange » en russe, avant de rejoindre la cuisine avec le fils de Vaché, aussi doux que son papa, son ballon de foot à la main. C'est dans un village du sud de l'Arménie, près de ce qu'on appelle encore le corridor de Latchine parce qu'une étroite bande de terre goudronnée est censée relier la poche arménienne du Haut-Karabagh au reste du pays. Ça fait deux mois que le corridor en question est sous blocus azéri. On est au début du mois de juin 2023, j'ai débarqué avec un bus de jeunes conscrits arméniens dans cette région où les Lada font du surplace à la queu leu leu derrière les convois militaires russes et où les agriculteurs du coin pestent contre ces alliés en uniformes beige clair soi-disant médiateurs qui maintiennent le statu quo et laissent pourrir le conflit avec l'Azerbaïdjan. Ils pestent aussi contre les alliés encravatés européens de culture chrétienne, comme eux, qui ne font rien.

À mon troisième croc dans le premier sandwich, Vaché réclame mon passeport. Il veut s'assurer qu'il n'y trouvera pas un tampon « Bakou » de gros faux-cul. Il paraît que j'ai une tête d'Azéri. Je ris en lui tendant le passeport tout en répétant pour la dixième fois que je n'ai jamais foutu un pied dans le pays voisin. « Pourquoi ? » Ben, c'est comme ça. Ça le fait sourire, d'un tendre sourire triste. Il est rassuré mais il se demande toujours ce que je fous là. Le coin n'est pas tellement touristique en cette saison. Le village de Vaché s'appelle Khndzoresk, il a été construit sur les hauteurs d'une falaise qui surplombe une ancienne ville troglodyte du même nom. C'est mon prétexte pour justifier ma présence ici. Après le carré de pelouse où j'ai planté ma tente la première nuit sans savoir que c'était l'entrée d'une base militaire, sur la droite, en contrebas, on peut descendre vers des gorges, traverser un long pont suspendu d'une pente à l'autre et se promener entre les grottes aménagées qui mangent la roche de toutes parts. On peut aussi marcher jusqu'à l'ancienne église et ses khatchkars millénaires – les stèles sacrées arméniennes –, ou encore boire à une fontaine, les mains appuyées sur deux mamelons de pierre qui représentent la poitrine d'une mère de dix enfants assassinés en leur temps par les Turcs. Ce n'est pas juste une église abandonnée et une fontaine avec sa légende, c'est l'Arménie et sa mémoire blessée.

« Les musulmans font des enfants, eux. Nous aussi, les chrétiens, nous devons en faire. » Je ne suis pas chrétien et je ne veux pas spécialement faire d'enfants mais j'ai la bouche pleine de produits du terroir, alors j'écarquille les yeux pour montrer à Vaché que je m'intéresse à ce qu'il raconte. « Il faut peupler l'Arménie et puis vos pays d'Europe, sinon on va disparaître. » Il y a quelques années, Vaché s'est engagé sous les drapeaux comme policier militaire. Quand je lui demande son âge, il me répond qu'il a 23 ans et qu'il a connu trois guerres. « Tu peux pas imaginer ce que j'ai vu, moi. » Ben non, je dis. Il pourrait me montrer mais il ne veut pas me dégoûter pendant que je mange. Je le rassure, j'ai l'estomac bien accroché. Alors il se lève comme s'il n'attendait que ça et il me sort son téléphone plein de vidéos. C'est pas joli. Il y a des bouts de chair, des coups de schlass dans des nuques de cadavres aux têtes gonflées, un tronc sans visage, des jambes d'où dépasse un morceau de colonne vertébrale. « Des Azéris, des Azéris, des Azéris... » Vaché se marre. Ça sonne faux. Il fait défiler les images du bout de son pouce, des assauts de crosse dans des gueules explosées, des griffées de fourche dans des pommettes qu'il faut deviner, des tas d'anciens mecs verticaux qui se déversent à l'horizontale d'une camionnette vers un fossé. Vaché se fend la poire. Les Azéris sont des salopards. Lui, il les bute, facile, ouais, facile, ils sont forts les Arméniens. Il redevient sérieux. S'il fait ça, c'est pour protéger sa famille et son pays.

Ça fait une semaine que je m'y promène, dans son pays, que je la rencontre, sa grande famille de femmes qui étendent le linge avant de servir la table à des hommes qui viennent de désembourber de gros tracteurs fumeux en s'envoyant des clopes comme si c'étaient des cacahuètes. Sa grande famille généreuse, mélancolique, résistante, conservatrice où les vieux 4x4 se transforment en pick-up de combat dans les fonds de jardin et où des doigts fripés pointent les quatre points cardinaux pour désigner tout ce qui leur a été volé. J'écoute des types aux noms de montagnes rapatriées de l'autre côté des frontières, des Ararat, des Sipan, des Elbrouz. Ils me déplient les cartes anciennes de leur vaste empire démembré au siècle dernier, ils me montrent des photos de croix brisées par les ennemis au croissant, ils me tirent d'un album des portraits de frères, oncles, fils et pères tombés au combat dans l'indifférence générale d'un monde où tout part en couille, où la culture millénaire de la première nation chrétienne ne représente plus grand chose pour personne à part eux, disent-ils, et ça les désespère.

Je compatis sans avouer que c'est le hasard qui me pousse à m'intéresser soudainement à leur pays, à poser des questions, à documenter leur tragédie, à hocher la tête quand on me dit que surtout, surtout, il faut visiter Gyumri parce que si tu n'as pas vu ça alors tu n'as rien vu de l'Arménie. En vérité, je ne suis que de passage, le temps d'ouvrir un compte bancaire valide en Russie où j'ai décidé d'aller me perdre en pleine guerre, pendant trois mois. Dans une banque russe d'Erevan, j'ai signé tout un tas de papiers arméniens auxquels je ne comprenais rien. La réceptionniste d'une auberge de jeunesse va bientôt recevoir la carte bancaire qui me permettra de jouer à saute-mouton avec l'embargo financier européen. Dès que j'aurai transféré 2 000 euros d'économies sur ma nouvelle carte bleue, je laisserai l'Arménie derrière moi, un peu honteux, un peu excité aussi d'aller vers cet autre pays inconnu pour moi qu'est la Russie. Vaché restera là. J'emporterai son double de papier, ce fantôme qui n'est pas tout à fait lui, cette ombre que je tente de ressusciter ici.

***

Je souhaiterais que ce livre n'ait pas de sujet. Disons que, ce qui a d'abord enthousiasmé mon éditrice, c'est que Nicolas Cortès, Louis Borel et moi sommes allés nous perdre dans l'arrière-pays trumpiste des États-Unis, un an avant la campagne présidentielle de 2024, et que, grâce au généreux talent de graphiste de Faustine Delétrain, nous en avons tiré un magazine au « prix suicidaire » et au nom qui claque : *Invendable*. Dans un monde parallèle, nous avons créé *Chutes* – ou bien *Chute* ? *Chut* ? Cette proposition n'était pas totalement aboutie –, un magazine dont la première idée de titre suintait le comptoir crasseux sur lequel on l'avait ramassée, pousse-mégots que nous sommes, mais dont le principe, lui, était d'une limpidité stupéfiante : publier les chutes de reportage, tout ce qui déborde des publications dites « traditionnelles », ce qui se coupe, ce qui est en trop, ce qui n'est pas « sexy, précis, concis », contrairement à ce qu'enseignent les écoles de commerce et de journalisme dignes de ce nom. Précisons d'office que le côté « pousse-mégots professionnels » est une posture, un effet de manche bassement provocateur. *Invendable* maîtrise à la perfection les codes subtils de la communication moderne, la preuve, c'est que j'écris « moderne » pour brouiller les pistes et que vous pensiez que nous sommes des vieux cracks du métier alors que non, nous sommes de jeunes « vingtenaires » comme l'a fact-checké un confrère de *Libé* deux semaines avant mes trente ans. L'information se périme vite. *Invendable* non. Vous voyez, l'art de la formule.

« Journaliste, c'est pas un métier. » Le père de Nicolas lui a dit ça, un soir, à Noël. « Bah si », a répondu Nico et c'était pas sa répartie la plus dingue. « Et puis, dans ma tête, j'pensais : putaingue, en fait, il a raisongue, t'sais, c'est pas vrémengue un métier quoi, c'est le kif, c'est l'aventureuh ! » Il hurlait ça, avec son accent de Narbonne, sous un plaid orange, son bonnet enfoncé sur les sourcils, dans ma vieille Fiat Panda où le vent entrait de tous les côtés, surtout celui de Louis dont la portière était mal fermée. À cette époque, entre deux reportages, Louis et Nico bossaient en restauration pour environ 10 euros de l'heure. De mon côté, je travaillais à l'Opéra de Paris comme ouvreur en complément de contrats ponctuels. J'avais concédé suffisamment de temps et de liberté à essayer de creuser mon trou – quelle horreur – dans des rédactions, alors j'avais rejoint quelques mois plus tôt la clique des Occidentaux déglingos décidés, à tout prix et contre l'instinct, à se foutre volontairement dans la merde. On appelle ça être un « pigiste », c'est-à-dire un « reporter indépendant ». C'est soi-disant un métier, ça me convainc à moitié. On s'amuse bien, c'est certain, mais on se fait bien exploiter et lorsqu'un journal publie enfin l'un de vos reportages, ben, comment dire, à titre personnel je suis chaque fois déçu. L'auteur n'est pas consulté pour choisir le titre, le chapô ou l'illustration, bon, c'est admis et c'est bien dommage puisque ce sont les premières, voire les seules choses que la plupart des lecteurs vont lire avant de passer à une autre occupation plus passionnante. À la lecture, on découvre aussi bien souvent que l'ordre des paragraphes a été modifié, que des phrases ont été ajoutées, coupées, que des mots, des photos ont été changés, sans prévenir parce que des gens qui n'ont pas le temps ont jugé que l'article en sortirait « plus musclé ». C'est une expression du métier, vous ne pouvez pas comprendre. Après des siècles d'expérimentations hasardeuses, la science médiatique a acquis un tel degré de perfection qu'elle est en mesure d'établir des règles inébranlables, lesquelles font la prospérité légendaire des journaux qui les mettent à profit. Il faut, par exemple, que l'information principale soit délivrée immédiatement. Pas de suspense, les gens veulent savoir. Il faut aussi qu'un certain nombre de mots-clefs apparaissent dès les premières lignes. C'est très important pour le référencement des articles sur les moteurs de recherche. Un bon référencement c'est un clic, un clic c'est une visite sur la page, une visite sur la page c'est une donnée qu'on peut quantifier et présenter, par exemple, à une réunion de service.

Ce qu'on en pense, chez *Invendable* – et je dis « chez *Invendable* » comme si nous étions une multinationale, une ONG ou une secte obscure alors que notre équipe au complet tient autour de la table basse de mon salon et que j'écris ça en mon nom – c'est que, de toute façon, « Brésil ou pas », comme dirait Makélélé, la presse se meurt. Figurez-vous qu'*Invendable* ne se vendrait pas, il existerait quand même parce qu'on ne devient pas reporter indépendant pour faire de l'argent. Alors, quitte à ne pas gagner sa vie, qu'on s'est dit, autant ne pas se payer nous-mêmes et publier nos grands reportages pas rentables sans les proposer à des rédacteurs en chef qui n'ont pas le temps de les refuser. À ce stade, qu'on s'est dit encore, autant débrider le style, casser le ton surplombant soi-disant « journalistique » qui emmerde tout le monde, prendre le temps de se perdre par les petits chemins, éprouver sa liberté, pisser dans les cours d'eau, dormir sur une banquette de la moelleuse Panda ou sur le sol en béton du garage d'un type rencontré trois heures plus tôt. C'est le programme, si ce n'est le sujet, de ce recueil : se promener et tendre l'oreille au hasard, en acceptant le monde tel qu'il se présente à nous et non tel qu'on voudrait qu'il soit puisque ce n'est ni le meilleur ni le pire, mais le seul.

Sur les trois mois de départementales françaises à l'été 2024, avec le collègue Louis et la fidèle Fiat Panda, nous avons été obligés de distribuer quelques coups de pied à droite, à gauche, à des fanatiques qui nous tenaient la jambe pour nous féliciter de faire du journalisme « à hauteur des gens » ou bien simplement de poster nous-mêmes des montagnes de colis *Invendable* parce que « Ouah, c'est super les gars ». C'est devenu extraordinaire de faire des choses banales, c'est un privilège de notre époque. Chaque lecteur qu'on rencontre a son mot à dire sur le journalisme contemporain, des insultes à proférer, des considérations plus ou moins profondes ou justifiées mais enfin, tout de même, des mauvaises expériences notables qui rendent tangible le gouffre entre la réalité du monde et les tentatives de mise en récit par l'autre monde des médias. Vous allez comprendre par vous-même. Je vous préviens, il faut vraiment n'avoir rien de mieux à foutre pour se coltiner du pays comme on va le faire, plonger dans la jungle des vies communes, brosser le buisson épineux des incompréhensions mutuelles. Ça réclame une dose d'abandon, un certain goût du risque et de la perdition, particulièrement en ces temps crispés où les funambules ont tout intérêt à se faire discrets dans leurs chaussons.

SAINT-PÉTERSBOURG
MOSCOU
TAZOVSKI
KAZAN
SOURGOUT
SÉBASTOPOL
YALTA
PERM
SARATOV
ROSTOV
IEKATERINBOURG
STREJEVOÏ
VOLGOGRAD
TOMSK
NALTCHIK
GROZNY
DERBENT

AUTOSTOP POUTINE

AU BOUT DE LA RUSSIE EN GUERRE

8 JUIN 2023 – 28 AOÛT 2023

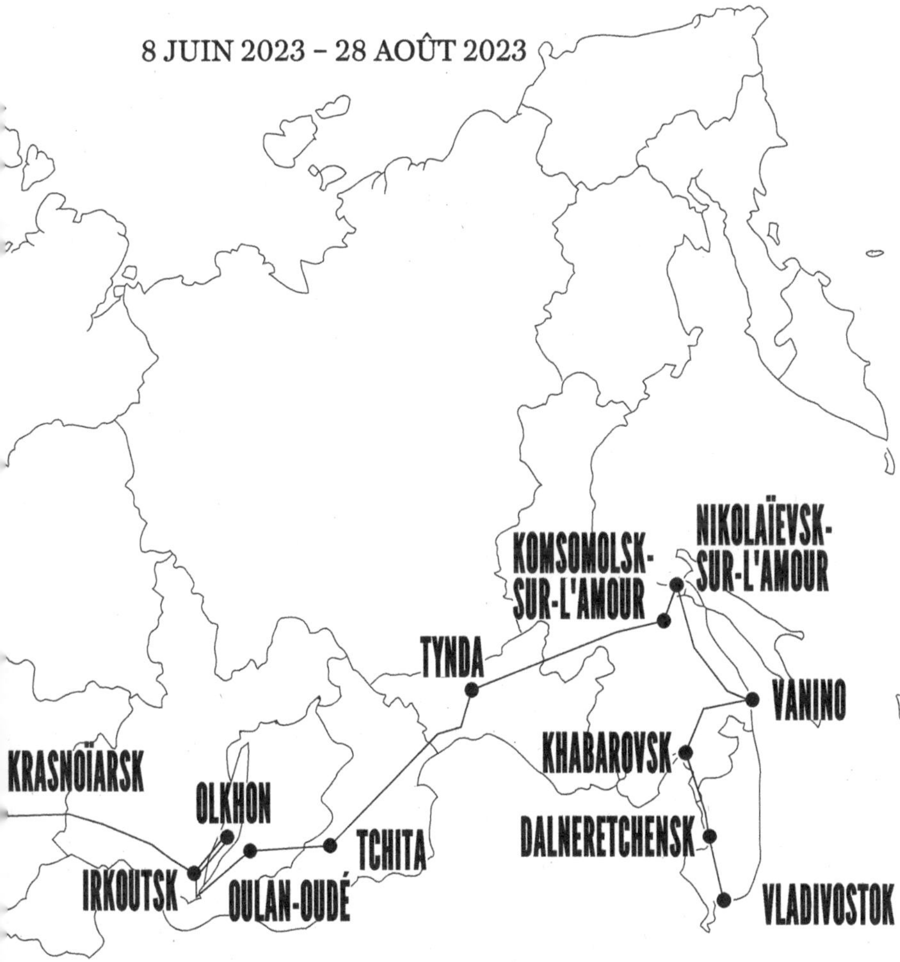

À René Cruse,
Svetlana Gennadievna
et Korinna Danielou.

Une première poussée de contre-instinct m'avait fait rejoindre l'Ukraine en mars 2022. J'étais un reporter indépendant désœuvré au premier mois d'une guerre éclair qui s'est vite grippée. J'avais suivi des volontaires français jusqu'à un centre de réfugiés adossé à la frontière ukrainienne, puis dégoté une Fiat Punto pour 400 euros chez un Polonais pas tout à fait sobre pour entrer dans le pays envahi sur trois amortisseurs. Il fallait proposer des sujets d'articles aux rédactions parisiennes, consoler une vieille dame, relancer les rédacteurs en chef, transporter des médicaments, écrire un article, aider une maman à fuir avec sa fille de trois ans, promettre au papa que tout irait bien, checker la boîte mail. C'était une ambiance bizarre, étrangement grisante, très triste.

À Lviv, j'avais découvert la drôle de faune des reporters de guerre qui peuplaient les sous-sols d'un hôtel transformé en media center où la bière, bannie par la loi martiale, était réapparue miraculeusement. Petit nouveau dans le milieu, j'avais observé les vieux routiers du conflit s'échanger mauvaises nouvelles et bonnes infos en haussant la voix au-dessus des sirènes d'alerte au bombardement. Pour gagner sa place aux tables, il fallait montrer qu'on était quelqu'un, ce qui n'était pas mon cas. Deux journalistes français installés au Liban, Nicolas et Inès, avaient été les premiers à me saluer. Inès m'avait même posé deux ou trois questions et Nico avait souri, ce gros fada. Puis j'avais fait la connaissance d'Antonin dans un café où il sirotait un jus de quelque chose. Antonin était photographe, il cherchait un rédacteur avec qui faire équipe, alors on avait travaillé ensemble, sans rien vendre, autour de Lviv d'abord, puis sur les routes de Kiev – ou Kyiv, à l'ukrainienne, puisque ce genre de détails avaient alors leur importance.

Au matin, je me réveillais entre Alex et Antonin. On se partageait à trois les frais d'une chambre à un lit, dans les étages du Sky Loft Hotel, une grande tour du centre-ville qui ressemblait pas mal à une cible de choix pour gros bourrins du missile. Nos fenêtres donnaient sur le côté de la tour, c'était une bonne chose en cas d'attaque frontale. Le buffet de la cantine était bien garni, c'était un autre avantage. Le sous-sol qui servait d'abri, en revanche, manquait de prises électriques. On croisait dans ces couloirs quelques pontes du grand reportage, presque des vedettes, du genre qui ne parlent pas la langue mais qui sont arrivés les premiers, ce dont certains tirent un noble sentiment d'autorité.

Chaque jour, dans l'hôtel, il y avait tout de même un peu moins de journalistes et un peu plus de soldats, dont quelques gradés du régiment Azov. Ça contredisait les phrases rassurantes de la réception. « *Yes, yes, it's a very secured place*[1]. » La libération d'Irpin approchait et, avec elle, la découverte insoutenable du massacre de Boutcha. Nico y était, avec Inès et les autres. Moi, je m'étais tiré la veille parce que mes sujets se vendaient mal, que mes économies s'essoufflaient, que je n'aimais pas trop cette histoire de payer des fixeurs professionnels pour qu'ils me pointent des ruines du doigt en me

1 En français : « Oui, oui, c'est un endroit sûr. »

disant *« Look ! Look ! »* et que mon chien vivait depuis trois semaines aux frais d'un copain. J'avais rejoint Lviv dans un train-couchette vide avant de quitter l'Ukraine en Slava, ma Fiat Punto polonaise, direction Prague puis Paris. L'idée d'apprendre le russe a germé là, sur la route du retour, en écoutant « If you feel brave », l'excellente playlist concoctée par Volodymyr Zelensky en personne, à ce qu'il paraît, aux premiers jours de l'invasion. Le titre « Stefania » du Kalush Orchestra allait bientôt remporter l'Eurovision. Ce n'est pas toujours un gage de qualité et pas sûr que ce soit un hasard, ce prix en 2022, mais peu importe, je saignais la chanson.

« Alors, tu vas apprendre l'ukrainien ? » Igor m'avait écrit. C'était un étudiant de Lviv avec qui je m'étais lié d'amitié et que la guerre avait transformé en bénévole infatigable. Je n'ai pas osé répondre à Igor que le russe m'attirait davantage parce qu'il m'ouvrait une grande partie des pays de l'ancienne Union soviétique, à commencer par la Russie dont je m'étonnais qu'on ne sache rien, ou pratiquement rien, en dehors de quelques déclarations politiques tapageuses, de condamnations d'opposants politiques exilés et de rares témoignages des derniers journalistes étrangers encore en poste à Moscou. Mon projet a mûri à l'été, avant de se concrétiser à la rentrée de septembre 2022. Je vous passe les détails, mais voilà, j'ai suivi pendant un an une formation intensive de langue russe à l'Institut national des langues et civilisations orientales (Inalco) au rythme d'une trentaine d'heures par semaine. En parallèle, je me suis mis à fréquenter les milieux de l'opposition russe exilée. La détresse de cette diaspora me touchait d'autant plus qu'elle n'était pas exactement de bon ton et que je trouve particulièrement idiote la rengaine du « on ne peut plus aimer les Russes et la Russie aujourd'hui », rabâchée par certains « anciens amoureux de la Russie ». J'étais aussi inspiré par quelques grands modèles, comme Patrick Leigh Fermor qui a traversé l'Allemagne nazie à pied dans les années 1930. Dans

Le Temps des offrandes, il décrit des vies ordinaires, entre les croix gammées aux fenêtres et les défilés militaires.

Jour après jour, à coups d'examens de grammaire et de partiels d'histoire ancienne, de conférences et de promenades arrosées avec les camarades de classe, j'ai préparé ce voyage à travers la Russie en guerre comme une caresse à rebrousse-poil d'un pays que je ne connaissais pas, pour lequel je ne nourrissais aucune fascination, que je n'avais jamais envisagé de visiter jusque-là. L'accès aux sites marchands russes était coupé, les trajets, même avec escale, n'apparaissaient plus sur nos moteurs de recherche et il fallait commencer par ouvrir un compte bancaire en Arménie parce que la Russie avait été exclue du système des transactions internationales. L'autostop s'est imposé à moi parce qu'il me semblait être le meilleur moyen de lier connaissance avec un maximum d'inconnus qui pourraient s'exprimer dans le cadre rassurant de leur habitacle. Un visa touristique en poche, évitant Moscou et Saint-Pétersbourg, je comptais me présenter comme professeur de culture générale, métier que j'exerçais pour financer mon année d'études, et puis creuser la distance avec la guerre, qui me semblait n'avoir rien à dire d'autre que le tragique et le spectaculaire. Je voulais avancer progressivement du plus près au plus loin de la ligne de front, voir à quoi ressemblait cet immense et mystérieuse fédération cachée derrière le visage de son président et le petit doigt de ses capitales.

Le plan c'était de faire ça à l'arrache, au talent, ce qui est un joli mot pour dire de galère en galère, le pouce levé sur les routes. Partir de Sébastopol, en Crimée, arriver du côté de Sakhaline et de Vladivostok, sur la mer du Japon, trois mois plus tard. Entre les deux : traîner, bavarder, voir. « C'est dangereuuux, nooon, tu ne peux pas faire çaaa ! » me répétait Macha, une actrice russe qui était devenue mon amie à Paris, en écho à mon oncle géorgien et à tous les Ukrainiens et Russes rencontrés à Kiev, Paris ou Berlin. Gregory, un Moscovite expatrié dans les années 1980, avait insisté pour me payer un café, quelques jours avant mon départ, place de la Sorbonne. Après une heure à multiplier les mises en garde, il avait écarquillé les yeux. « Mais sérieusement, vous comptez toujours y aller ? »

J'y suis allé, étonné que ce soit à moi d'entreprendre ce voyage, moi qui n'avais jamais foutu les pieds en Russie ni parlé russe auparavant. Je suis parti écrire ce que je ne trouvais pas à lire, profitant du précieux état d'inconnu au bataillon, et j'en suis revenu, espérant pouvoir y retourner rapidement, à condition que les Russes ne fassent pas la connerie de me blacklister. J'espère aussi pouvoir retourner en Ukraine bien que son gouvernement interdise en principe aux journalistes de revenir après avoir foulé le territoire de Crimée annexé. Le métier de reporter consiste à rapporter, pas à obéir aux administrations qui s'arrogent le droit de trancher sur ce qui doit être raconté, montré, pensé. Entre les nations qui se referment – qui remplacent, écrivait Camus, « le dialogue par le communiqué » –, j'ai essayé d'écrire sans haine dans un monde sans paix un récit qui est une tentative de raccommoder un peu l'abîme, de lancer un pont de singe entre les « nous », même fragile, étroit, branlant, juste, voilà, disons presque rien, un fil en travers du courant.

CHAPITRE 1

CRIMÉE PSYCHÉ

On est attablés à une terrasse de Sébastopol et j'attaque mon meilleur shawarma quand Anatoly m'annonce qu'il va bientôt reprendre du service dans le Donbass. Ça fait des années qu'il se bat aux côtés des séparatistes pro-russes de sa région. « Ça paie bien, putain, t'sais ? T'as un morceau de tomate sur la joue... » Je fais tomber la moitié de rondelle sur la table pendant qu'Anatoly rejoint le chœur de la table d'à côté, de jeunes hommes passablement ivres qui trinquent à la vodka en écoutant 5'nizza, un groupe ukrainien tendance reggae blanc. L'un des types porte un écusson Z au bras droit, symbole du soutien à l'invasion de l'Ukraine. « Je suis un soldat, un enfant prématuré de la guerre / Je suis un soldat, maman guérit mes blessures / Je suis un soldat, soldat d'un pays oublié de Dieu / Je suis un héros, dites-moi de quel roman. » Je pense à mon pote Adem, qui connaît la chanson par cœur, et au fait que ça m'étonne d'entendre une chanson pacifiste entonnée par des soldats. « C'est pas du tout une chanson pacifiste, bordel, balaie Anatoly en riant. Viens, on va voir la fête ! »

C'est le Jour de la Russie. Comme tous les ans depuis son annexion en 2014, la Crimée célèbre l'indépendance de la Russie en mêlant drapeaux russes et drapeaux rouges floqués de la faucille et du marteau. Ce n'est pas très logique vu que le 12 juin commémore justement le moment où la Russie a tourné le dos à l'Union soviétique en 1990 et qu'en plus, à cette époque, la Crimée, ben voilà, c'était l'Ukraine. Bon, mais c'est comme ça. Les vétérans soviétiques se réjouissent d'avoir une occasion de parader dans leurs costumes striés de médailles et de rappeler que Sébastopol est une « ville héros ». Elle a la grosse étoile dorée sur son mémorial. Ça atteste qu'elle a bien douillé pendant l'invasion nazie. « Aujourd'hui, le nazisme vit encore et nous le combattons, toujours unis ! » Sur la grande estrade du port, une belle dame en robe bleue débite ce genre de poèmes entre deux chansons. Elle est accompagnée par une fanfare et parfois par un enfant de la ville particulièrement méritant et patriote.

Dans la foule garnie, des centaines de spectateurs écoutent le concert, agitent leurs drapeaux, essuient une larmichette. Les habitants qui étaient là pour le discours du gouverneur ont applaudi chaudement. Les petits mangent des barbes-à-papa en costume de marin, les familles achètent des tanks miniatures et des t-shirts floqués de grands Z, on sent la ferveur jusqu'au cabanon des sandwichs. « Poutine est un grand président, le plus grand de tous les présidents ! » La dame dit ça en me tendant mon verre de kvas, le soda préféré des Russes. « Pourquoi vous êtes contre nous, en France ? On est vos amis. » Je réponds que oui, on est tous amis mais bon, la guerre en Ukraine, l'annexion de la Crimée, l'annexion du Donbass, le droit international... « On a toujours été des Russes ici et dans une bonne partie de l'Ukraine aussi. Depuis 2014, tout est rentré dans l'ordre, tout va mieux ! » Alia, la gérante de l'auberge de jeunesse, m'a dit la même chose, un peu plus tôt. « On a de l'eau, de l'électricité, du gaz, des routes. L'Ukraine était affreusement corrompue. La Russie a métamorphosé la Crimée. »

Depuis quelques jours, je me balade à Sébastopol avec Anatoly dans une ambiance de kermesse patriotique, entre les enfants en marinière, les hommes en treillis, les femmes en robe, les vieilles en bigoudis et les vieux en costume de cérémonie. Tout ce que je picole, c'est avec ce maître du plan foireux qui veut absolument m'embarquer avec lui dans le Donbass pour me montrer sa vie. En remontant dans mon lit à étages, l'un de ces soirs d'errance un brin chaotiques, je n'arrive pas à décrocher les yeux de mon téléphone. Avant de se pieuter en boxer sur le matelas voisin, Anatoly m'a montré son écusson de brigade du Donbass et puis il m'a réclamé mon portable. « YouTube ! YouTube ! » Des tréfonds d'internet, il a ressuscité une vidéo du X Factor ukrainien. « Regarde ça... Il y a onze ans... Moi, putain... À Kiev. » Il m'a fait un clin d'œil, fier de lui avec son air de tendre fou.

Sur l'écran, un autre Anatoly ressuscite, cheveux soyeux, fraîchement rasé, un côté Benjamin Siksou kitsch à veste zébrée. Cet Anatoly-là chante « Fever » dans un anglais approximatif. Il stresse, il force sur sa belle voix, il se la joue sexy à faire peur et c'est aussi rebutant que mignon. À la fin de la chanson, il remercie poliment le jury puis il demande pardon à sa partenaire, en coulisse, parce que le trac lui a fait oublier un couplet. Sur le port de Sébastopol, quand il chantait avec les gars de tous ses poumons défoncés par les clopes, Anatoly avait le même mélange de timidité et de panache accroché à la gueule, sur sa belle mâchoire amochée par une bagarre récente. Avec ses deux poings fermés, croûtés, rougis, il avait la dégaine unique du petit gars doué qui n'a plus rien à perdre parce qu'il a déjà bien morflé. Il ne retournera pas à Kiev de sitôt. Il aime cette ville mais il combat pour les séparatistes, de l'autre côté. Il fume trop, il boit trop, il a mal au foie, il tousse, il a de la peine à marcher, mais il n'a pas tant changé, en onze ans. « C'est le monde autour », il dit, son innocence envolée.

***

Je me suis tiré de Sébastopol après quelques jours, avec une petite indigestion de drapeaux et de chansons patriotiques. J'ai filé vers la jolie baie de Balaklava puis j'ai suivi la côte du sud vers l'est, sautant d'une caisse au niveau des jardins fleuris du palais de Livadia. C'est là que Staline, Churchill et Roosevelt se sont « partagé l'Europe » lors de la conférence de Yalta, en 1945. Je voulais aller voir, même si tous ces types étaient morts et statufiés depuis longtemps. Le palais était fermé à la visite, il n'y avait que quelques amoureux en promenade et des brigades de jardiniers très consciencieux et affairés. Ça ne m'arrangeait pas tellement puisque je voulais joindre l'utile à l'agréable et que je cherchais un coin de palais où planter ma tente discrètement. Je suis descendu jusqu'à la côte, entre les roses et les grands arbres, et j'ai balancé mon sac sous le transat d'un hôtel balnéaire pour me promener plus léger en attendant que la nuit tombe, que les pêcheurs se barrent et que je puisse revenir au transat pour faire dodo à la belle étoile.

Dans ce genre de voyage organisé avec les pieds, le sommeil se gagne de haute lutte. Trouver un coin où roupiller à peu près tranquille est un casse-tête qui se présente chaque fin d'après-midi et enquiquine parfois jusque tard dans la nuit. À 22 heures, il s'est mis à pleuvoir. Les pêcheurs continuaient de pêcher sous la flotte comme s'il y avait quelque chose d'agréable là-dedans. Moi, je les épiais depuis la terrasse d'un bar où j'étais le seul client, patient comme une lionne, jusqu'à ce que la gentille serveuse me tape sur l'épaule pour me dire que voilà, la lionne, on va fermer, il faut partir maintenant. J'ai marché dans l'ombre et c'est là que j'ai découvert qu'un gardien s'était posté sur la chaise-longue voisine de celle où j'avais caché mon sac. Il attend que le propriétaire revienne, je me dis, et puis, très vite, je me dis aussi merde, le propriétaire c'est moi et je vais me faire virer comme un malpropre. Tout en avançant vers le vieux qui me dévisage, je me décide à jouer mon va-tout. « Tu fumes ? » j'ai demandé en lui tendant un paquet. Il a hoché la tête et je lui ai offert une cigarette. Je ne fume pas mais, en voyage, j'ai toujours des clopes dans la poche, bien en évidence. C'est indispensable pour coller un gars qui n'a pas spécialement envie de causer. Il ne parle pas forcément davantage mais il est fixé pour trois minutes. Ça ouvre une fenêtre suffisante pour faire ami-ami avec à peu près n'importe qui.

Je me suis assis à côté de lui, comme si c'était normal de traîner là, sous la pluie, à cette heure, et puis d'être français, allez. Le gars s'appelait Sergueï et il n'était pas bavard. Il fumait en regardant la nuit. « Je vais à Vladivostok », j'ai dit pour attiser sa curiosité. « Vladivostok, ah ouais ? » Silence. Mince, il s'en tape. « Et comment t'y vas ? » il a fini par dire. L'autostop, ça lui a fait lever les sourcils. Il a encore tiré sur la cigarette. « Loin... » Ouais. « Et tes bagages ? » Il fixait le petit sac que je portais dans le dos. J'ai compris qu'il n'avait pas vu la cachette. « Il est là, mon gros sac », j'ai répondu avec un clin d'œil en soulevant le transat derrière lui. Il a souri, complice, en écrasant son mégot par terre. « Je peux dormir là, tu penses ? » Sergueï a dit oui. Je l'ai remercié et j'ai déplié mon sac de couchage sur un transat, au fond de l'abri. Il est resté assis devant moi toute la nuit, silencieux face au ressac des vagues. Il a croisé les mains sur ses genoux et il a contemplé le néant jusqu'à l'aube.

***

Ilya et Sacha sont très fiers de la qualité des routes en Crimée et de la propreté des villes russes en général. Ça n'a rien à voir avec la France où il paraît que les Arabes, les Noirs et les migrants foutent le bordel. C'est dangereux la France. Eux, ils y sont allés, en Europe, ils ont même vécu en Allemagne et en Suède. Ils voyagent beaucoup, surtout en Asie qu'ils adorent parce que c'est beau et pas cher. Les Européens n'ont que ça à foutre de sanctionner la Russie. Eux, ils s'en tapent, ils préfèrent la Thaïlande, le Vietnam, le Cambodge, c'est paradisiaque et ils sont mieux reçus. Les deux frères boivent du thé chinois dans les coussins du Prasad, un café végan de Yalta, sur la rue Roosevelt, où une marchande allumée juste ce qu'il faut vend du baume du tigre et de l'encens.

Depuis trois jours, on se promène avec Ilya, Sacha et leur ami Jenia dans les environs de Yalta. On a d'abord planté nos tentes dans un village sauvage et naturiste de la côte où on se baigne tout nus parce qu'« on est très *open minded* » et puis on a foncé vers un festival psyché à l'intérieur des terres, au nord d'Alouchta. Ça aurait pu être un festival de la défonce mais ça ne l'était pas. Ces gars sont végans, ils ne consomment pas de drogues et ils ne fument pas – sauf Jenia qui tire discrètement des bouffées sur sa clope électronique. Ils ne boivent pas non plus d'alcool – sauf Jenia, quelques bières en cachette – parce que c'est mauvais pour le corps et que ça a été un fléau à la libéralisation, dans les années 1990. « C'est les Américains qui ont propagé cette légende des Russes toujours bourrés à la vodka qui se pissent dans le pantalon », m'explique Sacha, attablé devant ses galettes aux graines. Au début des années 2000, il a fait partie d'une association qui lutte contre l'alcoolisme. Il me montre des photos des marathons qu'il organisait où les coureurs portent un t-shirt « La sobriété, une tradition russe ».

Avec eux, j'en profite aussi, d'un village hippie à l'autre, des promenades en bord de mer aux banias russes, sur les routes de montagne plantées de pins, de vignes, d'arbres fruitiers et de genévriers, dans cette Crimée que j'imaginais exactement à l'inverse de ce qu'elle est : une terre de marchés artisanaux et de pique-niques, de parfums de sève, de rondes folklos et de chanteurs babos. Le contraste entre cette atmosphère paradisiaque et ce que symbolise la Crimée de l'autre côté du front donne le tournis. Partout, du pain bio, du fromage des coopératives locales, des nouilles asiatiques et du thé, du thé, du thé à plus soif, dans des services délicats à pleurer. Rien n'est bien cher, tout sent bon, les gens sont doux, les enfants jouent, près des musiciens une fille tourbillonne, ses pieds nus dans l'herbe fraîche et vrrra, on est reparti. Les baffles diffusent la trance psychédélique de Johnny Blue sur les vagues d'air conditionné.

Partisans de Staline et d'un système « alternatif », mes camarades de soirées néo-hippies estiment que les démocraties européennes sont une vaste blague. De la France actuelle, ils citent les Gilets jaunes, la réforme des retraites imposée contre l'avis général, les yeux crevés par les policiers et l'immigration. Depuis la Crimée où ils passent leurs étés, Ilya, Sacha et leurs copains me rabâchent que l'Europe coûte cher, qu'on ne peut rien y faire parce que tout est lissé, normé, contrôlé. Autrefois, oui, c'était un rêve, la France, « Miréye Matié, Jane Réno, Louis dé Founésse, Charlé di Gaulle ». Aujourd'hui, disent-ils encore, « Immanouel Macrone » est un petit garçon incendiaire et capricieux, l'essence est hors de prix, la nourriture n'est plus si bonne et elle est mal servie, les gouvernements confinent, masquent, vaccinent, les rues sont aux Arabes, aux policiers éborgneurs et à la Gay Pride qui fait sa propagande insupportable alors qu'une famille c'est un papa, une maman et des enfants, c'est quand même pas compliqué. « Vivement Le Pen », me souhaitent-ils et je ne sais pas trop comment les remercier.

Ils me rappellent un pope que j'ai croisé dans la maison de Tchekhov, à Yalta, quelques jours plus tôt. Il m'a raconté son séjour à Paris, quarante ans après celui de son père. « C'était très beau, oui, la tour Eiffel, Disneyland... Mais tu sais, il y a un truc. Voilà. Quand mon père était rentré de Paris, il avait rapporté une tour Eiffel en souvenir. Tu sais, une tour Eiffel miniature. Bon. J'en ai acheté une aussi, quand j'y suis allé. Ça m'a coûté 3 euros. C'était un vendeur sénégalais. Bon. En rentrant chez moi, en Russie, je les ai prises toutes les deux en main, tu vois, et je les ai comparées. Eh bien, comment dire ? Excuse-moi, hein, mais celle de mon père, tu comprends, eh ben elle était beaucoup plus lourde. C'était de l'acier. Oui, alors que la mienne, ma tour Eiffel à moi, c'était du plastique made in China. Ahem, tu vois ? Bon, voilà. » Il avait l'air vraiment peiné pour moi. Je l'ai rassuré comme je pouvais, en lui tapotant le bras.

***

« Qu'est-ce que vous en dites, vous, là-bas ? » Je commence à être rodé sur cette question que je redoutais en arrivant, quand j'imaginais que le mot « guerre » était tabou et que les Russes parlaient de « l'opération militaire spéciale » à voix basse, de peur qu'on ne les entende et ne les dénonce. Quand le sujet vient, maintenant, je prends une grande inspiration et je dis : « Vous savez, en France, on voit les réfugiés ukrainiens, vos journalistes, vos supposés "agents de l'étranger", vos chars aux portes de Kiev, Marioupol, Odessa, Irpin, Boutcha, les viols, les discours de Poutine sur l'Europe "de Satan", Navalny empoisonné, Anna Politkovskaïa assassinée... » J'ai passé un cap, en une semaine. Je prends mes aises et je m'étonne, chaque fois un peu moins, de la sérénité avec laquelle mes interlocuteurs balaient mes critiques d'Occidental qui n'a rien compris à rien et à qui il faut tout expliquer.

Pour le Sergueï qui m'interroge cette fois, c'est un là-bas familier dont il est question, une Europe où l'on flâne sur les canaux de Venise, où l'on danse à Malaga, où l'on a de la famille en Suède. Il se vante que sa bouillabaisse soit meilleure que celle des Marseillais. Je n'ai pas goûté mais, allez, je le crois. Dans sa bouche, joyeuse et bavarde, la France n'est pas cet ailleurs dangereux, déclinant, débauché et « pédéraste » qu'elle est pour tant d'autres ici. Masse aux cheveux blonds secoués d'un souffle court, Sergueï est un croisement entre la côte de bœuf et le chocolat, entre le Viking et la porcelaine. Il gère une maison d'hôtes où il y a peu de touristes depuis que les vols ont été suspendus au-dessus de la Crimée et que les quatre heures d'avion Moscou-Simferopol ont été remplacées par trente-cinq heures de train.

Le dortoir est vide. J'ai un chalet de bois avec salon, salle de bains et cuisine pour l'équivalent de 7 euros journaliers. Sergueï a bâti la maison de ses mains. Sergueï n'aime pas tellement Poutine, ni aucun politique. C'est un homme libre qui a toujours fait ce qu'il voulait, jamais marié, des enfants à gauche à droite. L'un de ses fils est là. Il a fui Kiev au début de la guerre, « comme tous les gens bien qui pouvaient », pour échapper à la mobilisation. Un autre est encore en Ukraine parce qu'il est trop jeune pour servir. « Pour quoi faire, cette guerre ? Il faut rester en dehors de ça. Nous, on est à moitié ukrainien, à moitié suédo-finlandais et on vit en Crimée ! » Sergueï soupire en riant. « C'est pas drôle en ce moment. » Si le business allait mieux, il voyagerait encore en Europe parce qu'il a des amis partout. Mais le business va mal. « La guerre détruit la classe moyenne. Tout l'argent se concentre dans les mains de quelques-uns, ceux de l'industrie de l'armement, les Américains, les Européens, les Ukrainiens, les Russes, peu importe. Ils s'en mettent plein les poches et nous on endure. »

Dans sa cuisine aménagée en atelier pour natures mortes, dans les hauteurs de Yalta, Elena pense comme Sergueï. La peintre me sert un plat de saucisses puis coupe son corps en deux avec la tranche de sa main. « Je suis à moitié ukrainienne, à moitié russe. Pour moi, cette guerre, c'est une torture. » Elle ne descend pas de n'importe quelle lignée ukrainienne. Sa grand-mère serait une cousine de Makhno, l'anarchiste mort à l'hôpital Tenon. Elle a grandi avec son père, un haut général de l'armée russe, ballottée de l'Ukraine à l'Allemagne et de l'Allemagne à la Russie. Pour lui, pour elle, pour beaucoup ici, Zelensky est un clown, un pion des Américains. « Personne ne veut de cette guerre qui ne rime à rien. Je suis contre, comme tout le monde, mais je soutiens notre armée car si la situation s'est envenimée c'est uniquement à cause des Yankees. C'est rien d'autre que la guerre froide qui se poursuit. » Elena se lamente que Russes et Ukrainiens meurent les uns contre les autres dans une guerre de tranchées aussi absurde que l'était la Première Guerre mondiale.

Entre les nouveaux « ennemis » européens, comme autrefois entre Français et Allemands, ce sont des liens intimes et familiaux qui sont anéantis par la guerre. « De vieux amis me disent qu'on n'a plus rien en commun mais c'est faux ! » Ça exaspère Elena, cette histoire de fossé entre Russes et Ukrainiens. « C'est la propagande américaine et européenne relayée par le gouvernement nationaliste de Zelensky. Nous sommes tous frères, les Ukrainiens ukrainiens, les Ukrainiens russes, les Russes russes ou les Russes ukrainiens, on a grandi sur les mêmes bancs d'école, on parle la même langue, on connaît les mêmes poèmes. » Elle croit savoir que les Ukrainiens seront déçus de l'Europe quand ils découvriront que les promesses de l'UE pèsent comme ça, pfiou, moins lourd que le vent, et qu'il y aura peut-être quelques investissements au début mais que l'Europe les laissera vite tomber, « parce que c'est juste par intérêt, à un instant T, pour les matières premières et pour affaiblir l'influence russe ».

Selon elle, Poutine a longtemps tendu la main à l'Ouest qui l'a toujours refusée. L'OTAN encercle la Russie avec ses bases pour promouvoir un mode de vie libéral et capitaliste, une culture décadente et mondialisée. Seulement, la démocratie par exemple, en Russie, ça ne fonctionnerait pas. Je demande pourquoi, étonné, alors que la réponse est simple : « Parce que les gens sont fous, ici. Ils sont coucous. » Elena répète ça en se vissant le doigt sur la tempe. Si des Navalny ou des Nemtsov persuadaient les gens qu'ils ont raison, tout partirait à vau-l'eau, elle m'explique, parce que le peuple de la Fédération est stupide et qu'il se laisserait avoir par n'importe qui, comme dans les années 1990, la décennie du chacun-pour-soi et de l'anarchie sanguinaire en Russie.

« En Russie, il faut bien comprendre, on a un mode de vie traditionnel. On aime la famille, le pays, le travail. On n'a pas besoin de la démocratie, on se porte mieux sans, et on ne veut pas d'homosexuels. » La transition m'étonne un peu. « Tu comprends, en Europe vous en faites la promotion permanente, c'est pour ça qu'il y en a autant. Vous ne vous rendez pas compte que c'est l'arrêt de mort de votre civilisation. Nous, on veut des enfants, des petits-enfants, une famille qui ne sorte pas des éprouvettes. Tu comprends ? Je ne voudrais pas que mon fils soit homosexuel. » Il y a toujours l'adoption, je dis, en haussant les épaules, comme ça, juste pour dire quelque chose. « Et mes gènes ? Et Makhno ? » s'écrie Elena. Elle frappe la partie gauche de son corps, celle du cœur, qui en porte le sang.

CHAPITRE 2

HAMDOULLAH LE CAUCASE

Islam ne m'a pas dit bonjour mais « Tu viens d'où ? Pourquoi t'es là ? Qu'est-ce que tu viens faire ? T'es musulman ? Pourquoi Grozny ? Il n'y a rien à voir en Tchétchénie. » Ça commençait mal. Il a fait une photo de mon passeport et puis il s'est retourné vers moi. « Je vais l'envoyer à Macron et lui dire que je te tiens. » J'ai ri face à ce grand gaillard taillé comme sa barbe. « Tu peux l'envoyer, ça me donnera l'occasion de lui toucher deux mots. » Ça lui a plu. Islam s'est assis sur une chaise en plastique et il s'est mis à se confier, en anglais, tout seul, pendant de longues minutes, le regard dans le vide, en se massant le poing comme un boxeur.

« Tu sais, c'est bête, nous on aimait bien les Français. Avant, la France c'était un modèle. On a tous grandi avec vos films, vos livres, votre musique. Ma mère connaît Jo Dassène par cœur. Moi, j'adorais *Le Grand Blond avec une chaussure noire* et *Le Professionnel*. Je les ai regardés des tonnes de fois, ces films. Et puis, tu sais, nos langues ont la même souplesse. Ça fait qu'on peut bien prononcer vos mots français et inversement. Par exemple, tu peux dire jijig-galnash ? C'est notre plat traditionnel. Voilà, tu y arrives. Les Russes y arrivent pas. Nous, on peut dire tur Eiffel. C'est bien comme ça ? Les Russes disent "Efeilié". Ils peuvent pas.

« J'aimerais beaucoup aller en France, un jour, avec ma femme. Moi, je vois le côté positif des Français mais les gens disent que vous êtes fous et sales. Mon ex-femme disait ça tout le temps. "J'aime pas les Français, ils sont sales." C'est pas pour la propreté, c'est pour votre mode de vie. Vous buvez, vous fumez, des hommes couchent avec des hommes, des femmes couchent avec des femmes. C'est pas bien. Votre religion vous l'interdit. T'es chrétien ? Non ? Bon, eh ben dans la Bible c'est interdit l'homosexualité, comme dans le Coran. Il faut bien agir, être correct, sinon le diable vous pénètre. Votre problème c'est votre fameuse démocratie. Ça vous rend fous, ça vous déséquilibre.

« Ici, on est propres, on vit simplement. Parce qu'on est musulmans et parce qu'on essaie de se reconstruire depuis les guerres de Tchétchénie. À partir de mes 13 ans, j'ai connu que la guerre à Grozny. J'ai grandi avec elle. J'ai vu des choses, tu peux pas imaginer. Des corps explosés, des amputations, des exécutions. Des immeubles qui tombent sur des amis. Tous les jours. Les images me travaillent à l'intérieur. Elles reviennent. Certains copains n'arrivent pas à dormir, même avec des pilules. Moi, je fais des crises. Tu sais, mes parents sont en meilleure santé que moi. Les vieux vont mieux que les jeunes, tu trouves ça normal ? Ma génération est anéantie.

« Là, en te promenant dans Grozny, t'auras l'impression que tout va bien, les gens se baladent, les immeubles ont été reconstruits. C'est joli. Il y a le grand centre commercial, les cafés, les belles voitures, les derniers téléphones. Mais au fond, tout le monde est malade de ce qu'il s'est passé à la fin des années 1990, au début des années 2000. Ça prendra du temps et la guerre en Ukraine remet une pièce. Ça nous fait revivre ces choses de notre passé. Les soldats ont vécu les mêmes choses que moi, t'imagines ? Ils sont marqués à vie, les gars. C'est aussi pour ça qu'ils se battent, tu comprends, parce qu'ils ne veulent pas que ça se reproduise chez d'autres, ce qu'ils ont vécu. C'est bizarre hein, tu vas me dire, parce qu'il y a aussi des Tchétchènes qui se battent du côté de Zelensky pour les mêmes raisons que des Tchétchènes se battent du côté des russophones. On défend la même chose, chacun de son bord, le droit de vivre et de défendre sa culture. Chacun estime avoir raison. Tous compatissent avec la souffrance des Ukrainiens, ceux de Zelensky ou ceux d'en face, pareil, juste pas les mêmes.

« En France, on vous dit que les Russes veulent détruire la culture ukrainienne, c'est n'importe quoi. La Russie, c'est le mélange des cultures, c'est le principe de la Fédération. Chacune a sa place, on les défend toutes. "Un pour tous, tous pour un", c'est comme ça que vous dites. En Ukraine, aujourd'hui, les gens se déchirent parce qu'on leur monte la tête les uns contre les autres, on leur dit qu'untel n'a pas le droit de parler sa langue, qu'un autre veut supprimer sa culture. Des deux côtés du front, ça fait des soldats qui sont juste les faces d'une même médaille, une médaille que les gens de pouvoir lancent en l'air comme s'ils ne représentaient rien d'autre que des statistiques. Les industriels de l'armement font leur business, les investisseurs rachètent des actions au plus bas, les politiciens négocient là-dessus et les pauvres gens crèvent, voilà. Nous, on est les petits pions malades de ce jeu d'échecs. On courbe le dos.

« En Tchétchénie Kadyrov et son père Akhmad nous ont sortis de la guerre. Avec Poutine, ils ont fait énormément pour le pays. On sait que Kadyrov détourne de l'argent, qu'il est dur, autoritaire mais on a besoin d'un dirigeant comme lui parce qu'on est un peuple malade et qu'il faut quelqu'un pour tenir les rênes, pour ne pas que ça dégénère encore et encore. Tu comprends ? C'est bête, hein ? On a besoin de ça. Le temps que ça se stabilise, qu'on reconstruise, que l'économie se développe. C'est ce qu'il se passait jusqu'à la guerre en Ukraine. Maintenant, tu vois, l'hôtel est vide. Je ne sais pas où ça va nous mener. On espère tous que ça va se calmer, que la paix va revenir, parce que c'est juste des nouveaux traumatismes qui s'accumulent. Les fantômes, ils nous poursuivront encore et toujours, tant que la guerre durera, de génération en génération. Et ça va continuer d'abîmer notre peuple.

« Chez vous, les Tchétchènes ça fait peur, hein, c'est ça ? Vous croyez qu'on est des guerriers, qu'on aime les armes, le sang, l'armée. On est des musulmans. Nous, ce qu'on aime, c'est la tranquillité. On aspire à des vies humbles, dans la famille, la foi, la tradition. Tranquilles, tu vois, tranquilles. »

Islam a lâché tout ça en marquant parfois des pauses interminables. Je me disais que je pourrais quitter la pièce et qu'il resterait là, à penser à voix haute. De temps en temps, il cherchait un mot en anglais sur son téléphone. Puis il reposait le portable et reprenait comme s'il n'avait pas triché. Avant de nous séparer, il m'a montré le centre-ville depuis sa fenêtre. « Le centre ce sont les grandes tours là-bas, tu les vois ? » On ne voit que ça, le Manhattan tchétchène. Entre les immenses buildings de la place Akhmad-Kadyrov et la cour en brique inondée du quartier d'Islam, la capitale avance en rampant. Il y a des grues partout. La ville n'en finit pas de se reconstruire. Ici, une nouvelle mosquée, là des barres d'immeubles aux dimensions improbables, plus loin un futur musée de l'art national.

« Sans culture, il n'y a pas de nous. » La citation du restaurateur de la République tchétchène est inscrite dans le mémorial Akhmad-Kadyrov. Le papa du président actuel a été décoré « Héros de la Russie » par Poutine après son assassinat en 2004. Dans toute la ville, on retrouve les portraits des deux fossoyeurs de la guerre et ceux de leur héritier, le petit Ramzan, avec sa bouille adorable. Le gentil président russe l'a en quelque sorte adopté après que des guérilleros invétérés ont fait exploser son père dans un stade. À la vingtaine, il est devenu l'un des trois piliers de la Tchétchénie moderne, l'un de ces trois symboles de paix en treillis, garants de l'ordre et de la sécurité. En pleine guerre contre les indépendantistes tchétchènes, Poutine avait déclaré qu'il poursuivrait les terroristes « jusque dans les chiottes ». La formule a choqué à l'international et fortement déplu à toute une classe de Russes qui vivent mal que la langue de Pouchkine cède à celle des charretiers. Elle en séduit d'autres, ceux qui voulaient que le conflit s'arrête peu importe le prix et qui forment l'électorat des dirigeants d'aujourd'hui. Pour tout un tas de Tchétchènes que je croise, c'est tout simplement ce qu'il fallait faire. La « force d'Akhmad », célébrée en lettres géantes sur la place à son nom, près de la grande mosquée à son nom aussi, et la main de fer de Poutine, dont le boulevard mène à ladite place, sont une bénédiction. Quant à leur fidèle héritier Ramzan, il n'est pas le débile profond qu'il est pour l'Occident.

Je veux bien les croire, on peut juste reconnaître que Kadyrov fils ne fait pas beaucoup d'efforts. J'ai passé un après-midi entier à tourner à pied dans les quartiers ultra-surveillés qui entourent son ilôt présidentiel parce que j'avais découvert sur une carte que son palais se niche entre une mosquée et un terrain de paintball. Ça me semblait mériter une mission. Les dizaines de soldats postés dans les rues adjacentes n'avaient jamais entendu parler du paintball. Ça les faisait rire un bon coup et puis ils haussaient les épaules. « Et pourquoi pas ? » C'est vrai, pourquoi pas ? Pour les Tchétchènes, leur président est bien plus qu'un barbu illuminé qui sort de temps en temps de son canapé pour tourner des spots de propagande et crier « Allahu akbar ! » en galopant dans des rivières, kalachnikov en bandoulière. Il n'est pas ce chasseur d'homosexuels professionnel et sadique qu'on décrit parce que, l'explication est toute simple, « il n'y a pas d'homosexuels en Tchétchénie ». Les Tchétchènes se foutent bien de ma gueule quand j'insiste. « On est musulmans, tu comprends ? Il n'y a pas de ça chez nous. Si on avait des pédés, on les enverrait chez vous, en Occident. Vous aimez ça, vous, non ? »

Ici, comme plus à l'ouest en Kabardino-Balkarie, en Ossétie ou en Ingouchie – les obscures républiques voisines que j'ai traversées dans les voitures de Ramza, Dana, Fatma, Ali, aux têtes de Turcs, d'Iraniens ou d'Azéris –, les habitants sont très fiers de la diversité des peuples du Caucase et de leurs cultures. Les couples, c'est un papa, une maman. Les papas musulmans portent une grosse barbe, les mamans un joli voile et, ensemble, ils font des enfants, ils prient et ils reconstruisent leur pays avec l'argent illimité du Kremlin. C'est tout ce qu'ils réclament à Kadyrov : le compte en banque de Moscou et la stabilité. Sur les panneaux d'affichage public, des photos rappellent le tas de ruines qu'a été Grozny « la Redoutable », après la décennie de massacres à l'entrée du siècle. Les femmes slaloment joyeusement entre ces bribes de leur passé, drapées dans leurs beaux tissus. Elles se filment avec leur smartphone, des roses à la main, se retrouvent au coffee shop, à la mosquée, au centre commercial ou sur les balançoires de rue. Lorsqu'elles apprennent que je suis français, elles se préoccupent pour moi et mon pays où tout a l'air si dangereux. Elles s'étonnent et rient quand je leur retourne le compliment en disant ce que pensent mes proches de ma présence ici. « Non, ici, ça va, grâce à Dieu tout est tranquille. » Tranquille comme Islam, à sa table à repasser, qui repasse et plie ses draps fleuris dans son hôtel vide.

***

J'ai la bonne surprise de gagner le petit village de Vedeno un jour de grande fête. J'aurais pu m'en douter en observant un barbu distribuer des bonnes feuilles sacrées en psalmodiant à la sortie de Grozny. Il y avait aussi toutes ces dames bien apprêtées quittant la ville en minibus pour rejoindre la famille et ma voisine qui murmurait des *« bismillah »* devant des vidéos de mosquées pleines à craquer. Je pensais à la boîte de pâtisseries aux amandes posée sur mes genoux, à cette fameuse voisine dont la fesse droite débordait significativement sur mon assise et au poignard que le chauffeur à moustache avait coincé dans le pare-soleil.

C'est en descendant du bus et en levant le pouce au dernier virage du village que j'ai commencé à percuter. Un pick-up me dépasse, avec un homme sur la plate-forme arrière, assis sur une vache sanguinolente. « C'est Kurban Bayram aujourd'hui », m'explique Adil, 21 ans, ouvrier. Kurban Bayram c'est l'Aïd. Or, l'Aïd, dans les montagnes tchétchènes, c'est très important, surtout depuis la dissolution de l'URSS et la guerre de 1994. Le conflit a fait fuir pas mal de Russes russes, ceux qui n'étaient pas de culture musulmane. Désormais 95 % de la population est composée de musulmans comme au XIXe siècle, quand Vedeno était la capitale d'un vaste imamat caucasien.

Dans leur Lada Jigouli, plus haut dans les montagnes, Aboubacar et Ahmed connaissent ce joli mot d'imamat – quand plusieurs imams décident de faire alliance – et l'histoire de leur pays, celle d'une résistance héroïque des peuples des montagnes face au puissant voisin russe, suivie d'une lente reddition. Ils sont heureux qu'un Français découvre ce petit coin de paradis et le grand lac de Kezenoïam où les familles se retrouvent pour partager des grillades près des pédalos, dans des cabanons en rondins pourvus chacun d'une table, de bancs et d'un barbecue. Le charbon passe de main en main à la sortie de la mosquée, tout en bois elle aussi. Ça taille des bûchettes entre mecs costauds. Deux enfants déboulent à cru sur des chevaux racés, l'une des fiertés de ce peuple qui les collectionne. Ils viennent de Khoy, l'ancien village des gardiens de la vallée où je vais faire un tour avant de tracer ma route.

Entre deux bêlements fantomatiques, une Lada bleue surgit des nuages. La portière passager s'ouvre. Deux enfants en sortent pour en rejoindre deux autres sur les genoux des babouchkas. « Paris ? Qu'est-ce que c'est Paris ? » Abdoul se marre au volant. « Laisse tomber, elle ne connaît rien à rien la grand-mère ! » Ils sont d'Andi, Andi, Andi, ils n'arrêtent pas de répéter le nom de leur village. On ne le voit pas dans le brouillard et c'est malheureux parce qu'on est déjà au Daghestan et qu'il paraît que c'est encore plus beau et hospitalier que la Tchétchénie d'où l'on vient. C'est la babouchka derrière qui me dit ça. Pas facile de comprendre grand-chose à cause du compte des dents qui n'y est pas, et puis aussi à cause des brins d'herbe entre les gencives et des sauts de langue, entre le russe et l'avar, la langue de cette vallée. Je saisis quand même qu'Abdoul est berger et qu'il fait du fromage.

***

Un inconnu des réseaux sociaux m'avait vanté l'autostop au Daghestan. Il disait vrai, il suffit de lever le bras. Parfois, les voitures s'arrêtent d'elles-mêmes, alors que je suis assis au bord de la route, que je ne demande rien à personne, que je mords juste dans un abricot bien juteux, du sucre plein les doigts, et que je dois faire non, non, vraiment, merci, ça va. Cet inconnu des réseaux m'avait aussi parlé d'une route de montagne à parcourir, si j'avais le temps, parce qu'elle donnait un bon aperçu du Daghestan rural, loin du grand axe qui relie Derbent à la capitale. Comme il semblait de bon conseil, j'ai suivi les traits sinueux d'une carte pour relier les villages de Gounib, Sogratl, Koumoukh, Chirag et j'en passe, avant de remonter plus loin vers Derbent par la côte Caspienne.

« Le problème de cette route c'est qu'il y a peu de voitures, mais tu verras, c'est magnifique. » Il avait deux fois raison. Ce qu'il appelle une route n'est qu'une esquisse de chemin et, sur une bonne partie du trajet, j'ai pu constater qu'il n'y a effectivement pas la moindre voiture qui relie Sogratl à Richa. Ils sont quand même très attirants, ces deux sillons de terre courant les flaques et les rivières. C'est en direction de ce joli bourbier que je m'engage, au troisième et dernier jour de l'Aïd, quand Ilias me ramasse miraculeusement. « Tu ne connais pas Gamsutl, mon ami ? Ah, je t'emmène, il faut que tu voies ça ! » Il a 31 ans et il est vendeur dans l'un des magasins de souvenirs de ce Machu Picchu avar, un village en équilibre sur la pointe d'une montagne escarpée, abandonné par son dernier habitant dans les années 1950. L'entrée est gratuite, Ilias ne veut rien me vendre, seulement que je voie et que je lui réponde « Oh oui, beaucoup » quand il me demande si le Daghestan me plaît.

« Mon ami, on a tout ici. Notre seul problème, c'est la guerre. Il y a trop de jeunes qu'on envoie se faire tuer. Nous, on est un tout petit pays, tu comprends, et c'est nous les premiers à donner des hommes à la guerre. C'est pas normal, mon ami. C'est la guerre de Moscou. Nous on n'en veut pas, on a tous les jours des morts. C'est parce qu'on est pauvres, ça, et parce que l'armée, tu comprends, ça paie bien, mon ami. L'État sait que c'est dur pour nous de refuser. » Ilias fait partie de ces gens qui répondent sans qu'on ait besoin de rien demander. C'est reposant. « Notre grande richesse ici, tu sais ce que c'est, mon ami ? C'est la générosité. Les gens s'aident, tu as compris. Les touristes de Moscou, les Blancs, je les vois, ça fait de la peine, quand un couple boit un café, chacun paie pour soi. Tu as compris ? Non, c'est dommage ça, c'est pas bien ! »

***

Au milieu d'une autre vallée, seule la mosquée de Chirag tient debout. Elle a été repeinte récemment, comme celles de plusieurs villages que je traverse. « L'opium du peuple ! » se marre Saddam qui est très pratiquant. L'islam, pour lui, c'est l'hospitalité, l'entraide, l'humilité, la famille. La place de la femme, c'est pas vraiment une question. La sienne se voile quand on débarque à la maison. Elle ne m'adresse pas un mot, pas un regard, elle nous sert à manger et c'est délicieux, c'est tout. C'est commun dans la région. Ça agace les grands-mères élevées à la soviétique. Certaines traitent leurs petites-filles de fainéantes parce qu'elles ne travaillent pas, mais les jeunes femmes qui acceptent de me parler se félicitent d'être au foyer. C'est un progrès, elles n'ont plus besoin de sortir pour travailler, la chance.

La religion rassemble les familles cinq fois par jour. Elle fournit un socle commun, pousse chacun à se saluer, à s'appeler « frère » et « sœur » plutôt que « monsieur » et « madame », qui s'utilisent peu en Russie. Les vieux s'appelaient « camarade » mais c'est de l'histoire ancienne. Sur les débris de l'idéal socialiste, Saddam et les jeunes gens de son âge construisent une société fraternelle et machiste qui a pris la place d'un vide et que Poutine encourage dans son processus de reconstruction d'unité nationale. Au premier jour de l'Aïd, il a pris un bain de foule inhabituel à Derbent après avoir visité la plus ancienne mosquée du pays, et puis il a souhaité une bonne fête à tous les musulmans qui composent un peu moins d'un cinquième de la population russe. Ça a plu à Saddam. Simple, mais ça fonctionne.

On se dirige justement vers Derbent avec mon pote Saddam qui ne lâche plus le volant depuis qu'il m'a fait visiter son village et sa mosquée, qu'il m'a présenté ses amis, son cheval, son bébé et qu'il m'a raconté comment son père n'avait jamais évoqué son père à lui, qui était imam, et qui a été déporté par les soviétiques pour que ce gros délire de Dieu lui passe. On suit un chemin entre les montagnes, pas même un chemin en terre, un chemin à peine tracé dans l'herbe, un chemin interminable, pendant sept ou huit heures. C'était pas du tout le plan à la base. Saddam devait m'avancer un peu et je pensais camper, marcher le lendemain, puis faire demi-tour au besoin. Malgré mes récriminations, il s'est laissé submerger par la générosité alors j'insiste, en arrivant, pour l'inviter à dîner. Il est vraiment irrécupérable parce qu'il réussit à régler l'addition à l'avance et que je ne sais vraiment plus quoi faire pour le remercier. « Ne me remercie pas, c'est naturel, c'est l'hospitalité daghestanaise. Repose-toi. » Il est minuit passé. Saddam m'a conduit à une auberge, il a payé la première nuitée, il rentre chez lui, d'où l'on vient, à sept ou huit heures de route dans l'obscurité.

***

À Derbent, j'avais décidé de ne plus parler qu'aux femmes, comme un jeu pour échapper au piège qui se referme inévitablement sur le voyageur mâle que je suis, celui d'aborder en majorité d'autres mâles, le sexe des zonards, des clins d'œil complices, des forts en gueule, des camarades. Dans ce monde machiste, c'est une règle qui se confirme et qui n'est pas toujours facile à briser parce que le voyage consiste à arpenter l'espace public, tenu par les hommes, et à ne basculer qu'à de rares et précieuses occasions dans la sphère privée, tenue par les femmes. Ça pousse souvent de jeunes hommes dans mon genre, moins soucieux des mauvaises rencontres, à se lier d'amitié avec des hommes âgés qui sont, il faut le dire, plus désœuvrés que la moyenne. Ce qui me chagrine, c'est que ce sont les femmes qui font vivre les rues du quartier azéri de Magal. Avec les Daghestanaises comme avec les Tchétchènes plus tôt, j'ouvre la discussion sans insister, je garde mes distances. Souvent, on me refuse une photo parce qu'un mari ne voudrait pas, et c'est dommage parce que les visages portent leurs histoires emmitouflées dans de jolis tissus.

La méthode, en résumé, consiste à choisir son heure, trouver sa rue, s'y fondre et patienter. Comme à la pêche, il y a les heures magiques, tôt le matin ou en fin d'après-midi, et les bons coins à connaître. On ne se rend pas pour les mêmes raisons dans la première ou la seconde des rues de Magal, par exemple, ni avec le même attirail. À tel angle de la seconde rue, il y a trois chaises, un marchepied et une table. Une table, c'est un signe, c'est pour les dominos, les cartes ou les cigarettes. D'ailleurs, il y a des mégots par terre. C'est un coin de mecs. Il faut laisser dépasser un paquet de clopes de sa poche, idéalement attendre debout et scruter les alentours en plissant le front, l'air impliqué mais distant, soucieux comme ça, sans plus, parce qu'on a aussi nos propres affaires en tête, autrement plus préoccupantes que le va-et-vient des rues.

Quand passe un autre mec, viril dans notre genre, on doit maintenir le regard tout en étant prêt à l'adoucir subitement pour renvoyer le salamalec du tac au tac. C'est une question de souplesse dans le visage. Le gars peut s'arrêter, si c'est son coin. Il demande une cigarette ou bien rien, il ne dit rien, il se plante juste là, en place, sur son terrain. C'est quand le second venu serre la main au premier qu'il faut être assez vif et nonchalant pour tendre la sienne comme si c'était normal, avec l'air d'être seulement un peu nouveau, un peu respectueux des anciens, un peu avenant sans être lèche-bottes. Au bout du troisième clampin, on peut commencer à intervenir, en riant à une blague par exemple. Puis, on fait répéter la phrase qu'on nous adresse et qu'on n'a pas comprise. « Tu viens d'où toi ? Français ? C'est pas vrai et qu'est-ce que tu fais là ? » Voilà, c'est ferré.

Pour les femmes, c'est une autre histoire. Il faut aussi chercher un mur à l'ombre mais dans des rues avec moins de circulation, moins de regards, plus tranquilles. Si on croise ou si on entend des enfants, s'il y a des bruits de cuisine, du linge qui sèche, une bassine, un seau, des épluchures au sol, une chaise avec un vieux coussin ou un banc branlant, c'est bon signe. Une babouchka finit par soulever l'un des rideaux en billes de bois qui ferment les maisons en enfilade pour éplucher des légumes ou gratter un plat. La meilleure configuration consiste à s'être assis d'avance à sa place. Elle trouve son territoire occupé, s'étonne sans rien dire, puis s'accommode différemment, pas trop loin, et se met au travail, ses joues-menton affalées dans son cou-poitrine. Elle nous a remarqué. C'est un premier pas.

Une autre femme la rejoint bientôt pour l'aider ou la regarder faire. Une troisième, plus jeune, passe, un bébé dans les bras. Une quatrième, un enfant à la main, vient faire des guili-guilis au bébé. Il faut être patient, ne pas brusquer, attendre que la bonne occasion se présente. Elle peut tarder et nous faire manquer le coup. Elle peut venir. C'est une question de chance. Elle est venue cette fois-ci tandis que Galima épluchait ses lentilles au couteau, les genoux écartés de part et d'autre d'un grand bac. J'avais rangé mes cigarettes et sorti un livre, parce que ça fait plus sérieux et que j'essaie péniblement d'apprendre quelques poèmes russes pendant le voyage.

Galima, bien sûr, s'était appliquée à m'ignorer, comme les autres femmes qui étaient arrivées au compte-gouttes. Après une bonne vingtaine de minutes, l'une des rares Lada qui remontent cette ruelle de Derbent ralentit à notre hauteur. Le gars, vitres baissées, demande son chemin au seul mec digne de ce nom qui se trouve dans les parages. C'est moi, et je n'en sais rien d'où se trouve sa rue. Il a l'air déçu d'être tombé sur le seul touriste du quartier. Ouvrant tout grand sa bouche à une dent, la dame aux lentilles s'invite dans notre discussion de bonhommes pour indiquer le haut de la rue du bout de son canif. « Tu viens d'où, toi ? » elle me lance. De France, Paris. Ça fait toujours son petit effet. « C'est pas vrai ! Et qu'est-ce que tu fais là ? Aïda ! Regarde-le, c'est un Français, un Parisien ! » Aïda fait des yeux de poule qui s'étouffe. « Pas possible ! T'as un passeport ? Eh oui, un Français ! » Ça semble vraiment pas croyable. « J'peux voir ? Alors ça... Du thé ? »

C'est comme ça qu'on est devenus copines avec Galima, Aïda puis Albina, Galyara et d'autres qui me présentaient leurs enfants, me couvraient les mains de bonbons et me parlaient de tout et de rien comme si j'étais la nouvelle voisine. Outre ma nationalité, le fait que je ne sois ni père ni mari les épatait pas mal. L'une des plus jeunes, Albina, s'était mariée à 17 ans. Elle ne travaillait pas parce qu'elle s'occupait de ses petits mais elle avait travaillé avant et elle travaillerait plus tard, comme la majorité des femmes en ville. Elle est aussi étonnée que Galyara, 26 ans, deux enfants, quand je raconte mes déambulations dans les montagnes où j'ai constaté que les femmes vivent plus ou moins cloîtrées. « Ici, non, ce n'est pas comme ça, tout le monde travaille. Sauf que nous, contrairement aux hommes, on s'occupe aussi des enfants ! » Elles rient. Galyara porte le foulard, Albina ne le porte pas. Chacune fait comme elle veut mais « le niqab non, c'est pas bien vu, ça fait extrémiste ».

Les jeunes femmes regrettent que les attentats en Europe aient poussé les Occidentaux à assimiler l'islam au salafisme. « Les gens chez vous, ils sont traumatisés. On les comprend. » Elles sont très fières des trente-trois cultures du Daghestan, du mélange des langues et des nationalités, de leur belle ville, de leur hospitalité, de la place Fontan et du nouveau pont de Cristal, en centre-ville. La guerre en Ukraine, c'est une calamité. Il y a beaucoup de jeunes hommes du Daghestan qui sont partis combattre. Est-ce que j'ai appris la nouvelle qui est arrivée aujourd'hui ? Non, mais j'ai vu Galima éclater en sanglots un peu plus tôt. Un autre enfant du quartier est mort sur le front. La nouvelle circule de maison en maison. Elles le connaissaient bien sûr, on se connaît tous. « C'est le troisième en quelques jours. C'est trop, c'est trop... Ça ne sert à rien tout ça. Ce sont toujours les mêmes qui y restent, nos jeunes, nos petits... »

***

« Quand les Allemands étaient en face, d'accord, oui, la guerre avait un sens... mais aujourd'hui ? » Un peu plus haut, Maya et Khedidja se posent la même question que Galima, Albina et leurs copines, une tasse de thé à la main, accoudées à leur fenêtre qui donne sur la cour de la mosquée Djouma. Elles viennent d'apprendre pour le décès et elles sont consternées. Elles se demandent pourquoi leurs enfants meurent dans le pays voisin, secouent la tête et ne voient pas ce qu'elles peuvent y faire. Puis leurs visages s'illuminent. Il y a quelques jours, elles ont vu le président. Oui, oui, Poutine ! Il est venu visiter la mosquée. Il y avait des snipers sur les toits, ici, ici et là. « On était très contentes ! C'est la troisième fois qu'il vient. » Poutine est chrétien mais il aime les musulmans et ça en fait un type vraiment bien. « C'est comme ça que doit être un président : le président de tous les peuples, qui respecte tout le monde. » C'est pas comme en France, où elles ne comprennent pas pourquoi des flics ont tué le jeune Nahel, « un musulman », quelques semaines plus tôt. « Pourquoi la police française est aussi violente ? »

Je réponds vaguement et je pense à Vadim-Abdoul qui m'a pris en stop quelques jours plus tôt. Quand son frère a été mobilisé, il n'a pas eu peur, il a juste demandé combien. « 3 000 dollars le mois, 4 000 dollars d'un coup si t'es blessé. Ça fait de l'argent ici. Tu peux acheter une voiture, une télé… » Le neveu de son pote Harun a pu rembourser un prêt de sa mère grâce à un contrat avec l'armée. Sur chaque rond-point de cette république modeste, des affiches encouragent les jeunes à s'engager pour un salaire de rêve. « T'es un homme, non ? Alors engage-toi ! » Dans cette république, l'une des plus pauvres de Russie et la plus peuplée des républiques musulmanes, c'est la norme de critiquer la guerre « de Poutine » ou « du Kremlin » sans toutefois s'en désolidariser tout à fait. À l'enterrement du jeune soldat de Magal, les familles du quartier défilaient sur les tapis d'une cour ombragée. Entre deux prières, un monsieur levait dignement son visage de père sans fils aîné, tendait sa main et remerciait, fier et dévasté.

La guerre de Tchétchénie a vidé le Caucase oriental de ses habitants ethniquement russes. Dans les montagnes, elle semble avoir vacciné les velléités d'indépendance de ceux qui continuent de célébrer la figure de l'imam Chamil, héros avar des guerres contre l'armée russe au XIXe siècle, et qui se définissent souvent, surtout les jeunes, d'abord comme musulmans. Les panneaux qui honorent la mort d'untel, tombé dès le 24 février 2022, ou d'un autre, mort tout récemment, ne sont pas là pour refroidir. Ils clament « On travaille, les frères ! » en chœur avec les spots télévisés.

CHAPITRE 3
SHOT DE VOLGA

Quand je suis arrivé à Volgograd, la ville célébrait tout juste le quatre-vingtième anniversaire de sa victoire sur les nazis et la mémoire des 500 000 cadavres soviétiques vainqueurs de 250 000 cadavres allemands. En 1943, Volgograd s'appelait Stalingrad et la bataille qui s'y est jouée a représenté un tournant dans la Seconde Guerre mondiale, assez vertigineux, héroïque, sûrement, et vraiment consternant. La ville a été reconstruite après avoir été rasée intégralement par les bombardements allemands. Au sommet, il y a *La Mère-Patrie appelle !*, une sculpture monumentale qui est un peu la statue de la Liberté des Russes. « En bien plus grande ! » souffle Natacha, la vendeuse de kvas au pied de l'escalier. Face à elle, les familles gravissent les deux cents marches du mémorial avec un mélange de gravité et d'émerveillement. C'est toute une symbolique du bien triomphant sur le mal, qu'importe le prix à payer. Dans la vaste crypte circulaire, les papas ont une mine grave, les petits garçons les imitent, les mamans filment et pas mal de types ventrus portent des t-shirts à l'effigie de Staline.

Un t-shirt avec cette grosse tête moustachue, la faucille et le marteau, la première fois, c'est comme les autocollants Z collés à chaque autobus, ça fait sursauter. Puis, on en voit un deuxième, un troisième, régulièrement, un peu partout, et puis des rubans de Saint-Georges à gogo, ces rubans militaires aux bandes jaunes et noires qui honorent la mémoire des vétérans de la Grande Guerre patriotique. En Russie, c'est comme ça qu'on appelle la Seconde Guerre mondiale parce que, en 1941, les nazis ont envahi l'URSS avant d'être raccompagnés jusqu'à la *haus*, manu militari. Les chiffres se discutent entre spécialistes, mais la contre-offensive aurait coûté plus de 20 millions d'hommes aux Soviétiques. Il y a des monuments aux morts absolument partout et des types accrochent des rubans de Saint-Georges aux rétroviseurs de leurs camions pour commémorer le carnage. « Vous, les Européens, vous ne vous rendez pas compte de ce que ça représente pour nous. »

Les Soviétiques ont payé un prix qu'on a franchement du mal à imaginer, d'autant plus que les données sont toujours débattues. Plus de 20 millions de morts, selon la plupart des chercheurs, ça représenterait plus que les pertes réunies de la Pologne, de l'Allemagne, du Japon, de la Yougoslavie, de l'Italie, de la France, du Royaume-Uni et des États-Unis. Les fidèles de Staline insistent chaque fois pour le rappeler comme ils insistent pour signifier qu'ils connaissent aussi toutes les horreurs de son régime avant de rappeler qu'au moins, ils n'ont jamais lancé de bombe atomique sur personne, eux. « Quand Roosevelt, Churchill et Staline se sont retrouvés à la conférence de Yalta, en février 1945, pour se partager l'Europe comme on dit, l'Armée rouge était aux portes de Berlin alors que les Américains franchissaient à peine les Ardennes, putain ! »

C'est ça que les Russes revendiquent fièrement, avec leurs t-shirts Staline et leurs rubans de Saint-Georges. Et la fierté patriotique – soviétique, voire impériale plutôt que russe – est alimentée par le régime poutinien qui récupère l'imaginaire de l'héroïque croisade contre les nazis dans sa guerre contre Zelensky et la figure du nationaliste Stepan Bandera, allié de circonstance avec les nazis, que le gouvernement ukrainien a érigé en polémique héros national. La propagande surfe sur des sentiments intimes, profondément enracinés. Si les Russes ressassent leur histoire, c'est parce qu'ils considèrent que l'Europe a été ingrate, qu'elle s'est détournée de la Russie pour vendre son popotin aux Américains, que nous n'avons de mémoire que pour les plages de Normandie, que nos cinémas ne diffusent que des blockbusters en anglais, qu'on a coupé les liens. « Ils vous ont achetés avec des chewing-gums. » En roulant le long de la Volga, un camionneur m'a lâché ça. « Ouh, le grand méchant Staline ! Ouais, ouais, je sais, il a commis des crimes atroces. Atroces... Mais c'est le héros de la Grande Guerre patriotique. Il a libéré l'Europe et tout le monde s'en fout. »

Qu'importe leur ethnie, les Russes ressemblent aux branches d'un faisceau de nations que la patrie brandit dans le poing serré de Moscou. Les camionneurs ouzbeks, kirghizes, kazakhs, tadjiks, les Arméniens, les Ossètes du Sud, les Ukrainiens de l'Est reprennent à leur compte l'expression *« rouskiy mir »* qui signifie à la fois « monde russe » et « paix russe » et se complète souvent d'un *« biez granits »* qui signifie « sans frontière ». C'est une vision fasciste – au sens du faisceau dont les branches doivent être maintenues coûte que coûte ensemble – qui vibre au-delà des limites de la Fédération tracées dans les années 1990, après les déclarations d'indépendance. Les citoyens russes font une distinction claire entre le nationalisme, qu'ils dénoncent pour la majorité, et le patriotisme, qu'ils embrassent pour la plupart au nom d'une mosaïque culturelle persistante.

L'État central finance le patrimoine national des Russes russes, des Russes tatars, des Russes daghestanais, des Russes kazakhs. Il bâtit des centres culturels kabardes, avars, allemands, des mosquées, des églises, des temples bouddhistes. Par abus de langage, pour beaucoup de Russes qu'ils soient commerçants, ingénieurs, pêcheurs, ouvriers, les « nazis » et les nationalistes sont deux mots qui s'intervertissent sans distinction, d'une phrase à l'autre, comme deux synonymes brassant les traumatismes : celui, pas si ancien, de la Grande Guerre patriotique ; celui, plus récent, de la guerre de Tchétchénie ; et celui, à vif, de la guerre d'Ukraine.

Dans la grande mosquée de Kazan, nommée en hommage à un ancien imam mort pour défendre Kazan des Russes, en 1552, les Russes russes se promènent aujourd'hui en grappes fournies de touristes curieux, qui chuchotent. Au moment de la dislocation de l'URSS, le Tatarstan aurait pu s'enflammer comme la Tchétchénie et plonger dans le chaos de la guerre. Les Tatars avaient voté pour l'indépendance mais leur gouvernement s'est mis à promouvoir un modèle d'identité mixte qui a maintenu le Tatarstan au milieu du puzzle de la Fédération tout en préservant son identité, son alphabet turc, ses mosquées, tout ça avec le soutien de la Fédération. Les deux peuples majoritaires de la république sont les Tatars et les Russes, à parts presque égales, à peine plus de Russes tatars que de Russes russes. Chacun vit avec ses lieux de culte, son histoire de colons ou de colonisés, ses métissages. Il y a les musiciens des uns, les musiciens des autres, les musiciens en commun, de même pour les poètes, les peintres, les plats et les personnalités historiques. Tout ça se mêle notamment dans l'appartement du poète national Moussa Djalil, écrivain de langue tatare devenu héros de l'Union soviétique pour avoir combattu l'Allemagne nazie avant de mourir dans les geôles allemandes en 1944. Son immense statue, à l'entrée du kremlin de Kazan, figure ce point de rencontre de la culture nationale et de l'union des patriotes.

***

J'ai suivi la Volga en stop vers le nord, par Engels, Leninskoe et Marx, le long de ce fleuve large comme tout, frais, tranquille, avec ses rives vertes et sauvages. Sous le soleil du mois de juillet, je faisais parfois trempouille entre les descendants d'Allemands déportés qui peuplent la région, et puis je reprenais un camion en direction de Samara, la capitale régionale de la Volga. Egor, 27 ans, m'y attendait pour me faire visiter sa ville natale. Il voulait que je l'aime, sa ville, et c'était réussi.

« Ici, il y a beaucoup de descendants d'Allemands. On est très ouverts sur l'Europe, on ne correspond pas au cliché des Soviétiques qui boivent de la vodka et chassent les ours, tu sais. » Egor me parlait anglais, il était allé à Barcelone et je pouvais l'appeler Georges si c'était plus simple. On s'était rencontrés sur VKontakte, le Facebook des Russes, dans un groupe de discussion animé par des voyageurs.

Egor fait partie de ce réseau de globetrotteurs alors qu'il voyage peu. Il doit travailler, beaucoup, dans l'entreprise de son père. Depuis Samara, grâce aux réseaux sociaux, il a rêvé toute sa vie de grands espaces en dévorant Kerouac et London. « Je voulais m'accomplir comme eux, tu sais, juste partir et découvrir le monde. Je trouvais ça incroyablement romantique. Seulement, en Russie, à chaque pas que tu fais, ton romantisme s'écrase contre la réalité, tu comprends ? » Il me dit ça, les lunettes au bout du nez, après m'avoir montré telle église, tel musée ou telle école privée, la sienne, qui donne sur la place de l'Opéra. Il ne sait plus qui était Kouïbychev, le révolutionnaire représenté par une statue sur le parvis. Il n'est pas trop dans tous ces délires de Soviétiques. Dans sa bouche, « les Soviétiques » ce sont tous ceux qui ne sont pas des libéraux : les gens vieux jeu, les patriotes, les bardes, les amateurs de chansons traditionnelles qui se rassemblent au festival Grouchinski pour chanter en cercle autour du feu.

Quand Egor prononce les mots « traditionnel » ou « soviétique », c'est une critique. Il accompagne ça d'un sourire en coin. Les « gens simples », les *« workers »*, tous « ces gens-là » aiment des trucs bizarres. Avec sa copine Katia, ils sont partis une fois en vacances à Anapa, une ville balnéaire de la mer Noire. « On n'a pas aimé. C'était rempli de ces gens... ces gens simples, tu sais, qui vont juste à la plage faire des trucs stupides, parler fort, boire de la vodka, écouter de la musique débile, enfin déranger les autres, tu vois. Chacun vit comme il veut, bien sûr, c'est la Russie. Mais nous, on n'empiète pas sur la serviette du voisin. » En gros, Egor n'aime pas les beaufs.

Avec sa famille, il fait partie d'une classe de néo-bourgeois élevés au mérite. « Mon père a beaucoup travaillé pour en arriver là. » Il me raconte sa légende familiale dans la datcha bleue de son papa, face à la Volga. « Mes grands-parents étaient analphabètes. Mon père a donné sa vie pour monter sa boîte dans le bâtiment. C'est ça, la Russie. Quand on est sérieux, qu'on travaille dur, qu'on est prêt à faire de grands sacrifices, on y arrive. » C'est pour ça qu'Egor travaille dur, pour s'assurer une belle vie et mettre de côté pour s'offrir une retraite convenable. Avec Katia, ils ont déjà pensé à partir pour l'Europe, bien sûr. Ils pourraient rejoindre leurs amis qui ont déménagé depuis 2014. La décision est difficile à prendre. Ils sont très attachés à Samara, au fleuve, aux bois, à la famille, à leurs privilèges, à la datcha.

« Évidemment que c'est frustrant d'habiter un pays pareil, d'être contre la politique du gouvernement, contre la guerre et de ne rien pouvoir faire... » Katia lèche une glace dans un McDonald's qui n'a perdu que son nom depuis la mise en place des sanctions. « Les jeunes qui manifestent en Russie obtiennent des peines de prison. Les opposants politiques sont empoisonnés, emprisonnés, tués. Tu connais Navalny ? » Comme toutes ses copines et son copain, elle a fait une école privée. Elle dit n'avoir le choix qu'entre la révolte et la résignation. La révolte mène à la prison ou à l'exil, la résignation libère au moins le présent. Dans sa bulle libérale, loin des vies « simples » des conservateurs et des « Soviétiques », elle veut terminer ses études d'architecte, monter un collectif avec des jeunes femmes de son âge puis dessiner des intérieurs stylés pour des clients de luxe.

CHAPITRE 4

OURAL AU DÉSESPOIR

C'est dommage parce que, jusqu'à ce qu'il menace de me casser la gueule, il était très gentil, Sacha. Malgré sa tonne deux et ses gueulantes de charcutier après son fils Dima qui refusait de rejoindre la séance obligatoire de picole, il y avait une sorte de bienveillance dans sa façon de m'ordonner de m'asseoir, de la prévenance dans ses remplissages de verres intempestifs, de la générosité dans son arrachage de viande à pleine poigne pour me balancer de gros morceaux dans mon assiette de soupe. « Tu veux du bortsch ? » J'avais répondu non merci parce que mon estomac n'était pas tout à fait en place, et puis je n'avais pas tout à fait eu le choix parce qu'il avait aboyé que si, si, j'allais goûter. Il avait vaguement rincé une écuelle en plastique et il l'avait remplie à ras bord de potage.

Elle devait traîner là depuis un bout de temps, l'écuelle, comme pas mal de choses dans la cuisine. En m'aventurant dans la baraque, j'avais d'abord cru que les deux colosses qui traînaient devant torse poil travaillaient comme ouvriers sur un chantier. C'est parce que je les avais vu assis sur des seaux de peinture retournés, dans le jardin qui n'avait lui-même pas tellement la tête d'un jardin, avec ses bidons d'essence, sa brouette renversée, ses canettes écrasées et ses tas de gravier. Je cherchais un Sergueï. On m'avait dit qu'il habitait par-là, au bout du chemin, derrière une porte bleue. Le hameau était loin derrière moi, le chemin se perdait entre les herbes folles, je n'avais pas trouvé de porte bleue. Alors, comme il pleuvait, j'étais revenu sur mes pas et j'avais frappé à cette maison-là parce qu'il y avait une moto bleue devant la maison et que je m'étais dit bon, porte bleue, moto bleue, on va pas chipoter, c'est la même couleur.

« Qu'est-ce que tu veux ? » À ce stade du voyage, je savais reconnaître un Russe imbibé. C'est pas compliqué, on dirait que la bouche mâche des mots sélectionnés très méticuleusement mais tellement épais qu'ils obligent à ouvrir très grand la mâchoire et que, même comme ça, c'est pas évident parce que les syllabes se collent à des recoins du palais comme si elles n'avaient pas envie de se faire choper. J'ai répondu poliment que je cherchais Sergueï et le gars m'a dit : « Quoi Sergueï, c'est qui, putain, Sergueï ? » Sa question tombait vraiment à propos parce que je ne savais pas non plus qui c'était, moi, Sergueï. On m'avait seulement dit « Sergueï, la maison à la porte bleue » et j'étais là, devant cette maison qui avait une vieille moto Oural bleue pas plus fraîche que le type qui était à l'intérieur et qui s'appelait Sacha, pas Sergueï. « Sacha ! Qu'est-ce que tu fous, bordel ? » C'était le père de Sacha, Andreï.

Andreï, à voir son tour de bidoche, devait présider un club de foot amateur. Ce n'était pas le cas mais, franchement, c'était pas un ventre, c'était la vessie du Manneken-Pis qu'il avait le papa de Sacha, tout lisse et ferme sous sa peau d'hippopotame. Il était bien amoché, lui aussi. Ça tanguait là-haut. En s'avançant dans le couloir pour voir ce que foutait son fils de quarante ans à discuter avec un inconnu, il se retenait aux murs comme s'il était en mer, d'un côté puis de l'autre, de ses immenses paluches, en caleçon-sandales, avec tout plein de jolis mots qui lui débordaient de la bouche. « Putain, merde, chiottes, t'es qui toi ? » Apprenant que j'étais français, Andreï et Sacha m'ont chaleureusement invité à entrer. Sur ma gauche, j'ai eu le temps d'apercevoir une pièce en désordre où un adolescent scrollait sur son téléphone, vautré dans le canapé. Et puis, très vite quoi, on est arrivés dans la cuisine, au fond d'un couloir dont les fils électriques pendaient du plafond et où il y avait plus de seaux de ciment et de plastique au sol que de carrelage.

Pour rendre justice à la cuisine, il faut bien dire qu'elle n'était pas qu'une cuisine. « Tu veux du samogon ? » m'a lancé Sacha après m'avoir servi la soupe. Je ne savais plus ce que c'était le samogon, alors j'ai demandé un éclaircissement. « Samogon ? Putain, tu ne sais pas hein, bite-cul ? Mais c'est ça, le samogon ! » Et Sacha a failli renverser le peu de ce qui tenait encore debout dans la pièce d'un grand geste du bras pour me faire comprendre que le samogon c'est de la gnôle artisanale et que tout ce bordel de la cuisine, les barils, les tubes, les bidons, les robinets, c'était parce que la cuisine, la pauvre, les deux pochtrons l'avaient transformée en une putain de distillerie. « Je vais te montrer comment boivent les Russes, couille, chatte ! » Andreï a hurlé ça joyeusement comme si c'était une bonne idée. Sacha l'a encouragé : « Oh oui, oui, vas-y ! Regarde mon père, le Français ! » Andreï a saisi un gros mug, l'a plongé dans un baril et s'est mis à le siffler d'un trait comme si c'était de l'eau. Il y allait de bon cœur. Ça lui coulait sur le poitrail et le ventre. Sacha scrutait ma réaction, fier comme un pou – c'est-à-dire fier comme un coq, car l'expression fait référence au « pouil », mari de la poule, me fait remarquer ma grande sœur qui est un puits de science. « Eh bah ! » j'ai fait, sincèrement impressionné, en direction d'Andreï qui s'essuyait la bouche.

Sacha et Andreï ne voulaient pas me laisser en reste. Ils m'ont séquestré une bonne heure dans la distillerie, à me servir shot sur shot alors que j'avais bien précisé que j'étais un Français des villes et que l'eau-de-vie *tchout-tchout* parce que je ne tiens pas l'alcool comme eux, ce qui est une manière aimable de dire que je ne veux pas me torcher pour finir dans leur état. *« Tchout-tchout »* c'est comme *« spassiba »* ou *« davaï »*, il faut connaître le mot même si on ne parle pas russe. Ça veut dire « un petit peu ». *« Tchout-tchout »* sert en toutes sortes d'occasions, quand on vous propose de la vodka artisanale, par exemple, ou quand on vous sert à manger et que ça n'a pas l'air de toute première fraîcheur. Cette fois, mes *tchout-tchout* n'avaient pas un grand effet sur les copains. Ils remplissaient les verres à la louche, un peu de samogon pour le pantalon aussi, ouais, tant qu'à faire.

Pour la première fois de ma vie, j'ai dû employer une technique vraiment fourbe que m'avait enseignée mon frère avant mon départ. Il avait senti où j'allais mettre les pieds. Cette astuce consiste à trinquer avec les types, à faire semblant de boire, à faire la grimace mais à garder l'alcool en bouche sans avaler. Tout en reposant le shot vide, on se sert un verre d'eau dans la foulée et hop, on fait semblant de boire pour faire passer. En réalité, on ne boit pas l'eau. On recrache discrètement l'alcool dans le verre et on le repose en faisant « Pouah ! » et en secouant la tête énergiquement pour montrer qu'on n'en sort pas indemne de cette histoire mais bon, qu'on est solide. Avec la vodka, ça ne se voit pas. Si c'est du kir à la cerise, faut voir, la couleur doit trahir un peu. En tout cas, c'est une technique qui peut sauver la mise en dernière extrémité. Elle a fait ses preuves, bien que la situation ait fini par dégénérer d'une façon complètement inattendue.

« Pédé... Frantsouze de mes couilles... Macrone... » Ça lui a pris soudainement à Sacha alors qu'on avait lié une belle amitié de poivrots. « Tu sais, on travaille beaucoup, ici, bite-couille, on travaille trop... On est électriciens avec papa... Merde, on picole, ouais, c'est parce que la vie, c'est dur, la pute... Le travail... Saloperie, ça nous casse le crâne... » Voilà, j'écoutais ça en me félicitant de m'être montré assez patient pour recueillir des confidences de pochtron qui en disent long sur la division du travail et puis, brutalement, les insultes se sont mises à me viser moi plutôt que le Grand Capital. Le sourire de Sacha s'est effacé et les poings se sont refermés sans raison, à part, peut-être, que je représentais finalement le bourgeois, l'Européen qui voyage, qui doit en avoir plein les fouilles, qui est insouciant, bref un peu le responsable des malheurs de gars soucieux dans son genre. Je ne sais pas, je dis « peut-être » parce qu'il n'y a eu aucune transition entre ses franches trinquées à la gnôle et son envie déclarée de me fumer ma petite gueule.

Heureusement, Andreï s'est interposé entre Sacha et moi. Vu la dimension de la barrique, ça a fonctionné. Andreï a gueulé au fiston de bouger de là, de sortir immédiatement putain de merde, et puis il s'est excusé pour lui. « Tu sais, il est fatigué Sacha... » J'ai répondu que je n'avais aucune objection à ce que Sacha fasse une sieste et j'ai remercié encore pour l'hospitalité en quittant la cuisine-distillerie, un peu sous le choc, soulagé de me tirer d'affaires. Il pleuvait toujours. J'avais une heure de marche au milieu d'à peu près rien pour rejoindre la route de Nijni Taguil, par la chaîne montagneuse de l'Oural, frontière symbolique entre l'Europe et l'Asie. J'ai remonté la vallée encaissée de la Tchoussovaïa, plantée de bouleaux et d'un silence assez lugubre, entre les isbas défraîchies de Kutchino, au-dessus de l'ancien goulag Perm-36.

En quittant la maison, j'ai remonté la côte qui menait à la grande route et, après quelques minutes, j'ai entendu un bruit de moteur. Je me suis caché. Le véhicule est passé. J'ai repris ma route, quelques minutes encore, et le véhicule est revenu. Il n'y avait plus de buisson. C'était la moto bleue. J'ai vu Sacha débouler dans une carriole tractée par son fils de 15 ans. Lui, il était vautré sur des coussins, les pieds et les bras ballants, les semelles juste au-dessus du gravier. Il m'a vu. Il a crié « Stop ! », son fils s'est arrêté et le bon vieux Sacha s'est tiré péniblement de la carriole pour esquisser quelques pas vers moi. « Frantsouze... Pédéraste... Macrone... » J'avais juste eu le temps de serrer la main au petit Dima, histoire de faire copain-copain au cas où ça dégénère. Son père m'a chopé par le cou avec son gros bras, en soufflant. Je me suis dit merde alors, je vais vraiment crever là. Je ne faisais pas le malin en me dégageant. « Attends, attends, qu'est-ce que tu veux Sacha ? Oh, mon pote ! »

Une brute bourrée ça ne contrôle pas sa force. Je me voyais déjà étalé sur le chemin, un mauvais coup de pied dans le crâne ou quelque chose dans le style. Peut-être qu'il paniquerait ensuite, qu'il essaierait de m'enterrer là, à la va-vite. Personne ne penserait à venir me chercher dans ce bled pourri. Et puis, même si j'avais pris le dessus par miracle ou maladresse du copain, il y avait le petit Dima qui pourrait s'y mettre aussi pour défendre son papounet. Ouais, j'étais pas hyper serein. Par chance – mes excuses aux amateurs de freefight –, j'ai aperçu un voisin qui bêchait son jardin à cinquante mètres de là et, pour le bien de tous, j'ai vaillamment crié *« Pamotch ! Pamotch ! »* qui est une autre expression à connaître parce que ça veut dire « À l'aide ! À l'aide ! ». Sacha n'a pas assumé de s'afficher devant le voisin. Il a lâché l'affaire après un ultime « Pédéraste... ». Il a craché et s'est écroulé dans la charrette. « *Davaï* ! Allez ! » Son fils a démarré.

J'ai frappé à la cabane en bois du voisin pour lui demander de me remonter jusqu'à la route, histoire de pas faire de zèle. « Faut faire attention, ici. » Cet homme très sage m'a donné ce conseil précieux qui a le mérite de s'appliquer à peu près partout. Le chauffeur suivant était désolé de la mésaventure. Il m'a invité à dîner et puis il a insisté pour m'emmener tout en haut d'un massif pour me montrer les lumières de l'usine où il travaille. « C'est beau, hein, la nuit ! » Effectivement, les ampoules clignotantes, rouges, vertes, la flamme vacillante de la grande cheminée dans l'obscurité. Valery était fier que ça me plaise, son usine. Il m'a déposé sur la route de l'est. J'ai campé dans la forêt, sous l'orage, entre les bouleaux.

***

La voisine nous scrute en entrant. Deux hommes, hmmm. On dit bonjour. Elle prend acte d'un signe de tête. Nous sommes de l'autre côté de l'Oural, à Ekaterinbourg, chez un type qui m'a invité à dormir chez lui et qu'on appellera Sacha. C'est un Russe dont les deux parents sont ukrainiens. Il est né à Odessa, en URSS. Il possède deux chats. Ce jour-là, il porte un t-shirt kaki et une barbe de trois jours qui lui donnent vaguement l'air de Volodymyr Zelensky. Je ne le décrirai pas plus en détail parce qu'il en est très fier, lorsque je lui fais la remarque, enfoncé dans son canapé. « Oui… Tu sais… Moi, je l'aime bien… Il ne faut pas le répéter. » Ils sont rares, par ici, les soutiens de Zelensky.

On me dira que les opposants russes n'osent pas exprimer leur opinion à voix haute et c'est vrai, mais on ne peut pas en conclure qu'ils sont nombreux ni relativiser l'immense soutien à Poutine dans le pays. C'est prendre nos désirs pour la réalité ; autant que lorsqu'on explique une différence fondamentale de culture et de point de vue par « les Russes ne peuvent pas s'informer, ils boivent le petit lait de la propagande, ils n'ont que ça ». C'est faux. Il y a YouTube, Telegram, VKontakte et aussi tous les sites bloqués accessibles par VPN. Les Russes utilisent en masse ce système de contournement de la censure ou des sanctions, ne serait-ce que pour aller sur Instagram. Sacha acquiesce. « En Russie comme ailleurs, on trouve ce qu'on cherche, on ignore le reste. »

Sacha souffle ça en secouant la tête puis il tire un bon coup sur sa chicha d'appartement. « Sur les réseaux sociaux, on trouve tous les articles et les vidéos qui montrent les atrocités de l'invasion russe. Il faut le vouloir pour ne pas le voir. Personne ne veut le voir. Dans la vie réelle, on ne peut pas dire à haute voix qu'on soutient l'Ukraine. Si mes voisins ou mes collègues savaient ce que je pense, je pourrais tout perdre. Les gars dans mon genre, ceux qui ne pensent pas comme tout le monde, on est très isolés, vraiment… À l'extérieur de chez moi, tu sais, je me tais. » Sacha est livreur. Il se lance aussi dans le commerce de fleurs. Pas le moment pour lui de se griller. Or, en Russie, ne pas être 100 % patriote, c'est se griller. « Tu sais… » Sacha hésite et puis il me dit : « Je vais te montrer. »

En attendant qu'il trouve ce qu'il cherche sur son téléphone, je mate les formes sensuelles qui se déhanchent à la lumière de son vidéoprojecteur. Sacha aime les clips érotiques, le cochon. En parallèle de ses activités professionnelles, il s'occupe d'un groupe libertin. Il organise des virées à la campagne et c'est pas pour cueillir des jonquilles. « Voilà ! » Il crache la fumée dans un nuage de poussière violette, il a trouvé. Son pouce fait défiler des vitres arrière de voitures arrêtées au feu rouge ou bloquées dans un embouteillage. On distingue chaque fois la plaque d'immatriculation du véhicule et l'autocollant Z avec les couleurs du ruban de Saint-Georges, les deux symboles mêlés de l'invasion de l'Ukraine et de la victoire des Soviétiques contre les nazis. « Je les photographie systématiquement quand j'en vois sur la route. » Il en a beaucoup, des photos, Sacha, tout un dossier. « Je sais pas trop ce que j'en ferai mais je les garde. Un jour, peut-être qu'il y aura des procès... Peut-être que ça servira. On saura qui était de quel côté. » Sacha a un air grave. Il semble déterminé, un peu perdu aussi.

Il m'encourage à visiter le centre Eltsine, un immense musée du centre-ville consacré à l'essor du mouvement démocratique russe dans les années 1990. Poutine l'a inauguré en 2015, en hommage au premier président de la Fédération, un alcoolo notoire dont tous les Russes parlent en se glissant l'index le long de la gorge ce qui, dans leur langue d'Italiens de l'Est, veut dire « il picole ». Avant d'être le piccolo en chef, Eltsine a été le grand espoir du mouvement démocratique russe. Aujourd'hui, à peu près tout le monde le déteste. Son nom est associé aux pires années de la libéralisation et du crime. Le musée raconte avec une étonnante objectivité historique cette période cruciale pour la Russie, résumée en deux termes : « labyrinthe » et « liberté ».

CHAPITRE 5

NÉNÉTSIE WHISKY

Le petit corps d'Olga est secoué d'un frisson. Elle rit et grimace. Ça lui ratatine les traits du visage. Ses yeux s'étirent, ses pommettes ressortent, elle s'essuie la bouche. « Allez, c'est reparti ! » La Lexus embraie. Je range dans la portière la bouteille où il est écrit « limonade » et les deux verres à shot. « Ah ces moustiques ! » Bringuebalés de gauche à droite selon que les roues s'enfoncent dans un creux, se heurtent à une touffe ou à un bout de bois, tout en roulant, on se flanque des grandes claques sur les bras, les joues, les jambes, parce que des hordes de moustiques ont profité de l'arrêt whisky pour relancer l'assaut. Moi, ça me rend fou mais Olga a l'habitude. Ce qui la préoccupe, ce sont les ours qui traînent dans les parages, quelque part, autour de la voiture. « C'est daaangereux ! » elle répète, en hochant la tête. Elle klaxonne régulièrement pour les effrayer. Sur la banquette arrière, dans son étui, il y a un fusil. « Il ne faut jamais tirer sur un ours. Jamais ! Si le coup le blesse sans le tuer, il sera furieux. Tirer en l'air, ça suffit. » Je note.

Régulièrement, pour se donner du courage, Olga me réclame une larme d'un cognac de sa confection qu'elle a transvasé dans une petite bouteille plastique. On trinque, on boit et puis elle redémarre, bien droite sur le bord de son siège, le front contre le pare-brise. Elle suit un tracé improbable qui n'existe sur aucune carte. Au volant de son SUV, dans les bois, elle se repère à partir d'un arbre, d'un cours d'eau, d'un bidon suspendu à une branche. « Tiens, la voilà ! »

Effectivement, lorsqu'on tourne à droite, une tente apparaît, une tchoum, l'équivalent nénètse du tipi. Ellc est faite de troncs de bouleau entrecroisés, d'une cheminée et de toiles de lin tressées. L'hiver, sous -50 °C, les Nénètses tendent une doublure avec des peaux de renne à l'intérieur et il paraît que ça les rend douillettes comme une maison. L'été, le poêle ne fume que pour faire fuir les moustiques et, s'il fait trop chaud, on y est au moins protégés des bestioles des marais. Je pénètre dans ce campement de natifs en compagnie d'une princesse nénètse, et je me sens privilégié parce que quand même, une princesse. La sœur de la princesse vit dans ce campement mais on apprend auprès de ses amis qu'elle est partie plus loin, à pied, là où il y a du poisson, dans cette direction, loin, pas la peine de l'attendre même si on a fait trois heures de route pour la voir, on ne la trouvera pas. Elle reviendra peut-être demain. C'est vague quand Seva parle. Il est chasseur. Il nous répond d'une voix douce, avec dans les yeux des éclats d'éternelle mélancolie. Il est debout, le pied sur un tronc d'arbre à regarder son pote Maksim nettoyer le canon de sa carabine en tailleur près d'une bâche. Maksim n'a qu'un œil, et des phalanges en guise de doigts. Ça surprend quand on serre la main, yeux dans l'œil, comme on peut. Il a gelé, un soir d'hiver où il avait bu et s'était endormi dehors. Ça n'a pas l'air de le déranger pour la chasse, ni pour passer le chiffon sur le canon, ni pour porter la grosse théière en fonte sur le feu.

On entre chez lui, dans la partie cabane. Seva vit plus loin. Il est arrivé hier, dans la soirée, pour regarder un film sur la grosse télévision Toshiba du salon. Maksim nous sert le thé et s'envoie un verre de cognac. Olga lui a apporté l'une de ses bouteilles. Elle a aussi apporté des sacs de pain et de gâteaux apéritifs. Maksim picore ça en silence, Seva regarde l'étang par la fenêtre, la princesse fait la discussion et j'essaie de suivre l'entremêlement des mots russes et nénètses tout en me concentrant pour ne pas m'arracher la peau, grêlée par les boutons de moustique. On parle de la chasse qui n'est pas bonne, du gibier qui a fui avec les poissons à cause de la pollution et des vibrations liées à l'extraction du pétrole et du gaz. Gazprom, l'immense multinationale, rachète des parcelles les unes après les autres pour des kopeks. Le mode de vie de Maksim et Seva rejoindra un jour le menu gibier dont les peaux sèchent dans l'entrée. Ils vivent ici sans titre de propriété, parce que la maison est là où vont les bêtes. Ils devront faire une croix sur cette clairière-ci, un beau jour, quand Gazprom décidera de creuser sous la télé.

***

J'ai passé deux jours dans le Grand Nord sibérien, avec Olga qui me conduisait ici et là le plus vite possible, c'est-à-dire pas vite du tout parce que l'état des routes est catastrophique. Autour de l'estuaire du Taz, au sud de la mer de Kara, les marais se fendent d'un alignement de plaques de béton mal disposées sur des monticules de terre branlants, et chacune de ces plaques est une vague qui frappe plus ou moins fort le châssis. Si on fixe l'horizon et qu'on ignore les troupeaux d'ouvriers en combinaison avec capuche et moustiquaire stationnés au bord de la route, on peut s'imaginer en Zodiac sur une mer démontée, contre le vent, la marée, la rotation de la Terre, tout ce que vous voudrez.

En approchant de Tazovski, après sept heures de route en ligne droite pour moins de 400 kilomètres, il a fallu ruser parce que les étrangers ne sont pas admis dans cette zone frontalière. La princesse s'en accommode sans problème. Elle sort pour parler au douanier et puis elle lui tourne le dos et me regarde avec un grand sourire, le pouce en l'air collé à la poitrine. Je ne sais pas ce qu'elle a raconté mais la barrière se lève à côté d'un grand panneau. « 500 000 roubles... d'amende et... deux ans de prison », déchiffre Tichka, 10 ans, le fils d'Olga qu'on a embarqué avec nous sur la banquette arrière. Ça fait

5 000 euros, tout de même. Et puis, les années de prison ce serait cher payé, quoi qu'il arrive. « On prend le risque ! » lance joyeusement Olga. « Si un policier nous arrête, tu n'as qu'à te tirer les yeux comme ça, avec les doigts, comme un Nénètse ! » Ça la fait rire, c'est le principal.

On roule plein nord, au-delà du cercle polaire, et la toundra se fait de plus en plus toundra. Les bouleaux ont disparu les premiers, puis les pins. La taïga, définitivement, rend l'âme, vaincue par le froid, le plat, le vent. Il n'y a plus d'arbres autour de la voiture, seulement d'immenses étendues de mousse, des herbes sèches, des fleurs d'ivan chaï, des marais partout, à perte de vue, des miroirs d'eau où se reflète un ciel vide, explosé dans le désert, et puis des robinets, des conduits, des serpents de tuyaux interminables, des poteaux électriques plantés sur leurs échasses de rouille, du gaz en zigzag, du pétrole en ligne droite, le long de la route, dessous, par-dessus, à cent mètres ou à l'horizon, avec, derrière de hauts murs et d'épais contreforts de tuyauterie, au loin, les immenses cheminées des usines et les cuves des stations de transformation.

C'est un paysage troublant, ce rien sporadiquement rempli d'ombres de la civilisation. On est tout au bout des routes pourries, aux avant-postes de la Russie où le travail est omniprésent, sous une forme pionnière, héroïque, pénible. Ici, les hommes vivent en flaques autour de robinets comme s'ils coulaient des forages. Les ouvriers stagnent au bord de la route déglinguée, en grumeaux de baraquements à roulettes. Ils travaillent en rotation, un, deux, trois mois sur place puis repos, relayés jour et nuit toute l'année, qu'il fasse 30 ou -50 °C, parce que l'immense machine dont ils sont les bras ne peut pas s'arrêter de tourner. On les rameute de tous les coins de la Russie pour labourer des terres où tout s'enfonce, gèle et se craquelle, où le bitume halète entre quatre horizons, courbaturé de camions, saigné par les détournements de fonds. Au sommet de quelques buttes ridicules, il y a deux ou trois tchoums qui résistent comme elles peuvent, fossiles d'une

Sibérie en voie de disparition. Ce sont les Indiens de la toundra, cousins des Nénètses des bois. Dans les vastes plaines, ils font tache entre les tuyaux.

***

L'homme qu'on visite s'appelle Jenia et c'est un Nénètse des villes, un Nénètse du pétrole, un adapté. Il vit dans une maison en chantier, bordée par les conduits de gaz, au milieu d'autres maisons en chantier, bordées par les conduits de pétrole. « Il y a vingt ans, il n'y avait pas de route qui menait ici, c'était seulement les bateaux et le port. » Aujourd'hui, des immeubles surgissent de partout, avec des écoles, des églises, des mosquées, des quartiers de dortoirs pour recevoir toute la Russie, qu'importe l'ethnie. Jenia est originaire de Salekhard, loin vers l'ouest, sa femme vient d'Arkhangelsk, encore plus loin vers l'ouest. Ils se sont rencontrés à Saint-Pétersbourg pendant leurs études et ils se sont installés ici, il y a trente ans. « Pourquoi Tarko-Sale ? Oh, parce qu'il y a du travail ! On vit bien ici. L'hiver on pêche sur la rivière, c'est tranquille. » Jenia gagne l'équivalent de 800 euros mensuels. Sa femme Dina est taxi.

On déambule dans la ville à bord de leur vieille Lada, jusqu'au musée de la culture nénètse, avec ses vitrines d'artisanat, ses ados boutonneux branchés sur le wifi gratuit et son mur de soldats morts en Ukraine. L'un d'eux avait 20 ans. Jenia hoche la tête. « Les Nénètses font peu d'études, ils ont rarement des paies d'ingénieur, alors ils s'engagent. » Quand je demande comment va son cousin, volontaire dans l'armée, il hausse les épaules en riant. « Bien, bien, il est en vie. » Face à la sortie du musée, il y a un panneau « Les peuples du Nord sont la fierté de la Russie ! ». Ça laisse songeur, attablé devant des tranches de poisson cru. Maksim et Seva, les chasseurs des forêts, ne trouvent plus de poisson dans leurs rivières et le gibier s'est barré à cause des forages. Est-ce qu'ils sont fiers qu'on soit fiers d'eux ? Olga soupire. « Ils s'en foutent, tout simplement. »

Grâce au prestige de sa famille et à des finances au-dessus de la moyenne, la princesse a pu faire des études à « Péter ». Olga est devenue avocate pour protéger son peuple des convoitises des grands oligarques de l'énergie, puis elle est entrée dans l'administration des routes, un secteur stratégique aussi parce que le bitume est le nerf de la guerre dans ces marais. Elle travaillait sous la direction d'un Tchétchène. Un sacré Tchétchène apparemment, parce qu'elle gonfle les joues et dessine une bonne grosse barbe avec ses mains. Puis, elle se frotte les doigts avec le pouce. Il a palpé le Tchétchène. Olga, on la lui fait pas, elle sait pourquoi les routes sont dans cet état. Avant de se faire virer parce qu'elle n'était pas trop dans le délire, la princesse a vu comment ça marchait, les détournements de fonds et les intrigues. Avec ce poste, elle pensait pouvoir défendre les intérêts de son peuple, créer des zones protégées, limiter le développement du réseau routier. « Mais les Nénètses s'en foutent, je te dis ! Je me battais toute seule. Gazprom leur donne un bifton en échange de leurs terres ancestrales et ils acceptent pour s'acheter une bouteille de cognac ! »

Olga rit. Elle surjoue le cynisme mais elle se démène. Elle m'offre les contes de sa mère qu'elle a traduits de sa langue natale vers le russe et elle s'épuise la salive à me raconter son monde qui disparaît à vue d'œil. Un petit coup de whisky et on est repartis, à coups de klaxon dans la forêt, à la recherche de la tombe de ses ancêtres. Couchée sur le volant, elle cherche des repères qui n'existent plus. Il y a un nouveau robinet, un nouveau tuyau, de nouveaux campements ouvriers, des terrains rasés et un incendie récent qui a noirci la forêt. La croix était en bois. « Ça fait rien ! » Et elle repart sur les cahots des chemins.

***

En redescendant des territoires nénètses, je me suis arrêté à Sourgout, chez Elena et Evgueni, c'est-à-dire un peu chez moi. J'avais une serviette dans la salle de bains, une guitare sur le lit, du linge propre qui m'attendait repassé. Quelques semaines plus tôt, sur les réseaux sociaux, Evgueni m'avait invité sans me connaître. Avec sa femme, ils venaient de rénover une chambre et je pouvais m'y installer pour quelques jours. C'était l'époque des nuits blanches. À ces latitudes, en été, le soleil ne se couche jamais vraiment, ce qui encourage à veiller sans fin, à boire du kvas, de la bière, du thé pendant que le chien Watson se tourne et se retourne sur le tapis et que le petit dernier de la famille se bute aux jeux vidéo sur l'ordinateur du salon. Avec Elena et Evgueni, on passait notre temps à taper dans des blinis, à gratouiller la guitare, à parler littérature, politique, voyage. Généralement, c'est Evgueni qui craquait le premier pour aller se coucher parce qu'il est ingénieur dans la plus grande compagnie gazière de la ville et qu'il se lève tôt.

Le travail, en vérité, c'était plutôt un prétexte. Evgueni fatigue surtout rapidement des discussions politiques qui sont la grande passion de sa femme. Elena a le don pour y revenir sans cesse, entre deux vers de poésie. Elle aime Maïakovski, Akhmatova ou Victor Hugo presque autant qu'elle aime le socialisme, les robes à fleurs et les galets de la pâtisserie Chiglintseva où elle m'emmenait boire le thé. « J'aime beaucoup Leroy Merlin, aussi ! On y trouve tout et ils sont restés en Russie, eux, malgré les sanctions. » Elena est grande, elle rit d'un rire puissant, elle parle d'une voix forte, elle a le regard tendre. Après des semaines de route épuisantes, dans cette ville de Sibérie pas exactement splendide, je me suis attaché à elle comme à une maman.

Petite, Elena était première de sa section chez les Pionniers puis au Komsomol, les organisations de jeunesse soviétique. Elle regrette l'éclatement de l'URSS et elle en parle beaucoup, au musée, dans la voiture, au supermarché, jusqu'en haut de la grande roue qui nous libère une vue panoramique sur Sourgout, la forêt, le fleuve et le siège de Gazprom. Elena a lu tout Soljenitsyne et tout Chalamov. Adolescente, elle s'est révoltée contre les goulags, elle s'est indignée contre les répressions, les guerres, l'interventionnisme, puis, au fil du temps, les années 1990 passant, elle a trouvé des nuances, des incohérences, des exagérations. Elle considère que certains chiffres ont été gonflés, que tout n'est pas si noir qu'on le dit, que l'histoire a été réécrite pour briser l'orgueil des Soviétiques d'avoir essayé de bâtir une utopie et de faire vivre la fraternité des peuples. C'était un idéal exigeant, cruel, trahi peut-être, mais beau. « Beauuu ! » elle insiste en roulant le « r » de « *Krrrassivyy !* ». Elle s'extasie dans le salon, un soir où elle a invité Nadejda, Aliona et Katia, trois jeunes femmes curieuses de rencontrer un Français qui a voyagé, qui sait jouer « Asturias » à la guitare et qui veut écrire un livre sur la Russie.

On a mangé de l'okrochka, on a trinqué au vin de Bergerac, on a déclamé les poèmes de Tsvetaïeva et Maïakovski, chanté Vyssotski, le Bob Dylan russe, chanté Brassens, le Boulat Okoudjava français, joué une valse de Griboïedov au piano, une valse de Barrios à la guitare, il est minuit, tout le monde est claqué, la soirée pourrait s'arrêter là mais avec Elena, doucement mais sûrement, les discussions les plus innocentes glissent vers la politique. « Toutes les routes mènent au socialisme », a blagué Evgueni un peu plus tôt pendant la balade de Watson. Ça a fait rire Elena, dans sa grande robe à fleurs. Ça lui fait vraiment plaisir rien que d'entendre le mot socialisme, ça se voit.

« Le capitalisme c'est une voiture bien confortable. La route défile à la fenêtre et tout semble aller au mieux pour ceux qui sont aux commandes. Ils ne regardent pas les laissés-pour-compte sur le trottoir. Tu comprends ? Le socialisme c'est une fusée inconfortable. Il faut plusieurs essais, c'est vétuste, le voyage est fatigant, mais il mène aux étoiles. » Elena s'emporte encore. « Moins fort, Lena ! On a des voisins », soupire Evgueni. « Et alors ? Eux aussi, ils doivent savoir ! » Elle se marre parce qu'elle sait qu'elle exagère, mais elle exagère parce qu'elle y croit. C'est aussi parce que c'est mon dernier soir chez elle et qu'elle veut abattre toutes ses cartes avant que je ne retrouve mes copains libéraux, là-bas, quelque part dans les grandes villes, à Moscou ou à Paris, c'est pareil. Alors, elle ne parle pas seulement de socialisme, elle parle aussi de la guerre, très librement, d'autant plus librement que tous les Russes du salon sont d'accord avec elle, sauf peut-être Nadiejda, une jeune femme discrète qui se tait.

« C'est les Américains et les Européens qui mettent le bazar partout. Les Français, vous prétendez défendre les droits de l'Homme, hein, mais quelles sanctions vous avez prises contre les États-Unis après Hiroshima, le blocus de Cuba, la guerre en Irak, l'ouverture de Guantánamo ? Vous vous présentez comme les garants de la liberté, mais qu'est-ce qu'il fait chez nous, alors, Edward Snowden ? Vous défendez l'ordre international ? Alors expliquez-nous ce que vous avez fait en Libye. Vous parlez de notre menace nucléaire mais qui l'a utilisée, l'arme ? Les États-Unis, deux fois. Est-ce qu'ils ont été punis pour ça ? Jamais. Vous êtes fiers d'avoir fait tomber Kadhafi ? Vous préfériez l'État islamique à Bachar el-Assad ? Et quand les nationalistes ukrainiens bombardaient les séparatistes du Donbass, pendant huit ans, ça ne vous gênait pas ? Est-ce que vous en parliez à la télévision ?

« Bien sûr qu'il y a de la propagande chez nous, tout le monde le sait, depuis toujours. En France aussi il y en a, seulement vous ne la voyez pas. À la télé, on vous dit que la Russie pourrait envahir l'Europe, hein ? On vous dit que Poutine se prend pour un tsar, qu'il va envoyer la bombe atomique, qu'il faut défendre l'Ukraine parce que sinon, après, ça sera au tour de la Pologne, de l'Allemagne, de la France ! On est le plus vaste pays du monde, le plus riche, peut-être le plus sauvage, le plus beau, on n'a même pas assez d'habitants pour peupler notre territoire et vous croyez vraiment qu'on veut conquérir d'autres pays ? C'est un conflit régional, l'Ukraine, et vos politiciens parlent de menace planétaire. Tout ça, c'est pour vous faire accepter de dépenser des milliards et des milliards en bombes, en chars, en avions qui remplissent les poches des industriels et permettent à vos politiques de mener une guerre économique par procuration.

« Est-ce que vos journalistes qui sont en Ukraine sont allés voir de l'autre côté, dans le Donbass, pendant huit ans ? Est-ce que vos télés racontaient ce qu'il se passait exactement là-bas ? Est-ce qu'ils vous racontaient d'où venaient les fortunes des soi-disant démocrates ukrainiens ? Est-ce que les journalistes, les intellectuels, les politiques qui n'adoptent pas le point de vue de l'OTAN peuvent s'exprimer sur vos chaînes de télévision ? Et les crimes de guerre des soldats ukrainiens, les viols, les massacres de l'autre côté, est-ce que vous en entendez parler ? Est-ce que vous croyez que la guerre de Zelensky est propre ? Est-ce que vous savez combien d'Ukrainiens se réfugient chez nous ? Est-ce que vous voyez les tatouages néo-nazis des miliciens qu'on capture ? Il y a des photos, des vidéos, c'est seulement que votre information à vous est filtrée pour correspondre à la version de Kiev et que vous ne voulez pas voir que l'Occident voulait cette guerre, que ce n'est pas un grand élan démocratique populaire ou je ne sais pas quoi, enfin tout ce qu'on essaie de vous faire croire dans vos journaux.

« Zelensky est un pantin dangereux que l'Amérique et l'Europe utilisent pour étendre leur influence, mettre la main sur des matières premières, un marché. Au passage, vos gouvernements relancent l'industrie de l'armement et cherchent à affaiblir la Russie qui doit se défendre toute seule ou s'allier avec la Chine. Vos politiciens se fichent des gens qu'ils envoient au front. Ils votent des budgets, ils envoient des armes, ils entraînent des soldats mais qui se bat, qui meurt ? Des Ukrainiens et des Russes. Les Ukrainiens qui sont des nôtres, les enfants d'une culture mixte, que le gouvernement de Zelensky le veuille ou non, comme tous les pays de l'ex-URSS. Ils sont le fruit d'un mélange. Depuis la chute de l'URSS, on essaie de nous séparer mais c'est impossible parce qu'on est comme ça. » Elena me montre ses mains jointes comme l'autre Elena l'avait fait à Yalta.

« Aujourd'hui, on ne peut plus parler russe en Ukraine, c'est absurde ! Les nationalistes ukrainiens démontent les statues de Pouchkine, les nazis renomment les rues, interdisent des livres, réécrivent l'histoire de Bandera. Ils font d'un fasciste antisémite le héros national. Nous, on a tous des amis en Ukraine, de la famille et ça nous déchire. Ça fait du mal à tout le monde cette guerre, ça nous brise le cœur en deux. On est tous contre, bien sûr qu'il aurait fallu l'éviter. On a essayé de trouver une solution pendant huit ans. En face, les nationalistes et le vieil oncle sénile ne veulent rien savoir. »

Le vieil oncle sénile c'est Joe Biden. Celui-là, décidément, il prend cher sur toute la planète. Les Russes ont vu les vidéos où l'ex-président américain lit en boucle un prompteur en panne, celles où il perd l'équilibre ou ne sait plus dans quelle ville il se trouve. Je remarque que l'équivalent de ces vidéos circule chez nous sur Poutine. « Sénile ? Poutine ? » Ça les fait rire mes copains russes. Pourtant, c'est vrai, au début de la guerre, nos informations parlaient d'un Poutine à l'article de la mort, malade, à moitié fou, isolé comme Hitler dans son bunker, condamné par un cancer mystérieux et décidé à emporter le monde dans sa chute en appuyant sur le bouton rouge. Je le sais, j'en ai publié des articles du genre quand je travaillais sur une chaise à roulettes. Il y avait les vidéos où Poutine s'accroche à son bureau, celles où il peine à marcher, celles où il s'emporte contre ses sous-fifres. « Propagande ! » triomphe Elena, le même triomphe triste que lorsqu'on a parlé cinéma et que j'ai cité Zviaguintsev, un réalisateur primé qu'elle trouve talentueux mais trop « au goût européen ».

Elena se désole que la France, qu'elle aime tant par les livres, les films, la musique, sans la connaître, n'entende parler de la Russie qu'en mal. « Ça fait des dizaines d'années que vous ne faites la promotion chez vous que de ceux qui peignent un portrait négatif des Russes. Vous ne regardez que ce qui vous arrange, les méchants Poutine et Kadyrov, les gentils Zelensky et Navalny. À l'école, on ne vous parle de l'Union soviétique que pour sa chute et pour les répressions staliniennes. Mais les progrès scientifiques, l'amitié entre les peuples, la gratuité des logements et de la santé, l'égalité ? Bien sûr que notre système était corrompu, qu'il s'est écroulé, mais qu'est-ce que ça aurait été Cuba et l'URSS sans les blocus ? Peut-être la même chose, oui, peut-être... On ne saura jamais parce que les capitalistes ont tout saboté. On vous enseigne que l'Amérique a libéré l'Europe, hein ? La Russie était aux portes de l'Allemagne quand les États-Unis sont entrés en guerre, tu savais ? » Oui, on me l'a déjà dit un certain nombre de fois.

« Notre pays se résume pour vous à la vodka, aux ours sauvages et au grand méchant Poutine. Vous récompensez Zviaguintsev, Serebrennikov, Soljenitsyne, Alexievitch mais nous avons des centaines d'artistes qui ne vous intéressent pas parce qu'ils ne vont pas dans votre sens de l'Histoire, qu'ils ne sont pas politisés ou pas comme vous le voudriez. Nous, on les connaît vos Belmondo, Zaz, Patricia Kaas, Dany Boon. Lequel de nos acteurs vous connaissez ? Vous croyez que notre vie est triste ? Mais ici, on est heureux ! Je ne dis pas que tout est parfait mais il y a du travail, on a un pays immense et riche, des centaines de langues, tout ce qu'il faut, du gaz, du pétrole, des champs, une nature merveilleuse, des centaines de peuples qui vivent en harmonie, la médecine et l'école gratuite, des gens fiers de leur pays. Est-ce que tu en as rencontré qui veulent "détruire la culture ukrainienne" comme vous dites ? Dis-leur, en France, que malgré vos sanctions, les magasins sont pleins ici, que l'essence n'est pas chère, qu'il y a du travail, qu'on vit bien. Dis-moi franchement, est-ce que les Russes que tu vois ressemblent à la caricature qu'on en fait chez toi ? »

La Russie ne ressemble pas à ce qu'on en voit depuis chez nous. Elena m'a posé la question et je lui ai répondu honnêtement, avec un sentiment de honte contenu. Que son argumentaire soit recevable ou non n'est pas du tout le sujet. Ce qui devrait tous nous faire rougir, ce qui me fait la citer en longueur comme j'ai déjà cité plus tôt Islam à Grozny, c'est ce gouffre d'incompréhension entre nos mondes qu'il est urgent de combler par des mots. En trois mois sur les routes, je n'ai rencontré nulle part ces fameux Russes qui voudraient « anéantir la culture ukrainienne », aucun « orque », aucun de ces « zombies » dont parlent ceux qui, à distance, déshumanisent le réel, brouillent un peu plus le monde en nommant mal les choses, versant leur part d'insensibilité, de bêtise et de haine aux flux des réseaux sociaux, de la communication de guerre et des expressions légitimes de la douleur.

Je ne dis pas que les fanatiques n'existent pas en Russie comme ailleurs. Je dis qu'en trois mois à arpenter les routes de long en large – dans des coins où peu d'habitués des plateaux télé s'aventurent – sur 25 000 kilomètres, de la Crimée à la mer du Japon, je n'en ai croisé nulle part. Pour le reste, je n'en savais rien, j'aimerais dire que je m'en fous. Ce soir-là, j'ai préféré ne pas développer et aller me coucher, assommé par le vin et la fatigue de la route autant que par la discussion et cet effort ingrat de penser contre soi. À cause des nuits blanches, l'obscurité ne tombait pas malgré le matin en approche. Elle restait là, accrochée à la fenêtre, entre chien et loup.

CHAPITRE 6
BATEAU SUR L'OB

J'avais dévié de mon itinéraire et le réseau routier sibérien laissait à désirer. Il obligeait à rebrousser chemin vers Tioumen, au sud-ouest, une ancienne ville avec une chouette église, un très joli kremlin et une magnifique prison abandonnée. Seulement, j'avais déjà vu Tioumen et je n'aime pas les demi-tours. J'avais donc avisé une route impossible qui serpente le long de l'Ob jusqu'à un village minuscule d'où part, une à deux fois par semaine, un bac reliant ce trou perdu de Strejevoï à l'autre trou perdu de Kargasok et que n'empruntent qu'une poignée de pêcheurs locaux et d'ouvriers du pétrole. L'Ob, c'est l'un des cinq principaux fleuves de Russie, l'un des dix plus longs du monde, à peu près huit fois la Seine en dimension et vingt-cinq fois en débit. Il faut s'accrocher à la carte pour saisir à quel point la Russie se fait ici spongieuse, sauvage, impénétrable. Elle a quelque chose de l'Amazonie, la moiteur en moins, l'hiver en plus.

« Eh, le Français ! Tiens, mange. C'est de la Tushonka, tu aimes ? » Après quelques stops d'anthologie, j'avais réussi à embarquer sur le vieux bac rouillé où l'on avançait à deux à l'heure avec Kolia, Artiom, Kyril, Iouria, Dima, toute une équipe d'ouvriers clope au bec qui m'avaient intégré à leur groupe de gros bras. Kolia était assis dans sa machine improbable, un bloc de tôle cubique aux roues immenses. Il me tendait une conserve de viande. « C'est notre repas habituel, ça se garde bien, pas cher et, bordel, c'est bon. » J'ai mangé avec lui, adossé à un autre véhicule tout-terrain et camouflé que ces équipes utilisent pour rouler dans les marais, à la recherche de gisements de pétrole ou de gaz. Ils stationnaient sur le pont, contre un ancien wagon de train-couchette où j'avais ma cabine.

Mes copains explorent les marais de Sibérie pour des sociétés pétrolières. Ils descendent du bac au milieu de rien et puis ils tracent la route là où personne n'a jamais mis les pieds, à la tronçonneuse, un kilomètre par jour, pendant un mois, un mois et demi, seuls au monde tandis que le monde, à des milliers de kilomètres à la ronde, fait la queue à la pompe à essence. Si j'ai bien saisi, l'équipe s'organise de cette façon : les ouvriers Kyril, Sergueï et Dima ouvrent les chemins, forent et nettoient le terrain ; Nikolaï et Alexeï les suivent avec leurs sortes de tanks pleins de machines que les géologues et cartographes, Iouria, Artiom et Sacha – la seule femme, discrète, dans ce monde d'hommes bavards – utilisent pour relever les données, analyser les sols et tracer les détails des cartes que les satellites ne peuvent pas photographier, les ruisseaux, les monticules, les terrains mous. « On prépare le terrain pour les nouveaux forages », m'explique Dima. Ça fait vingt-cinq ans qu'il fait ce métier. Il a commencé à 18 ans et il aime ça même si, oui, c'est dur. De temps en temps, il disparaît avec Kyril pour s'en jeter un dans la cabine. L'œil qui vrille, les deux gars rejoignent ensuite la bande autour de la table.

Le pont arrière où l'on traîne est une auberge espagnole à la russe : café, lard, pain, bonbons et Tushonka. Chacun y va de sa poche. Les paquets de cigarettes sont à tout le monde et ça n'arrête pas de cloper, de longues industrielles très fortes qu'on croque avec les dents. Ça raconte des blagues, des histoires d'ours, de saouleries et de grandes bouffes. Les gars m'étonnent. Ils sont joviaux, cultivés, généreux, bons camarades. Iouria surtout, qui a des traits asiatiques, le corps épais, le visage égratigné par une chute récente en trottinette électrique et qui lance ses blagues à la ronde. Alexeï l'écoute en silence. Il hoche la tête de temps en temps, pensif. Il est né au Kazakhstan en 1964, à l'époque de l'Union soviétique.

Il a servi dans la Marine à Sébastopol, en Crimée, puis il est parti travailler à Okha, la ville la plus au nord de l'île de Sakhaline, à l'extrémité est du continent. Maintenant il est là, en Sibérie, à peu près au milieu, à fumer avec les gars. « Ça fait de la route. » Il a le regard bleu et les cheveux blancs.

Je rejoins ma cabine où mon voisin de chambrée, Jenia, m'invite à manger des sardines. Il a une dent qui ressort, un pouce qui se fait la malle, les ongles gonflés, la voix grave et de vraies lunettes aux verres fumés de psychopathe, toutes de traviole et mal scotchées. Il me parle de sa vie. Il a 40 ans, il est né dans un bled qu'on va longer dans quelques heures, il connaît sur le bout des doigts qui lui restent le réseau des rivières et des hameaux environnants. L'hiver, il pêche. Au printemps, un hélicoptère le dépose au milieu de la forêt avec deux ou trois collègues, un générateur et des provisions. Alors, il marche et débroussaille les pieds des poteaux électriques plantés en ligne dans la taïga. Ça prend des mois. Il campe avec ses collègues au milieu des ours, des moustiques, des loups, sans armes parce que c'est interdit mais avec de l'alcool en douce et des hameçons pour passer le temps, le soir. Après quelques semaines, ils se connectent à Spoutnik et un hélicoptère vient les chercher pour les déposer plus loin, dans d'autres bois de Sibérie.

Jenia est fier que ça m'enthousiasme, ses histoires de poissons, ses vidéos d'ours, ses photos de lignes électriques à suivre dans l'espace infini. Ça le fait rire. « Ben oui, qu'est-ce que tu veux ? » Puis, son visage se referme. Il soupire. « Bientôt, je vais arrêter, putain. Enfin, j'espère, j'aimerais, bordel, oui... Je dis ça à chaque fois... J'en peux plus. C'est dur, bite-couille, tu sais. » Il termine une session de trois mois. Il a vu fondre les glaces d'avril à mai, puis venir l'été. « Dans les bois, tu vois, ce n'est que le travail, le travail, le travail. Le soir, on mange, on dort et le matin, bordel, ça recommence. Comme ça pendant trois mois, putain, on suit les lignes, tu vois. » Il fume de grosses LD, des cigarettes russes gonflées comme ses ongles. « Là, je suis soulagé, tu vois, je rejoins ma femme, je vais *домой*, chez moi, à la maison, mai-son. On va sortir la tente et aller pêcher, juste pêcher, merde. Ça fera du bien. On a un mois ensemble avec ma femme. Ensuite, c'est elle qui repart et puis moi aussi, sûrement, je ne sais pas encore quand, le plus tard possible, on verra. »

La veille, il était un peu bourré quand on s'est rencontrés dans la cabine. L'odeur de vodka couvrait celle de la clope. Ce jour-là, ça pourrait être l'inverse, s'il n'y avait pas le puissant fumet des poissons. Je les ai achetés à deux pêcheurs bien rouges en début d'après-midi, quand ils ont collé leur barque à notre coque et qu'ils ont échangé leurs stocks contre des billets de 500. Un frimeur a pris quatre de ces paquets de dix sterlets tout frais pêchés, fumés, à la chair tendre et salée. Avec Jenia, on s'en fait un festin dans la cabine. Pour l'occasion, j'ouvre la bouteille de samogon offerte par un conducteur, deux jours plus tôt. Jenia est très content. « Oh, allez, un petit 100 grammes ! » C'est comme ça qu'on dit un verre, en Russie, en comptant les centilitres d'alcool. Il boit et puis il me montre comment manger les intestins, la colonne et le crâne des poissons. C'est croquant, oui, mais pas si goûtu. Jenia taperait dans les nageoires, ça m'étonnerait pas. La veille, je lui ai offert une pomme, il a avalé le trognon.

Plus ça va, plus il revient rapidement à la bouteille. Il me regarde chaque fois avec un sourire un peu plus fripon. « Allez, 100 grammes ? » Il en profite pour m'apprendre des expressions russes. « On ne comprend la Russie dans l'esprit que passés les 50 centilitres. » Il rit et nous ressert. Il me parle de sa mère. C'est le troisième à me faire le coup après quelques verres. La sienne écrivait des poèmes, elle jouait du bayan, un accordéon folklorique, elle chantait, elle est morte il y a tout juste un an. « C'était tout pour moi, ma maman. Oh, il y a ma femme, bien sûr. Mais ma maman... » On trinque à sa maman. Il me demande si j'en ai une. Je lui réponds que oui, qu'elle est tout pour moi aussi, qu'elle a beaucoup travaillé, qu'elle a élevé quatre enfants, qu'elle est grand-mère maintenant, que tout le monde l'aime, ses anciens collègues, ses amis, sa famille. Ça lui fait plaisir. Il veut trinquer à ma maman. Il est content de connaître un Français qui a une maman et tout, un Parisien putain. « Entre pêcheurs, on se reconnaît de loin. » Ça veut dire qu'on le sent tout de suite quand on va bien s'entendre avec quelqu'un. Nouvelle tournée.

Pour ne pas sombrer, je sors marcher. Un peu joyeux, disons, je vais faire un tour à l'épicerie du bateau, passer le bonjour à Irina. Elle tient une petite cahute au bout de la péniche, un magasin où elle vend du café, du thé, de l'eau et à manger. La première fois qu'Irina m'a vu, elle était bien suspicieuse, derrière sa grille bleue. Elle me prenait pour un Azéri ou un Daghestanais, c'est-à-dire un gars louche, un peu musulman sur les bords ou je ne sais pas quoi. Lorsque je me suis présenté comme français, c'était presque pire. Elle m'a demandé ce que je faisais là, ce que je voulais, quel était mon métier, pourquoi la Russie, etc. « Il y a des caméras partout, ici, attention. On sait très bien ce que chacun fait, on voit tout. » J'ai ri. « Non, non, on ne parle pas de politique ! » Je n'avais pas ouvert la bouche.

J'ai compris qu'elle était comme ça, Irina. Elle débite en éboulis mais elle est gentille. Progressivement, elle s'est attendrie. Elle a même poussé la gentillesse jusqu'à m'offrir un chausson à la viande que je n'avais pas demandé. « Chauffé ? » Elle a demandé ça avec un air gourmand. Et puis, sans que j'essaie d'aborder le sujet, elle s'est mise à parler politique toute seule. Elle a 65 ans et elle est fatiguée de travailler. « Ici, grâce à Dieu, on vit bien, il y a du travail. Poutine fait bien les choses, mais la retraite, malheureusement, c'est catastrophique. » Je pense à un jeu de mots pourri à traduire sur la retraite catastrophique de Napoléon. Je tente de l'expliquer en russe mais évidemment ça ne donne rien. Irina me regarde bizarrement. Je m'embrouille. Elle doit avoir grillé que je suis cuit. Ça fait rien, elle continue. Elle n'aime pas les marais, Irina, ah non, pouah ! Elle aime la ville. C'est une « femme raffinée », elle aimerait porter de belles robes. « Moscou, ah oui, c'est beau ! Un autre monde... » Sa retraite d'ancienne secrétaire ne suffirait pas. « 300 dollars par mois. » Elle soupire en se pinçant les lèvres. « Nous, on travaille beaucoup, tu sais. » Et puis elle me refait ses gros yeux suspicieux, l'air de dire que c'est pas mes oignons alors que je n'ai rien demandé.

Loin des grandes villes, le travail éprouve les habitants de l'arrière-pays russe. Ils portent la richesse des capitales économiques sur leurs épaules de trimeurs. Du Caucase à la Sibérie, jusqu'au fond de l'Extrême-Orient, le « nous » monolithique des Russes, toutes nationalités confondues, ne se fissure qu'à ce propos. Subrepticement, dans les bouches des plus fervents patriotes, le « nous » de la propagande redevient un « nous » de classe. Il y a « eux », les riches, les oligarques, les gens au pouvoir, les profiteurs des grandes villes et puis « nous », les travailleurs pauvres des campagnes, les retraités qui bossent, les ouvriers, les camionneurs, les petits commerçants, les volontaires de l'armée attirés par des salaires inespérés.

J'ai parlé de la *vakhta* à des citadins de Moscou, de Saint-Pétersbourg, à des expatriés et à des russisants français. Certains connaissent vaguement le mot mais la plupart ne savent pas du tout ce que c'est. La *vakhta*, c'est le système de contrats courts pour les travailleurs en rotation. Ça régit la vie de millions de gens à l'intérieur des terres. C'est grâce à la *vakhta* qu'on extrait le gaz et le pétrole, qu'on entretient les réseaux d'électricité, les chemins de fer et les routes qui désenclavent le territoire et permettent le développement du commerce. Les ouvriers s'engagent pour un, deux, trois mois, parfois plus. Ils dorment dans des baraquements ou des tentes, comme Jenia, et puis ils travaillent, ne font que ça, parce qu'ils sont au milieu de l'immensité, qu'il n'y a rien d'autre à foutre qu'extraire du pétrole, couper des arbres ou poser des plaques de bitume instables. Sur le chemin du retour, ils répètent « *домой*, *до-мой*, chez moi, mai-son » pendant dix, trente, soixante heures ou plus de train, de bus ou de bateau, et ils boivent pour oublier la fatigue en attendant d'aller pêcher, tranquilles, de se reposer, de profiter un peu de la famille avant de repartir. C'est à ce prix qu'il y a du gaz en Europe, comme dirait l'autre, et à peu près de tout à peu près partout dans les plus raffinées des capitales de ce monde.

Les soldats russes travaillent en *vakhta* comme les ouvriers. Ils ne dépensent rien pendant qu'ils travaillent et la guerre paye mieux. Il y a aussi le risque d'y rester et puis les visions d'horreur qui pourrissent la vie de famille de ceux qui reviennent. « C'est notre peuple qui meurt en Ukraine. » J'entends ça partout, dans chaque camion, chaque maison. « Les puissants n'ont pas leurs enfants, leurs frères, leurs oncles, leurs pères sur le front. » Sur les panneaux de propagande dans les rues, c'est écrit « pour les nôtres », « nous ensemble », « nous le peuple ». « Mais les riches ne combattent pas. Nous, oui, putain. Nous, oui... » Ça sort brusquement. Et puis, vite, les « nous » se fondent à nouveau dans le grand creuset de la patrie assiégée dont on admire l'héroïsme à la télé. On en veut à l'Ukraine des nationalistes qui a pactisé avec l'ennemi américain, à l'Amérique impérialiste qui continue de gagner du terrain avec l'OTAN, à son chien de garde, l'Europe et son indignation à géographie variable, sa suffisance, ses aboiements progressistes, son mépris des traditions. Sans l'exaspération que les prédations étrangères, réelles ou fantasmées, suscitent, la fusion des « nous » aurait toutes les raisons de se fragmenter.

***

Un Français, pour les Russes des campagnes, c'est une dinguerie. Ils n'en reviennent pas. « Ouah, c'est pas vrai ! T'es français ? Français français ? Pure souche ? Attends, attends, on va faire une visio avec ma femme ! Tu vas voir comme elle est belle ! Elle adore Piel Richal ! » Je me sens mal parce que je ne suis pas vraiment pure souche, comme ils disent, et puis je me mets à la place de la femme, la pauvre, qui saura pas quoi dire au téléphone alors que chaque fois si, ça va, elle est à l'aise, aussi enthousiaste que le mari. « Incroyable ! Mais où tu l'as trouvé celui-là ? » Le mari est fier de lui. « Ben voilà, j'étais en voiture, j'allais chez Trucov, je m'arrête pour prendre un autostoppeur et paf, c'était lui, un Français ! » Ça les fait rire, ils sont contents, ils s'embrassent à distance et puis ils raccrochent. « Un Français ! » Les gars n'en reviennent pas. Ils veulent m'héberger pour une nuit, me faire découvrir leur ville pourrie où il n'y a rien à voir et puis leur collection de billets de banque classés dans une dizaine de lutins qu'on va tous se taper par politesse.

Parfois, à l'intérieur de la voiture qui s'arrête, il y a deux flics qui demandent poliment de monter avec eux. Même si le commissariat n'est pas exactement sur mon chemin, j'accepte, allez, en espérant que ce n'est pas la fin du voyage ni le début d'un livre sur les geôles russes. La stratégie, toujours la même, c'est d'être détendu et sympathique à l'extrême, de forcer l'accent, de demander les prénoms et les âges en serrant vigoureusement les mains. Souvent, les flics sont jeunes, on pourrait être frères, potes ou potes de potes. Je demande si tout va bien en ce moment dans le bled, s'ils n'ont pas trop chaud dans l'uniforme, si ça ne sera pas trop long le contrôle parce que j'ai de la route, s'ils pourront me redéposer où ils m'ont trouvé parce que mon sac est lourd. J'essaie de rompre à l'arrache toutes les petites distances entre leur grade et moi.

Les flics de province ne sont pas les plus débordés du cosmos. Un Français, ça devient une affaire. Tout le commissariat se met sur le dossier. À Kargasok, quand les flics m'ont fait asseoir dans un bureau et que trois types ont disparu avec mon passeport pour une demi-heure en disant « Simple vérification », j'avoue qu'une partie de moi n'était pas tout à fait sereine. Cette partie de moi était d'autant moins sereine qu'une autre partie de moi s'en voulait d'avoir contracté une dette pas glorieuse sur le bateau dont j'étais fraîchement débarqué. J'ai vu un premier visage dans l'entrebâillement de la porte, puis des murmures et un second, un troisième, des rires. « Tu veux un café, le Français ? » J'ai accepté parce que c'était sûrement mon dernier café d'homme libre mais, en fait, c'était pas du tout l'ambiance.

Le chef a débarqué comme s'il venait d'être investi général d'une armée. Quand il s'est assis en face de moi et que les cafés sont arrivés, le bureau s'est transformé en salle de brunch où on me proposait des cuillères de sucre et des gâteaux. Les flics défilaient, un peu gauches, heureux d'approcher « le Français ». « Il va jusqu'à Vladivostok, en autostop ! » Le chef se la jouait comme si c'était lui qui m'avait trouvé et son équipe de grands dadais hochait la tête, le regard fuyant, en sirotant les boissons chaudes. « On a déjà vu un Français ici. Oh, il y a quinze ans, il descendait en traîneau tiré par des chiens. Vous êtes fous les Français. Et tout coûte cher chez vous, non ? Et pourquoi vous détestez la Russie ? Et c'est vrai que c'est le bazar en France ? Et j'ai entendu dire que les policiers tapent sur le peuple et tout ça. »

Soudainement ils se lèvent et ça dégénère en séance de selfies. « Pas à l'intérieur des bureaux, non, c'est interdit. On va dehors, au bord du fleuve, ça sera plus joli. » L'histoire de vérification d'identité, c'était vraiment une connerie. « Écoutez, c'est très sympa, vraiment, mais j'ai de la route. Je peux récupérer mon passeport ? » C'est pas le moment, les gars sont lancés sur la question du salaire. « Vous gagnez combien en France ? » Ils sifflent, impressionnés. Leur chef gagne l'équivalent de 900 euros. Vitali, 28 ans, en touche 700. Il compte prendre sa retraite de la police à 35 ans puis il montera son garage. Après le service militaire, beaucoup de jeunes s'engagent comme flics, pour quelques années seulement, le temps de se faire une situation. L'habitude explique pourquoi, sur le total des mecs que je croise, il y a pas mal d'anciens flics ou au moins de frères de flics, de cousins de flics, bref, ça explique pourquoi tout le monde est un peu de la maison.

Après une nouvelle réclamation, on a fini par me rendre mon passeport, et puis les deux types qui m'avaient ramassé m'ont raccompagné là où ils m'avaient trouvé, comme convenu. « On va t'en trouver une de voiture, nous, ça va aller vite. » C'est une question de méthode. La leur consistait à dresser un barrage et à ordonner de me prendre à la première voiture qui irait dans mon sens. « Vous allez vers Tomsk ? Non ? Circulez ! » Une heure plus tard, j'étais attablé dans une cantine ouvrière de Gazprom, avec Natalia, Valentin et Iouri. Valentin me parlait de la pêche qui se dégrade à cause des exploitations de pétrole ; Iouri, des champs qui disparaissent remplacés par les puits et les pompes ; Natalia du choix de vie des jeunes entre la guerre et la *vakhta* ; et, tous ensemble, de Pierre Richard, Patricia Kaas, Mireille Mathieu : « Ah, Paris ! »

CHAPITRE 7

TAÏGA TAÏGA

Ce pays n'en finit pas. Longeant les contreforts de l'Abakan et de l'Altaï, j'avance vers l'est mais l'Est semble reculer. Plus j'ai du pays derrière, plus il m'en reste devant. J'ai pourtant fait une croix sur les paysages spectaculaires de la Touva pour filer en train de Tomsk à Krasnoïarsk où je compte choper un camion, plus lent qu'une voiture mais qui va plus loin. Les camionneurs sont des copains. Ils ont mal au dos, à la nuque, au cucul, la route les ravage mais ils roulent jour et nuit pour envoyer de l'argent à la famille. Il y en a du style de Iouri, mutique, sourcils broussailleux, moustache en filaments, couronne de cheveux explosée, qui pue la clope et la grève de douche. Ceux-là, je leur fausse rapidement compagnie. Il y en a du style d'Ali, la trentaine, tadjik, musulman, marié, papa, propriétaire d'un camion qu'il conduit 24 h / 24 parce qu'il doit le rembourser. Ceux-là proposent assez naturellement d'aller aux putes entre potes, ce que je décline malgré la curiosité et l'argument qu'on n'a même pas besoin de payer, « juste on ramène des bières pour nous et les filles, bordel, elles se bourrent la gueule et elles font le travail ». Il y en a dans le style d'Adil, Ouzbek originaire de Termez, à la frontière afghane, qui se fait 700 à 800 euros les bons mois, 300 à 400 les mauvais, qui a aussi travaillé dans la construction et qui fait de plus petites courses de chantier en chantier, avec cinq collègues. Et puis, il y a l'élite du poids lourd, la masterclass du camtar, 51 tonnes de charge, physique de titan, rire tonitruant, Maksim Sergueïevitch Kalashnikov que rien n'égale, incomparable.

« Dievotchki, zdraaaaavstvouitié ! » Il doit peser dans les 120 kilos. C'est la première chose qu'on se dit en voyant Maksim. Rien qu'à la voix, on pourrait faire l'estimation. « Monte ! » Il m'a lancé ça quand je l'ai chopé à la station-service et que les serveuses lui ont dit que je cherchais un camion pour rejoindre Irkoutsk. « C'est à deux jours de route. Tu vas voir, là-bas c'est la taïga, taïgaaaa ! » Il porte un vieux short Adidas et enfile un t-shirt à têtes de tigre très ample quand il descend pour boire un café ou pisser sur ses roues. « Regarde ce camion-là, comme il est beau ! 50 tonnes, comme le mien, avec la barre des phares en latéral. » Maksim adore les camions. « Tu vois, avec ces machines on est l'élite. On pèse très, très lourd. On est très, trrrrès puissants. » Maksim a des intonations de baryton. Quand il entre dans les restaurants routiers, il lance « Bonjour, bon appétit ! » comme s'il allait manger tout le monde. Les têtes se tournent puis il se met à rire et à tailler le bout de gras avec les uns et les autres. Il pose vite ses grosses mains sur l'épaule des clients ou des caissières et les gens rient comme s'ils avaient vécu toute leur vie avec ce monstre de grand frère. « Quand j'entre quelque part, je veux que les gens sachent que je suis là. Il faut que les types saisissent que je peux être très, très gentil mais aussi très, très méchant s'il le faut. Tu comprends ? »

Je le comprends d'autant mieux qu'il me raconte sa vie de gros bras dans les années 1990. « J'ai vraiment envie d'écrire mes mémoires sur ma période de bandit. J'ai déjà le titre : *Journal d'un voleur en fuite.* » Maksim a été un enfant truand. La prison à 14 ans, sous sa plume, ça serait romanesque. « Tu comprends, ces années-là étaient sauvages. Mais quand je dis "sauvages" c'est sauvages-sauvaaages tu vois. Les étrangers, vous ne vous rendez pas compte de ce que c'était les années 1990 en Russie. » Pour m'expliquer le système des parrains qui régissait la truanderie dans les villes, il attrape son couteau gigantesque et m'indique les dents qui correspondent aux différents étages de la hiérarchie. « Le dos de la lame, c'est les escaliers de service. C'est par là que je trainais pour régler les comptes discrètement. » Je ne suis pas sûr de comprendre l'image mais je saisis à peu près l'idée.

Maksim n'est pas le plus grand des trouillards mais il ne donnerait rien pour retourner dans ce chaos des années 1990. « Bordel, je ne vote pas, moi, mais quand même, je dois reconnaître, depuis que Poutine est là, putain, il y a de l'ordre. La Russie est redevenue un pays civilisé. Ça ne fait qu'un peu plus de dix ans qu'on vit tranquilles, ici. Avant, merde, c'était n'importe quoi. » Il me montre huit phalanges cassées, des cicatrices sur le ventre, les côtes, le cou. « Des coups de surin. » Le mot m'échappe en russe, c'est pas « couteau » mais j'ai compris.

De ses années de taule, Maksim a gardé un jargon de bagnard. Il dit Katka pour Ekaterinbourg, Nieroungi ou Niourga pour Irkoutsk, Kraï pour Krasnoïarsk. Maintenant c'est un *liéchi*, un gentil des bois, il s'est calmé, mais autrefois c'était un *miassa*, un gars sanglant. « Le banditisme c'est une autre langue, tu comprends ? C'est du russe mais c'est un autre russe, avec beaucoup de grossièretés. Les gars de mon genre, on peut parler seulement avec ce vocabulaire et les gens bien élevés, ils comprennent pas un mot. » Ça le fait rire plus fort que son moteur. Il imite les habitants de la capitale : « Ouaiiis euuuh, à Pétereuuuh. »

Les étrangers comme moi, il les reconnaît aux chicots, immédiatement. « Vous avez les dents blanches, bien alignées, t'as vu les nôtres, putain ? » Il se marre et je constate. « Je veux les refaire en Chine. C'est pas cher. Pour mille dollars, ils te refont ça tout propre, comme celles des étrangers, bordel. » Il est admiratif de ce beau pays qu'il a eu sous ses fenêtres quand il habitait sur le fleuve Amour. « De l'autre côté de la rive, on a vu grimper les immeubles, les usines, les magasins... C'est dingue, ce qu'ils ont fait les Chinois ! » Il dit ça en engloutissant une solyanka, sa soupe du réveil, à midi. Il a mal au dos, il s'étire. Il est comme un drogué de la route, il dit, sa vie accrochée au volant. « Moi, j'aimerais écrire, tu comprends ? Mais mon bureau, merde, c'est la cabine du camion. Quand je termine le travail, je m'écroule. J'étais fait pour une autre vie. » Il est très fier de sa mémoire et, effectivement, elle est assez exceptionnelle. Entre deux chansons de taulard, des histoires de prostituées et de brigands, il récite à toute vitesse les fables d'anciens compagnons de cellule ou ses propres poèmes composés à haute voix, jamais couchés sur le papier. Il sait qu'il n'a pas le temps, qu'il doit travailler pour sa femme, pour ses deux filles et pour ses deux petites-filles. Il a 40 ans.

Il y a quelques années, Maksim a déménagé de Saint-Pétersbourg pour rentrer à Saratov, d'où il a fugué à 14 ans. Pour lui, ça ne change pas grand-chose. « Avant je rentrais à Péter, maintenant c'est Saratov, voilà, c'est tout. Je suis jamais chez moi, je roule 20 000 kilomètres par mois. Tu te rends compte du nombre de nuits que ça représente ? Merde, je fais que travailler, travailler. » Il gronde encore de rire. Trois couples hochent la tête à la table d'à côté, compréhensifs. Quand Maksim parle c'est pour la salle entière. On s'est arrêtés dans une cantine pour engloutir une skovorodka, la poêlée des pauvres, patates huileuses, un peu de bœuf et beaucoup de porc. « Tu vois, ces gens qui mangeaient à côté de nous ? » il me dit de retour au camion. « Ils sont très riches, ils ont une Land Rover. Eh ben, t'as vu comme on causait ensemble ? C'est la taïga ça, la Russie profonde. Tout le monde cause avec tout le monde. Bordel, dans la taïga, les gens s'en foutent de si t'es riche ou pauvre. On aime les gens simples, tu comprends, les bon vivants, les gens normaux, les gens comme votre Guérard Dépardiou. » Normal, Depardieu... Maksim a des fulgurances.

Près de deux ans après notre virée de deux jours et deux nuits, je continue de recevoir des photos du camion de Maksim stationné sur les bandes d'arrêt d'urgence, des vidéos de la route enneigée, des vocaux d'ours. « Maintenant c'est l'hiver. Mais l'hiver-hiveeeer. » Je le soupçonne de faire une compétition avec Salam, l'éleveur de chevaux daghestanais, et Jenia, le débroussailleur des lignes électriques sibériennes. La spécialité de Salam, c'est les vidéos de chevauchée avec son pote Islam Makhachev. Jenia, lui, c'est surtout les poissons qu'il m'envoie, trois ou quatre quand c'est pour sa consommation personnelle, des montagnes quand il travaille en *vakhta* sur la mer de Barents. Il n'a pas besoin de dire un mot ou de me montrer son petit minois, juste les poissons. C'est pas croyable d'aimer autant la poiscaille. Je réponds « Oh, délicieux ! » ou bien « Magnifique ! » à Jenia et puis « Ouah ! » à Salam et « Combien de tonnes ? » à Maksim. J'envoie des nouvelles de Paris, une photo de la cathédrale de Reims, de la dune du Pilat ou de mon chien sur les berges de Bordeaux. Ils sont ravis. Ils ne m'ont jamais demandé comment se passaient mes cours avec mes élèves.

Comme pendant toute la traversée, je me suis présenté à ces copains-là sous une double identité de prof de culture générale et d'étudiant en langue russe. Pour justifier mes notes compulsives et mes questions, j'expliquais que je voulais écrire un récit de voyage. « Ah, tu es écrivain ! » C'est ça que retenaient les gens. Mon copain Shérif, taulier historique du Quartier Rouge, à Paris, m'avait prévenu deux jours avant mon départ, en grattant sa barbe blanche. « Les gens qui travaillent, t'as compris hmmm, ils n'aiment pas les glandeurs. Ils vont se demander pourquoi tu voyages, tu vois, pourquoi tu vas chez eux alors qu'eux ils n'ont pas l'argent pour partir. Hmmm, ils ont pas le temps pour ça. Si tu dis que t'es écrivain, là d'accord, voilà, ils vont pas avoir envie de te taper dessus. Tu vois, les gens, comment t'expliquer... Ils respectent les écrivains, voilà. Ils vont se dire "Ben merde, écrivain" et ils te raconteront leurs histoires, voilà. »

C'est vrai, les gens respectent les écrivains. « Écrivain ? » Ça fait ouvrir la bouche tout rond à mes copains. Quand celle de Maksim s'est refermée, son visage a eu une moue qui valide et puis il s'est mis à raconter ses histoires. Il voulait être dans mon livre. « Tu raconteras l'histoire de Maksim Sergueïevitch, hein ? Pour que les Français lisent sur moi. Et après ça, tu m'aideras à écrire le mien de livre, bordel ! Moi, je sais pas écrire mais j'en ai pour raconter des pages et des pages, des histoires. » Mon projet de carnet de voyage attendrissait les Russes de l'arrière-pays. Ils se réjouissaient qu'un Parisien se soit mis à apprendre leur langue, malgré la guerre, et qu'il soit allé se perdre dans leurs bleds pour parler à des Russes loin des capitales. Ils se livraient sans retenue, au volant de leur voiture, autour d'un kvas, d'une cigarette ou d'une assiette de borsch. « Raconte-leur nos vies, aux Français ! » C'était le pendant du « Pourquoi vous ne nous aimez pas ? ».

Maksim tournait en boucle le mot « écrivain » dans sa bouche. « *Pissatiel*... Bordel, j'aimerais vraiment qu'on écrive sur ma vie, pour que les gens sachent comment c'est dur, tu vois ? Moi, je suis accroché à mon volant, bite-cul. Toi, écris, écris, pour que les gens sachent. » Ces phrases reviennent dans les bouches de toutes les gueules cassées, de l'Amérique latine à la Russie, en passant par la France et les États-Unis, parce que ceux-là mêmes qui conchient les journalistes péteux des capitales réclament au premier péquenaud-à-calepin venu de raconter leur vie.

***

Je me suis réveillé un matin, à l'aube, entre les racines d'un pin, en bordure de Khoujir, village poussiéreux comme une ville de western, sur l'île d'Olkhon, au milieu du plus grand lac d'eau douce au monde. Les habitants des maisons alentour commençaient à s'agiter, sur la plage il y avait des groupes de fêtards encore bourrés, j'avais envie de silence. Depuis mon sac de couchage, j'ai avisé un point au hasard sur le GPS de mon téléphone, une baie sur la côte sud, la rive sauvage. Ce n'est pas si facile de mettre de la distance entre soi et les autres, même sur le lac Baïkal. Il faut trouver les chemins invisibles, ceux qui n'apparaissent qu'en zoomant fort sur les cartes. À l'échelle des rivières, il y a encore du monde. Il faut viser les ruisseaux. L'un d'eux se perdait dans une vallée loin de tout, à 30 kilomètres du village principal de l'île, par les montagnes, soit un peu plus de sept heures à pied. J'y suis allé et je vous épargne la description pittoresque de la route. C'est seulement bien agréable de ne plus causer en russe, de traverser la steppe entre les papillons et les terriers, d'entendre chanter les aigles puis le silence, de marcher sans plan précis, avec la tente dans le dos, du poisson séché dans le sac et de trouver une cabane à disposition, surtout, une cabane insoupçonnée, face au lac, sans personne à l'intérieur, tranquille.

À partir de l'immense miroir d'eau commence, pour Anton Tchekhov, la poésie de la Sibérie. « Jusqu'au Baïkal, c'est la prose. » J'avais justement besoin de me défaire de cette prose de la guerre, du journalisme, du quotidien d'inconnus, pour me plonger tout nu dans l'eau glacée et lire un peu. La cabane de la baie d'Idiba semblait conçue à cet usage, avec ses placards pleins à craquer, sa couche, sa hache, ses quatre allumettes, et ce joli nom de baie d'Idiba. Ces journées seraient de celles qui me gonflent dans les récits de voyage, un face-à-face nombriliste avec soi-même, un compte-rendu exhaustif des minuscules occupations d'un type qui s'agrippe aux émanations fétichisées de la vie humaine : le feu à maintenir en vie, le bois à fendre, le thé à faire, le stylo à essayer de faire marcher. Je vous les épargne mais il faut dire que ces riens du voyage sont infiniment savoureux. J'ai laissé filer le temps, sans montre ni téléphone, sans dérangement que trois bateaux, très loin, trois avions, très haut, et un kayakiste de passage qui s'en est vite allé. Voilà, c'est tout. Mes habits sentaient la fumée. Pour la première fois en trois mois, il n'était plus question de trouver un coin où passer la nuit. J'étais enfin immobile et seul, au cœur de ce territoire immense où les habitants vivent étrangement agglutinés les uns sur les autres.

Il y a quelque chose de latin chez les Russes, cette façon de se tenir chaud, de s'alpaguer, de se montrer joyeux, ronchons, attentionnés ou familiers avec n'importe qui. Ça fatigue mais c'est beau et ça manque après deux jours de repos. En *platzkart*, les wagons de train les moins chers, les voisins partagent la bouffe, les clopes, les banquettes. C'est une coutume des *prostyyé lyudi*, les « gens simples », ceux qui travaillent ensemble pour développer la Russie, selon la formule consacrée. « Nous, on est des gens simples, on travaille pour le pays. » On entend cette phrase d'un bout à l'autre du territoire. On la devine aussi dans les musées où sont accrochés partout les portraits d'habitants particulièrement méritants qui font « la fierté de la Russie ». Ce sont souvent des ouvriers, des soldats, des soignants ou des professeurs.

Avant de me réfugier dans la cabane d'Idiba, j'avais visité le petit musée Revyakin de Khoujir qui rend hommage à un ancien instituteur du village. Au milieu du siècle dernier, ce monsieur à moustache a entraîné les écoliers et les habitants dans d'improbables fouilles archéologiques à travers l'île d'Olkhon. L'histoire est simple et belle comme sa vieille mobylette qui est entreposée dans l'une des salles. Sur les photos en sépia, on voit le Revyakin en question trier les insignifiants trésors de l'actuel musée, au milieu d'une bande d'enfants chercheurs, aux yeux écarquillés, allant à bicyclette ou à pied.

Entre les médailles et les filets de pêche, on lit aussi les biographies des travailleuses de l'ancienne poissonnerie du village. Anna Egorovna, par exemple, est arrivée sur l'île à 18 ans. Elle a commencé par la pêche avant de devenir vendeuse puis contremaître, travaillant plus de cinquante ans, veuve avec des enfants. Elle a sa photo à côté de celle de Maria Mankhaevna, née en 1925. Pendant la Seconde Guerre mondiale, sa voisine a occupé des « métiers d'homme » parce que le village manquait de bras, puis elle est entrée aux ateliers des filets. Les années 1970 étaient dures. « Beaucoup ne dormaient pas pendant des jours parce qu'il fallait travailler et travailler. Certaines femmes se brûlaient les mains avec de l'eau chaude pour obtenir des jours de repos mais Maria Mankhaevna n'a pas fait ça. » Pendant son temps libre, elle préparait des fagots. Avec son mari, elle a aussi participé à la construction des routes. Médaillée au jubilé des 50 ans de la Victoire, elle a pu « profiter enfin d'un repos bien mérité ».

Les Russes vouent un culte à ce genre de femmes. Le même élan les pousse à soutenir les jeunes hommes qui s'engagent dans l'armée parce que ce sont des jeunes ordinaires, des jeunes qu'ils croisent en uniforme dans les trains, les bus, les bateaux, au quotidien, des garçons qui ressemblent à leurs fils malgré les spécificités culturelles des uns et des autres, des garçons qui pourraient être, disons, des amis de leurs fils ou les fiancés de leurs filles. Tous défendent le « monde russe », c'est-à-dire le monde soviétique moins quelques pays, le monde des gens du commun qui serait encerclé par l'autre monde, celui des individualistes dégénérés, le « monde américain ».

À ce mythe des gens simples transcendés par la cause patriotique, quel autre mythe oppose l'Occident mondialisé ? Celui de nos démocraties imparfaites ne convainc pas les patriotes d'Orient. Il échoue à fédérer sans résoudre les inégalités. Depuis que le mur est tombé, beaucoup de Russes disent qu'ils ont cessé de fantasmer l'Europe. Ils aiment la France, passionnément, ses voisins également, mais ils observent les carences de notre modèle libéral individualiste et acculturé. Ce constat les rend plus que sceptiques. Aucun des Russes que j'ai pu croiser n'est naïf sur la nature du régime en Russie. La plupart ont conscience des répressions politiques, de l'autoritarisme et de l'enrichissement mafieux de leurs élites. Ils refusent pourtant de se formaliser, attachés à leurs devoirs de Russes, celui d'habiter un territoire en perpétuelle conquête de lui-même, de travailler à son développement et d'entretenir un faisceau de traditions héritées d'une longue histoire de peuples entremêlés.

Ils sont une autre Europe qui est aussi l'Asie. Leurs terres d'Orient sont plus paisibles que les nôtres à certains égards, plus brutales à certains autres. Nous sommes des miroirs inversés, sans toujours un signe d'équivalence à placer. Du côté de la Russie, la question est moins de savoir en quoi le modèle autoritaire poutinien est effroyable que de comprendre pourquoi des centaines de peuples s'en accommodent. Du côté occidental, elle est moins de savoir comment convaincre ces peuples de s'en affranchir que de saisir pourquoi nos propres modèles n'apparaissent pas plus désirables. Si je me permets de coucher ces divagations par écrit, c'est parce qu'en scrutant la Russie avec mes yeux de Français, je pensais forcément à la France. Les Russes m'y renvoyaient régulièrement, avec leurs questions sur Paris – la ville de l'amour, la ville des Lumières, la ville éteinte, la ville dangereuse –, leurs *« Frantsouze ! »* lancés à tour de bras et leur adoration d'Alixandr Diouma, Ioul Verne, Albière Camiou. C'est en se réjouissant d'entendre ces noms familiers à l'autre bout du monde qu'on se redécouvre d'un pays. Ils sont des coussins sur lesquels le cœur retombe, si vous me permettez l'épanchement romantique. Durant mon séjour en solitaire sur le lac, j'ai pu m'y reposer tout à fait, m'extraire du labyrinthe des enjeux diplomatiques pour songer vaguement à l'interrogation de Cendrars dans « La Prose du Transsibérien ». « Dis, Blaise, sommes-nous bien loin de Montmartre ? » Montmartre était loin, Ménilmontant aussi et puis Belleville, Charonne, Saint-Blaise. Depuis les rives du Baïkal, j'envoyais ricocher ces noms familiers entre le ciel et l'eau, scrutant l'écho lointain qu'ils pouvaient avoir ici, chez les Russes, au fond de la Sibérie.

CHAPITRE 8

WAGON WAGNER

« Pour la prise de Bakhmout. » Micha a dû insister pour que je lise l'inscription sur sa médaille dorée. À la table du wagon-restaurant du Transsibérien, il m'a eu à l'usure, à force d'insistance, cette insistance de Russe à l'ivresse suante, fraternelle, inépuisable autant qu'épuisante. « T'as vu ma médaille ? T'as vu ? Et derrière ! Derrière, c'est mon matricule d'enculé ! » Il me pose son casque sans fil sur les oreilles, avec ses riffs de funk furieux. « T'entends ? T'entends ? » Il récupère son casque, se le fout de travers sur la gueule et se mime les bras autour d'une grosse mitrailleuse sur le toit d'un véhicule en embardée. « Tatatatatata ! » Il rit à pleines dents pourries. « Tu vois ? Comme ça, j'étais ! Ils pensaient qu'on allait reculer mais nous on écoutait du bon gros son, tu comprends, et on les descendait un par un ces nazis ! » Il se marre entre les gouttes de sueur. À côté de lui, trois, quatre, cinq paires de gros bras rient aussi. Ils ont les ratiches de toutes les couleurs. Ils reviennent de six mois sur le front. Ce sont des Wagner.

« Bien sûr qu'on a marché sur Rostov avec Prigojine ! Les gens nous saluaient de partout. Ils étaient aux balcons, ils grimpaient sur les chars, c'était magnifique ! » Micha est le plus bavard de la bande. Sa chemise en jean à manches courtes laisse admirer ses tatouages, de taulard ou de soldat. Dur de déterminer, il a été l'un puis l'autre. « Prigojine c'est un type comme ça ! C'est lui qui est venu me chercher en taule, la pute ! » Il montre son pouce et puis il mime les barreaux avec ses doigts. « Bordel, c'était il y a six mois. Sans lui, l'armée russe ça serait de la pisse. » Sania tempère. « Non, non, ils travaillent aussi. » C'est le meneur du groupe, le plus méfiant. Quand il a su que j'étais français, il a réuni les gars pour leur dire d'être prudents « parce qu'on ne sait pas qui c'est ». Ils sont tous à trois grammes. Je suis attentif à leurs messes basses parce que je sais, et vous savez aussi maintenant, comment ce genre de situation dérape vite. Deux bouteilles de whisky vides jonchent la table voisine, à côté des cadavres de bières et d'un 50 centilitres de vodka. La serveuse aux cheveux blonds pétants, dans sa livrée sortie des *eighties* décadentes, nous sert une énième bouteille brune accompagnée d'une assiette de zakouskis. On trinque aux Français comme moi, tiens, ça m'arrange bien.

« Tu sais, on en a descendu des Français à Bakhmout ! » J'essaie de ne pas trop imaginer pour me concentrer sur le moment présent et les questions qui se bousculent dans ma tête. Je m'enfile des shots de Johnnie Walker dans le Transsibérien qui nous mène d'Oulan-Oudé à Tchita. Ils ont passé six mois à se battre « comme des chiens » pour une ville de pas grand-chose dont il ne reste rien. « Les Ukrainiens l'ont pilonnée comme des merdes avec vos armes, vos munitions, vos instructeurs et pour quoi faire ? C'est minable. Elle n'a pas de sens cette guerre. » On me ressert du liquide obscur, je temporise. « T'as vu ma médaille ? » Micha ne veut pas dire pourquoi il était en taule, ni combien il gagne maintenant avec Wagner. « On ne fait pas ça pour l'argent, on fait ça pour la patrie, pour nos frères russes qui sont là-bas et qui n'ont plus droit de parler russe, tu comprends ? » Sacha, d'abord menaçant, s'est adouci quand le chef Sania s'est calmé aussi. Il me prend par l'épaule et cette fois c'est affectueux. « Tu vois, mon frère, on est des gars normaux. Il faut que tu leur dises, là-bas, que ce qu'on raconte sur nous c'est n'importe quoi. On est des mecs droits. »

« Et les viols ? » Je demande ça avec le ton du type qui cherche à comprendre un tour de magie. Leurs visages blanchissent, ils n'en croient pas leurs oreilles. « On vous dit ça, chez vous ? » Ils sont abattus, littéralement. Pas fâchés, atterrés. « Mais tu crois vraiment qu'on pourrait faire du mal à des femmes ? T'as vu comment on est, ici ? On aime la famille plus que tout. Comment on pourrait faire quoi que ce soit à des mères, à des filles, à des sœurs ? Non, non, non, pas nous, jamais ! » Ils ont la même expression scandalisée qu'a eue Nina, à Irkoutsk, quelques jours plus tôt. « C'est impossible. C'est contre tous nos principes, ce n'est pas comme ça qu'on élève nos garçons », disait la gardienne du musée du Thé sous le portrait de Poutine. Elle était profondément convaincue qu'un soldat russe est forcément exempt de tout soupçon, comme Micha et ses copains. « T'es journaliste ? T'es un espion ? C'est quoi ces questions ? » Parfois, le ton de l'un d'eux vire à la menace mais il y en a toujours un autre pour prendre ma défense à ma place, pour isoler l'excité et lui faire la leçon.

Ça leur fait du bien de me parler. Ils s'agrippent au Français comme à une bouée, ils ne veulent pas gâcher le moment, ils ont besoin de s'expliquer, que je les comprenne, que je voie qu'ils sont « des bons gars, simples, ordinaires, hospitaliers, normaux », des mecs qui aiment « lé commandant Cousteauuu », qui ne feraient pas de mal à une mouche, qui sont bien obligés de défendre leur juste cause parce que des putains de nationalistes ukrainiens soutenus par l'Europe et les États-Unis poussent à la haine pour des intérêts purement économiques, une connerie de guerre d'influence, pour étendre leur domination d'enculés sur le monde et affaiblir la belle, la grande, l'éternelle, la pacifique Russie. « Nous on aime l'Europe, on veut la paix. Pourquoi vous ne nous aimez pas ? » Au musée du Thé d'Irkoutsk, Nina m'a dit ça en me saluant, avec son large sourire de vieille dame qui travaille parce que sa retraite ne ressemble à rien. J'ai eu beau la rassurer, elle n'y croyait pas, comme Micha qui poursuit sa tirade contre la propagande de l'Occident. « On vous a dit que Wagner allait disparaître, non ? Que Prigojine s'est réfugié en Biélorussie après sa révolte à Rostov, c'est ça ? » Bah oui, je dis, con que je suis. « C'est faux ! Prigojine était avec nous la semaine dernière à Bakhmout. » Je fais les grands yeux. Jenia exulte. Ça me donne envie de le prendre en photo. « Non, pas de photo ! Mais, je t'en supplie, putain, parle de nous chez toi. »

J'avais tracé l'itinéraire de ce voyage comme une ligne courant de l'Ouest à l'Est de la Russie, la Crimée annexée comprise. Partant du plus près de la guerre et m'en éloignant de plus de 13 000 kilomètres, je pensais constater, à mesure que mon chemin avancerait, le désintérêt grandissant des habitants pour la question de l'Ukraine, une solidarité avec le gouvernement de Moscou qui s'estompe, un mécontentement croissant contre les mobilisations militaires. Alors que se profilent la Chine et la fin du voyage, je constate chaque jour que l'éloignement n'y fait rien. À des milliers de kilomètres du Donbass, les discours sont les mêmes, les histoires aussi. Les miliciens Wagner sont une énième illustration de mon erreur de jugement initiale. Micha, Jenia, Sacha, Sania sont à l'image de Bakhmout, ravagés par six mois de combats au sein de la milice la plus malfamée. Loin de l'Ukraine, ils s'assomment dans le train comme s'assomment, un wagon plus loin, les ouvriers de retour de *vakhta*. Ils s'indignent des mêmes crimes que les Occidentaux, accusant le camp d'en face, l'Ukraine que l'Occident soutient. « Journaliste de mes couilles, putain d'espion… » Les poings se serrent parfois et puis ça se calme. Ils oublient, veulent trinquer à la France, me prendre dans les bras, se confier au *« Frantsouze »*, parler, parler, parler encore avant de se taire, dans leurs villages paisibles de Bouriatie où ils vont ressasser des visions d'angoisse entourés de voisins qui n'ont rien vu, pêcher, errer, boire, vivre un semblant de vie normale, jusqu'au prochain départ.

***

J'ai sauté du Transsibérien à Tchita pour reprendre la route de l'or, Mogotcha, Amazar, Ouroucha, attiré par l'histoire des mines et parce que je voulais rejoindre la ligne ferroviaire du Baïkal-Amour-Magistral, le BAM, doublure septentrionale et ouvrière du Transsibérien. Islam me ramasse vite à la sortie de la ville, en s'excusant de ne pouvoir m'avancer que de 250 kilomètres. S'il n'avait pas deux enfants sur les sièges arrière, il me conduirait jusqu'à Vladivostok. Je suis dans son pays alors je suis son protégé. Impossible de décliner le déjeuner même s'il n'a pas faim et qu'il paie juste pour me regarder manger. À l'heure des séparations, sur une bande d'arrêt d'urgence, il démarche les camions pour moi et me déniche un Tatar, Rifkat. « Bon, voilà, au revoir. » Islam tente de me glisser un gros billet dans la main. « Bonne route, reviens ! » La route n'est pas excellente mais je promets de revenir.

Depuis cette taïga profonde, comme dans le Grand Nord sibérien, on voit que la Crimée tient son rôle de vitrine. « Regarde, m'avait dit Sacha, depuis que les Russes ont récupéré la Crimée, les routes sont aussi belles qu'en Russie : du bel asphalte où tu peux foncer. » La Crimée ressemble moins à la Russie qu'elle ne ressemble à ce que la Russie voudrait qu'on voie d'elle, un paradis terrestre, riche et moderne. « Merde, ça fait des années qu'ils la construisent la route d'Iakoutsk... Il va où l'argent, bande d'enfoirés ? » Nouveau camion, nouveau Jenia et nouvelle salve de plaintes contre la corruption endémique du secteur des réseaux routiers, un poncif partout ailleurs qu'en Crimée. « Dans une poche à gauche, dans une valise à droite. Bite-couille ! En attendant, bordel, on roule sur des graviers. » Nouveau nid-de-poule. « C'est pas vrai, crêpe ! » Quand Jenia n'a plus de grossièretés en stock, il dit *« blin ! »*, le singulier de *« blini »*. Ça veut dire « crêpe », c'est le « purée ! » des Russes. « Qu'est-ce qu'il a fait Poutine pour moi, hein ? Enculé... Rien. J'ai 37 ans, j'ai toujours pas de maison, je roule sur des routes pourries... » Nid-de-poule. « Ah, bordel de chatte ! J'ai jamais voté pour ce connard, tu comprends, je ne vote pas. Mais malgré ça... » Nid-de-poule. « Putain ! Malgré tout ça, tu vois, Poutine, je trouve qu'il défend le pays et c'est bien. »

La vie est belle en Russie. Les Français doivent être patients. Marine Le Pen finira par arriver au pouvoir et elle défendra enfin les intérêts de la France contrairement à Emmanuel Macron, « le pédéraste, le toutou de Biden, le merdeux ». Jenia tient le discours de l'écrasante majorité des types que je rencontre ici. Il a l'obsession de « la décadence occidentale », de « la propagande LGBT », du « remplacement des Français de souche par les Noirs et les Arabes » et la conviction que la Fédération de Russie est la gardienne culturelle de la vieille Europe. En grimpant dans son camion, je l'avais d'abord cru taiseux et anti-Poutine. Il est intarissable et fidèle à ce président pour qui il n'a jamais voté. « Poutine a raison de ne pas se laisser faire. L'Ukraine, la Crimée, moi j'y suis jamais allé et j'irai sans doute jamais. Je m'en fous d'à qui c'est. Je sais juste que le port de Sébastopol c'est stratégique pour nous, qu'on en a besoin et que les pays de l'OTAN ne pensent qu'à nous remplacer pour y foutre leurs bateaux. »

Il a sa grosse patte sur le levier de vitesse. « Les connards d'Occidentaux financent Zelensky la salope en criant qu'on va envahir le reste de l'Europe ou je sais pas quoi. Tu crois vraiment qu'on a besoin de plus de territoire ? On n'arrive déjà pas à peupler le nôtre, putain. Tant qu'on nous laisse travailler, parler russe, vivre tranquilles, merde, tout va bien. Mais les Occidentaux ont fait dégénérer ce minuscule conflit local qu'il y avait en Ukraine en grand massacre. » Jenia fume et tousse. « Raconte-moi un peu ce que vous dites de Poutine en France ! Un dictateur, hein ? Putain... Non, un dictateur c'est ce connard – comment il s'appelle déjà ? –, Loukachenko, en Biélorussie. Lui, cet enfoiré, c'est un dictateur. Ici, si je dis "Poutine est une merde", il ne m'arrivera rien. D'ailleurs, je le dis : Poutine est une merde ! Et vos présidents sont pas mieux. Va dire ça en Biélorussie, essaie un peu de critiquer leur président pour voir. »

On passe une nouvelle colline et Tynda, la cité blanche, apparaît. On pourrait la croire dessinée par Le Corbusier si seulement Le Corbusier s'était caché au fond des forêts de Russie pour expérimenter ses unités d'habitation de grandeur conforme sur de pauvres Russes qui n'auraient rien demandé. Le musée du BAM, seule curiosité de la ville, est en travaux. Le fleuve est au plus bas. Il n'y a rien à faire à Tynda, juste humer l'atmosphère d'un dimanche après-midi ensoleillé. Sur les bancs, les marches, près des bosquets, des travailleurs déambulent, bouteille à la main, cigarette au bec, la peau tannée. Ils sont rouges du second temps de l'effort qu'est la décompression par l'alcool. Je pense à mon ami Sacha, le rigolard de Crimée. « Tu croyais qu'on était comme dans les films, toujours avec notre bouteille ? C'est une caricature inventée par les Américains. On boit que du thé ! »

Près de la gare de Tynda, un énième Sergueï et un énième Jenia ne boivent pas que du thé. Ils sont attablés entre des sacs graisseux et des bouteilles plastiques remplies de bières. Ils m'invitent à leur table. « Bravo, putain, c'est formidable le voyage que tu fais ! » La serveuse veut sa photo et une dédicace en français sur un billet de 100 roubles. C'est la débauche, l'ambiance est bonne mais les gars se tendent brusquement. « C'est quoi cet appareil photo ? Tu serais pas un espion, bordel ? Montre-nous ton téléphone ! » Ils réclament des preuves, mais des preuves de quoi ? « Des photos de Paris, de ta famille, de ton travail... N'importe quoi, bite-couille, des preuves ! » Il se trouve que j'ai enregistré, sur mon téléphone de voyage, une photo du cercueil de Jean-Paul Belmondo. J'étais passé le voir, absolument par hasard, la nuit de sa veillée aux Invalides. Je tombe sur la photo, que je leur montre, pensant qu'elle fera plaisir à Sergueï qui, comme tous les Russes, adore Belmondo. « Non, non, arrête ! Supprime cette photo, putain, efface,

efface ! » Sergueï est livide, il tremble de tout son corps. « Il est mort. Il ne faut pas montrer les morts ! Il ne faut pas ! » Sergueï se mord les mains. « Je suis émotif, bordel, pardon, pardon ! » Il sanglote.

De l'autre côté de la table en désordre, Jenia réconforte son pote, les paupières lourdes. « Tu comprends, Sergueï a fait l'Afghanistan… » Les tremblements de Sergueï redoublent. « Tais-toi, tais-toi ! » Jenia continue, le regard dans le vide. « Ce que les gars ont vu là-bas, tu comprends… » Sergueï lève ses yeux rouges. « Arrête, putain, j'te dis ! » Jenia poursuit, les yeux fixés sur un bout de pain. « C'est des choses qui traumatisent pour la vie. » Sergueï fond en larmes. « Elle était toute petite, une toute petite fille, toute mignonne, toute belle dans sa robe… » Il balbutie. Ses lèvres font des bulles. « Elle avait la bouche… la bouche complètement arrachée… » Jenia hoche la tête. « Allez mon Sergueï… Termine la bière, on va y aller. » Il vide un fond de bouteille dans la chope de Sergueï. « Une petite fille… Pardonne-moi, le Français. Pardonne-moi Jenia. Je suis fatigué. » Jenia sourit. « Oui, on a bossé dur… » Il lui tapote l'épaule. Leur train pour Krasnoïarsk part une heure plus tard. C'est leur dernier jour à Tynda. Ils viennent de tirer trois mois de *vakhta*, sans repos, conducteurs dans les mines de charbon.

CHAPITRE 9

BAM L'AMOUR

« Qui veut des glaces ? Des bonnes glaces, la chatte. Oups, pardonnez-moi mesdames, allez-y ! Achetez-moi tout ça ! C'est le capitalisme de merde qui est arrivé, il faut consommer, la queue. On a aussi des gâteaux et du café. Du café de Moscou ! » Le contrôleur fait rire son monde à chaque passage. Il s'appelle Marat, « comme le révolutionnaire dans sa baignoire », il me précise en riant, et il accompagne sa phrase d'un tirage sur l'élastique du badge qu'il porte au cou. Il doit avoir une réserve personnelle de vodka quelque part parce qu'il disparaît régulièrement et revient toujours un peu plus volubile. Je l'ai aussi surpris à fumer en cachette, sur la plate-forme. « Tu joues de la guitare ? » il me lance de but en blanc. Je réponds oui et il se frotte les mains, très content. « Je vais te ramener le mécanicien ! Timothée, Timothée ! Il s'appelle Timothée. Il joue aussi. Il joue bien ce con ! Putain, de la guitare et du saxophone ! » Il mime une sorte de guitare-contrebasse-saxophone à coulisses, les doigts emportés par ses longs bras. Il rit et disparaît à nouveau, remplacé par sa femme Olga, coupe au carré, mine tirée, voix sans timbre. « Fevralsk, cinq minutes d'arrêt. »

Quelques corps usés se lèvent, remplacés par quelques autres. Certains entrent ou sortent à des stations improbables, sur des quais comme des îles dans l'océan des bois. Un minibus Gazprom les dépose, les attend ou va arriver. Il y a de l'alcool dans les trognes, des bobos, des yeux au beurre noir, des pommettes enflées. Tous ces gars portent de gros sacs, ils mangent des soupes instantanées, s'effondrent d'un sommeil lourd puis s'alpaguent joyeusement, avec la camaraderie naturelle qui est leur trésor de pauvres. Ils se relayent de gare en gare, ils s'agitent en effusions bruyantes, comme des gamins au fond d'un bus. Les femmes sont rares. Elles tiennent souvent des enfants par la main. À côté d'elles, on retient les grossièretés ou bien, lorsqu'elles s'échappent, une bouche alcoolisée s'excuse poliment. « Pardonnez, excusez-moi mesdames. » Elles se marrent ou font semblant de rien. Parfois, l'une d'elles remarque que, quand même, il y a des enfants.

On est dans le BAM, le Baïkal-Amour-Magistral, une ligne ferroviaire qui a été conçue dans les années 1970 comme une alternative au Transsibérien, en cas de conflit avec les voisins chinois. Trois villes portent à bout de bras cette laborieuse enfilade de camps de pionniers : Severobaïkalsk, une Irkoutsk tardive, Tynda, noyée entre Never et Iakoutsk, et Komsomolsk-sur-l'Amour, Khabarovsk périphérique. Si leur temps vient un jour, le changement climatique aidant, elles seront peut-être les capitales de cette région qui n'est encore qu'une esquisse. En attendant, elles sont reliées les unes aux autres par des wagons qui vivotent à 50 kilomètres-heure et trimballent des hordes d'ouvriers fatigués, de zone de coupe en gisement, de carrière en chantier routier.

Les gars se saluent d'une rangée à l'autre comme s'ils étaient au marché. « Tolia ! T'es là, toi alors, la bite ? Va te faire foutre, merde mais qu'est-ce que tu fous, putain ? Tu vas bien ? » Depuis le début de notre voyage, je vous épargne pas mal de grossièretés. Parfois je tente un petit « bite-couille » dans les retranscriptions mais, croyez-moi, c'est le minimum et ce n'est pas de gaieté de cœur que je m'en contente. Il est très difficile de retranscrire le russe du quotidien, avec son syndrome Gilles de La Tourette aggravé que les Russes appellent le *« mat »*. Les écarts de langage sont omniprésents en Russie, sauf à la radio, à la télé et au cinéma où les censeurs bippent les jurons. Il semble que cette coutume langagière explique en partie pourquoi les fantaisies de Poutine du genre « On butera les terroristes jusque dans les chiottes » font mouche auprès de son électorat populaire, bien qu'elles choquent profondément les urbains raffinés. « Bordel, le travail, la chatte. Et toi, qu'est-ce que tu vas baiser, ça va ? » Mal réveillé, j'entends les noms d'oiseaux voleter entre les travées. Cinq heures, c'est le matin.

Marat revient, toujours aussi pété, suivi du mécanicien, bob cannabis enfoncé bas sur le front, pantalon à bandes réfléchissantes et guitare dans le dos. « C'est Timothée ! Allez-y maintenant, jouez, jouez ! » Timothée se met à jouer sur la guitare espagnole, avec ses mains lavées au savon où subsistent quelques traces de graisse noire. Ses cordes sont neuves, ses ongles limés, il joue des valses d'Oleg Kopenkov et des chansons de Metallica. Marat l'applaudit en s'écriant que lui, il ne sait que frapper des grands coups de médiator sur sa guitare électrique. Timothée écoute, patiemment, avec son regard de doux rêveur. Il travaille les gammes de Segovia entre les stations. « Les gens ici, la culture, la musique... C'est pas trop leur truc. Ils attendent juste que le temps passe, comme ça. » Il mime quelqu'un qui attend que le temps passe, comme ça. Marat se reconnaît et rit en se pointant du doigt. « Je joue aussi du saxophone dans un big band, à Komsomolsk, murmure Timothée entre deux airs. On n'a pas de chef d'orchestre à Komsomolsk, alors le rythme, ben, il tangue un peu, comme ça. » Et Marat se marre parce qu'il tangue aussi, lui, oui, oui, tout pareil.

La taïga défile à la fenêtre, les doigts de Timothée relancent un air de fandango. Derrière le mécano guitariste, une petite fille écoute en silence, enfoncée dans le fauteuil moelleux de la grosse bidoche de sa maman. De l'autre côté du wagon, un travailleur en marcel et pantalon de treillis se retourne et nous adresse un signe du pouce avec un large sourire édenté. Il me réveillera, plus tard dans la journée, s'excusant d'être un peu bourré. « Je rentre *домой*, chez moi, je suis fatigué. Tu peux rejouer quelque chose, le Français ? Tu sais, c'est la première fois que je parle à un étranger. » Un autre monsieur vient féliciter « le Français ». « Merci, merci, c'est formidable comme vous jouez. Je suis Nikolaï Sergueïvitch. Enchanté, enchanté, et bonne route ! » Timothée a tort, la musique classique ne laisse personne indifférent dans le wagon. Il est juste un peu mélancolique parce que, à cause de la guerre, « tout le monde déteste la Russie » et que les sanctions réduisent ses rares occasions de rencontrer des étrangers. Or il aime ça, lui, les étrangers.

Comme tous les Russes un peu rock, un peu reggae, un peu bob-cannabis, il a commencé par me parler anglais avant d'épuiser rapidement son vocabulaire. « Vous avez une autre vie chez vous. » Timothée est admiratif que je sois prof. Il me dit « c'est très intéressant », en hochant la tête, les yeux en l'air. Le soir venu, il me réveille avec son ordinateur pour me montrer ses photos de Moscou. Marat regarde par-dessus nos épaules. Il y est allé une fois, lui aussi, « pour le travail putain, c'était beau oui ! » La nuit, il était allé voir le mausolée de Lénine sur la place Rouge. « C'est très beau, confirme Timothée. Là-bas, comment dire, tout est délicat, tout est plein d'histoire. Ça, c'est le théâtre Bolchoï. Une merveille. Je voulais y aller mais impossible, les fauteuils sont réservés six mois à l'avance. Alors je suis allé dans un plus petit théâtre. Magnifique aussi. J'ai vu *Anna Karénine*, un chef-d'œuvre. » Marat fait « Oooh ! » devant les clichés d'un bateau sur les canaux de Moscou, la nuit. « Je ne sais pas combien j'ai dépensé en une journée... Trop, bien sûr, trop. Mais c'était si beau. » Je comprends que Timothée a pris toutes ces photos en une seule journée. Il était à Moscou entre deux livraisons quand il était livreur en camion. « Regarde Marat, ça, c'est les immeubles du canal. À cet endroit, les prix, c'est pas croyable... Ces appartements, oui, je pense que c'est les plus chers de la ville. » Marat siffle, impressionné. « Eh bah bordel ! » Ces types parlent de Moscou comme s'ils étaient des paysans bretons. Je consulte la carte et je note qu'effectivement, on est presque trois fois plus loin de la capitale russe que Moscou ne l'est de la pointe du Raz.

***

À Oulan-Oudé, une serveuse avait posé de la sauce soja sur ma table et les pelmeni qui m'avaient suivi tout le long du chemin s'étaient mués en raviolis vapeur. L'Asie était apparue. J'étais dans la capitale de la Bouriatie, d'où sont originaires les Ouïghours, une ville russe qui pourrait tout aussi bien être mongole ou chinoise, au carrefour de la route vers Oulan-Bator, où il y a des dessins de dragons dans les musées et la plus grosse tête de Lénine au monde sur la place centrale. La sédentarisation des colons de l'Empire, la collectivisation des Soviets puis le développement des mines et du réseau de chemins de fer ont eu raison des yourtes, de l'économie d'élevage et de l'ancien alphabet mongol à la verticale, sauf peut-être au datsan d'Ivolguinsk, la capitale du bouddhisme en Russie, où l'on retrouve ces caractères mystérieux sur les mani korlo, ces moulins à prière tibétains.

J'y avais rencontré Altar, 22 ans, aspirant lama. « Ma mère voulait que je sois dentiste mais c'était pas trop mon truc. Alors, je suis entré au datsan il y a sept ans et j'ai trouvé ma voie. Je me suis reconnecté à mes racines. » Alta m'avait raconté sa vie, enroulé dans sa tunique rouge, devant l'une des vitrines du datsan où trône un moine en tailleur que j'avais d'abord pris pour une statue mais qui est un grand lama momifié. « Comme Lénine ! » j'avais lancé. « Oui, oui, exactement », avait répondu Altar, très content. Il était fier que le centre ait reçu la visite de « notre cher président Vladimir Poutine » qui a débloqué les investissements de la Fédération. Avant de m'entraîner dans les jardins environnants, il m'avait fait admirer le stade où les lamas font de la course à cheval et organisent des compétitions de lutte, et puis il m'avait montré l'avancée des travaux pour l'agrandissement de l'université, le nouveau bâtiment, le nouveau restaurant. Le centre, disait-il, recevrait bientôt des délégations bouddhistes du monde entier. Ça rendait fier Altar. Il remontait ses lunettes de l'index jusqu'en haut de son nez.

***

À l'époque où les descendants d'Irlandais, d'Écossais ou de Français s'aventuraient de plus en plus profondément dans les Grandes Plaines du Midwest américain pour s'emparer des terres indiennes à coup de Winchester, les Slaves colonisaient les rives du détroit de Tatarie. Komsomolsk-sur-l'Amour et son fleuve sauvage racontent une histoire que nous connaissons mal, celle de la conquête de l'Est – « trou incompréhensible dans notre curiosité », note Erik Orsenna. Cette vaste épopée raconte la « découverte » d'un nouveau monde au bout de l'Orient, une terre jamais totalement arrachée à l'immensité molle, jamais profondément défrichée ni fixée, toujours en conquête, disputée, à notre époque encore, par la Russie, la Chine, le Japon et cette nature qui vainc les nations à l'usure, les noie d'espace, de terres étales, d'étendues sans contours, têtue bien qu'à bout de souffle.

Avant Vladivostok, la grande ville du sud, les rives de Komsomolsk avaient servi plus haut de capitale régionale aux Soviétiques qui s'y étaient installés contre l'avis de Pékin. Aujourd'hui, le nombre d'habitants a fondu au soleil déclinant de l'URSS. L'aventure est en suspens mais il y a toujours quelques maîtres-chiens et de jolies terrasses. Sur le port flambant neuf, je viens chercher une navette qui doit me transporter jusqu'à l'embouchure du fleuve Amour, à 600 kilomètres au nord-est. Arrivé au guichet, une employée qui doit être très aimable en dehors de ses heures de service m'apprend que le prochain bateau part dans trois jours et qu'à ma place, elle ne tenterait pas sa chance par les routes parce que ce n'est pas une bonne idée et que personne ne me prendra en stop. D'ailleurs, même arrivé là-haut, à Nikolaïevsk-sur-l'Amour, les bateaux ne me feront pas passer du continent à l'île de

Sakhaline, impossible. Le bateau qu'a pris Anton Tchekhov, près d'un siècle et demi plus tôt, n'existe plus. Quand l'île servait de bagne, elle était mieux desservie et plus peuplée. Je veux bien croire la guichetière mais je suis à ma place et j'ai lu *L'Hiver aux trousses*, un livre de Cédric Gras dans lequel l'écrivain raconte avoir trouvé un bateau marchand pour faire la traversée[1]. C'était il y a près de dix ans, il a dû insister énormément, ça m'amuserait d'essayer à mon tour, alors je m'engage sur les routes improbables de cette région où la solidarité se mesure à la patience qu'ont les chauffeurs pour se retaper les amortisseurs les uns les autres à chaque fossé.

J'ai passé quelques jours dans la petite ville de Nikolaïevsk-sur-l'Amour à espérer désespérément une autorisation pour embarquer sur un bateau, direction l'île de Sakhaline. J'avais frappé à toutes les portes des administrations portuaires, on me répondait partout qu'il n'y avait aucun navire pour ce type de traversée. « Je sais que ça n'existe pas mais j'ai lu qu'un Français a trouvé un bateau il y a une dizaine d'années. Si, si ! De Nikolaïevsk à Sakhaline, je vous assure. » Je montrais la carte qui illustre le livre de Cédric Gras que je me trimballais dans ma poche arrière. « Vous voyez ? » Les types ne voyaient pas du tout. Ils jaugeaient ma dégaine de Français défracté, ma casquette explosée, mon jean troué, ma chemise déchirée, et puis ma barbe de fou furieux. Au mieux, je devais avoir l'air suspect.

Mes efforts ont fini par payer dans un bâtiment où j'avais pénétré à moitié par effraction, c'est-à-dire en soulevant le loquet d'une grille pas tout à fait ouverte au public et en passant devant la cahute d'un gardien qui était visiblement au petit coin. Dans la salle de contrôle, au dernier étage, quand j'ai débarqué sans crier gare, sourire aux lèvres, mon sac sur le dos, l'inspecteur du port a tourné la tête vers moi, lentement, dans son bel uniforme. « Bonjour, voilà, je me présente, je suis un voyageur français et j'aimerais aller à Sakhaline. Je

1 Cédric Gras, *L'Hiver aux trousses*, Paris, Stock, 2015.

sais que c'est pas possible par-là, qu'il faut normalement se rendre au sud, au port de Vanino, mais j'ai lu qu'un gars avait embarqué sur un bateau de la marine marchande, il y a une dizaine d'années et j'aimerais le faire aussi pour redescendre ensuite l'île du nord au sud et puis revenir sur le continent par Vanino, vous voyez, comme ça, en faisant une boucle, j'aime pas les demi-tours. » Le type m'a regardé assez longuement sans rien dire, enfoncé dans son fauteuil à roulettes, avec sa chemise blanche et ses épaulettes, impassible. Puis il a sobrement lâché *« Tchaï, budich ? »*, une invitation à boire le thé.

« Tu ne devineras jamais qui est là. » Il a dit ça au téléphone, à destination de son supérieur, pendant que je soufflais dans ma tasse pour refroidir l'eau chaude. « Un Français. Oui... Oui, oui, encore un... Il veut aller à Sakhaline. Eh oui, lui aussi... Demain ? À 11 heures ? Entendu, merci. » Ces types n'avaient pas oublié Cédric Gras. L'inspecteur s'appelait Vladimir et on a passé la soirée à fouiller ses albums photos sur la télé pour trouver le portrait qu'il avait pris du voyageur français à l'époque. Vlad était déjà en poste quand ils avaient fait passer l'écrivain aventurier d'une rive à l'autre. « On va essayer de faire pareil pour toi. On va faire au mieux mais c'est pas gagné. » Je croisais les doigts en dégustant mon assiette de pelmeni sur le canapé qui allait se transformer en lit de camp pour trois nuits. Vlad n'a retrouvé la photo que le lendemain matin, juste avant de partir pour notre rendez-vous avec le capitaine. On avait tellement picolé la veille au soir qu'il avait passé une heure à chercher la photo de Cédric Gras dans son album « Vidéos de famille », ce qui n'avait, bien sûr, absolument rien à voir.

Avec le capitaine du port, ça semble d'abord filer comme sur des roulettes. La méthode habituelle, tout en détente et bonne éducation, pour forcer la sympathie et casser la distance du large bureau qui nous sépare. Il m'impressionne beaucoup, avec ses « Vous savez, c'est la guerre » et les « Qui me dit que vous n'êtes pas un espion », qu'on ne m'a encore mais alors vraiment jamais fait, et puis il me montre qu'il n'est pas n'importe qui et que l'administration russe est une chose sérieuse, ce que je ne peux qu'approuver. On se met ensuite à bavasser plus simplement, à côté de celui que j'ai d'abord pris pour son assistant mais qui ressemble de plus en plus à un gars louche, parce qu'il pianote sans cesse sur son portable et qu'il prend mon passeport en photo sous tous les angles imaginables.

Mon logeur-inspecteur s'est fait recaler à l'entrée du bureau. En accompagnant le capitaine à la terrasse extérieure pour une pause clope, j'ai juste le temps de faire un petit signe du pouce à Vlad avant que le jeune gars bizarre l'invite à le rejoindre parce qu'il a un truc à lui dire. Je me dis qu'entre collègues à épaulettes, ce sont des choses qui se font. Mais il se trouve que Vlad n'a jamais vu ce type de sa vie, encore moins avec des épaulettes. Et au lieu qu'on reparte ensemble comme prévu, dans l'attente d'autorisations qui ne vont jamais venir, le type en question reconduit Vlad sur le parking. Il a troqué son déguisement de marin pour des habits plutôt du style bacqueux mais bien élevé, et il m'attend avec un copain, la vingtaine comme lui, crâne rasé, grand sourire canaille auquel on ne peut rien refuser. « On a encore quelques questions pour toi le Français. Tu peux monter dans la voiture ? » Elle est magnifique leur caisse, tapissée de cuir bien moelleux, avec un bon gros moteur qui ronronne. Je leur dis en entrant et ça a l'air de leur faire bien plaisir. « C'est une voiture de luxe, ouais, il n'y en a pas beaucoup des comme ça. » Et on roule en parlant mécanique, un sujet où je ne touche absolument pas ma bille, comme on dit.

Rien que pour nous, les deux gars font ouvrir un restaurant aux stores baissés et on s'attable tous les trois dans la salle vide, moi d'un côté, eux en face, et le premier type louche commande trois pintes de bière au patron mutique. « À notre rencontre ! » Première gorgée. « Donc, il dit en ouvrant son calepin, où c'est que tu as appris le russe ? » Je lui dicte le nom de mon école pour qu'il l'écrive bien. « C'est une école parisienne où on peut apprendre toutes les langues orientales, l'arabe, le russe, le persan, le chinois, le japonais, le... Comment on dit déjà ? Le sanskrit, c'est ça ? Ça vous dit quelque chose ? Je crois que c'est une langue très compliquée. Je ne sais plus où ça se parle. Non, je sais, c'est pas important mais attendez, je vérifie. » C'est très facile, dans une langue étrangère, de faire perdre du temps à un interlocuteur quel qu'il soit, même s'il travaille, disons, dans les services secrets russes, le FSB ou quelque chose comme ça. « Et tu peux nous donner le nom de tes enseignants là-bas, s'il te plaît ? » J'ai du mal à me souvenir. « Allez, à la tienne ! » C'est assez clair qu'on part sur un petit marathon, une question, une lampée.

L'interrogatoire continue une bonne heure, à coups de profession des parents, nom de la petite amie, trajet précis depuis mon entrée en Russie, point de vue sur la guerre d'Ukraine, rien d'insurmontable et toujours ces « À la tienne ! » que je retourne en « Ah non, à la vôtre les gars ! À cette rencontre ! ». En somme, ça se passe plutôt joyeusement, dites-vous qu'on se bat même pour payer. Il n'y a rien à faire, les garçons veulent absolument que ce soit pour eux. Je dis que c'est trop gentil, je ne peux pas accepter, et puis finalement, bon perdant, j'accepte, en leur flanquant de bonnes tapes à l'épaule parce que vraiment, ils sont cools. Les mecs me reconduisent jusqu'à chez Vlad où l'inspecteur m'explique que ces mêmes mecs lui ont posé tout un tas de questions sur moi. Après ces formalités, on n'a plus qu'à attendre le feu vert des administrations.

***

Je traîne dans la ville pendant trois jours. Elle célèbre justement l'anniversaire de sa fondation avec un marché artisanal, des stands de gastronomie qui vendent du poisson cru préparé par des cuisinières mandchoues, et un concert de bardes où un chanteur rend hommage à ses amis tombés sur le front ukrainien. Il lit leurs noms puis chante la chanson qu'il a composée pour eux, « Le Temps du Z ». Ce mystérieux Z qu'on retrouve partout fait référence au *« za »* qui signifie « pour ». Ça se décline à l'infini : « pour la patrie », « pour le président », « pour la victoire », « pour Sébastopol », « pour les nôtres », etc. Il fait aussi référence à *« zapad »* qui désigne « l'Ouest », le front ukrainien, même tout au bout de l'Extrême-Orient, à des dizaines de milliers de kilomètres de la frontière, là où les panneaux routiers célèbrent encore et toujours le courage de soldats dont les traits s'adaptent à ceux des indigènes, où les voitures sont encore et toujours flanquées de rubans de Saint-Georges, autre symbole de l'armée russe. La patrie se prolonge indéfiniment.

En Extrême-Orient, les distances s'étirent, les routes se creusent, les pneus crèvent, les histoires de tigres remplacent les histoires d'ours, l'Asie modèle les regards, l'Est esquisse le Japon, le Sud dresse la Corée, l'Ouest dévoile la Chine, les toponymes russes cèdent à d'autres sonorités mystérieuses, on parle de Moscou comme du « continent », mais l'Ukraine se présente toujours comme un bled voisin menacé où on a de la famille. Pour les rares qui ne se sentiraient pas concernés, les panneaux, les spots télévisés, les chansons à la fête du village se chargent de rappeler que c'est « le temps du *Za* », le temps d'être pour la patrie, pour Poutine et pour la victoire, le temps de l'Ouest malgré onze fuseaux horaires et l'horizon qui vire à l'est.

Bon, tout ça ne fait pas avancer mes démarches. De temps en temps, je reçois des nouvelles de mon copain Vlad. La demande a été transmise à Komsomolsk, la demande a été transmise à Khabarovsk, la demande a été transmise à Vladivostok. Un soir enfin, alors qu'on se promène sur le port avec Vlad, la réponse tombe. « Moscou a dit non. » Il y a de quoi être frustré mais, en même temps, cette réponse de film d'espionnage me plaît. Moscou que je fuis, que je snobe depuis le début du voyage, Moscou à qui je n'ai pas eu la courtoisie de rendre les hommages, la capitale me recale depuis l'autre bout du pays d'une courte phrase cinglante. Je demande une explication. Il n'y en a pas. Le capitaine parle vaguement d'un typhon au Japon, puis d'une question de timing par rapport à l'expiration de mon visa. Finalement, il reconnaît que c'est juste un « non » comme ça, pas forcément justifiable. Il est déçu pour moi, un peu pour lui aussi parce qu'il voudrait gagner sa place dans mon livre. « Tu sais, c'est une période bizarre. Un Français, pendant la guerre... Reviens quand ça sera passé. Tout sera plus facile. »

CHAPITRE 10

L'ORIENT EXTRÊME

Quand Kolia a purement et simplement niqué son camion dans un accident spectaculaire qui a retourné à peu près tout ce qu'il y avait dedans, lui et moi compris, je me suis dit que le temps était venu de me préparer à mettre les voiles. Je tentais ma dernière chance pour rejoindre l'île de Sakhaline par la route de Vanino. C'était la course parce que l'unique navette partait dans la soirée. Or, l'état des routes était ce qu'il était et il y avait 1 000 kilomètres à faire en direction du sud. Bon, voilà, je la fais courte mais Kolia était au téléphone sur une pente à 15°, son camion pesait 110 tonnes, le marteau-piqueur géant qu'il transportait était mal fixé, et on est arrivés à toute vitesse sur un pont où il avait dû grêler des boules de bowling parce qu'il y avait plus de trous que de ciment.

Vous raconter la scène où la gazinière s'est envolée entre les sacs et les chaussures tandis qu'une alarme stridente s'est mise à retentir et que Kolia tentait de se maintenir au volant de ses deux grosses pognes en poussant toutes sortes de jurons, ça rendra toujours moins bien que l'audio que j'ai fait de la séquence parce que j'étais justement en train d'enregistrer les trésors de grossièretés de Kolia au téléphone avec un copain. On passe donc sur l'accident et les heures écoulées en vain à essayer de réparer le camion qui était foutu, Kolia du cambouis plein les mains et moi qui attends bêtement dans le fossé parce que c'est ce que j'ai de plus utile à faire. Toujours est-il que je loupe le bateau, que le suivant part dix jours plus tard et que je me résigne à mettre fin au massacre de cette fin de voyage éreintante devant la télévision d'un restaurant où Aya Nakamura et Damso chantent « Té-ma la dégaine / J'déclare une flamme qui effraiera les pompiers ». En défonçant une boîte d'œufs de poisson, je me demande ce qui est le plus improbable, ce clip dans ce trou ou bien moi pour le regarder, scotché à la télé.

« Écoute, le Français, ils parlent de la France ! » On m'avait régulièrement pointé les écrans du doigt pendant le voyage. C'était à propos de « Macrone » qui faisait telle ou telle déclaration sur l'Ukraine, des émeutes des banlieues ou bien du coup d'État au Niger, des vidéos de célébrations de rue, des saccages de bâtiments français, des drapeaux bleu-blanc-rouge brûlés par la foule, vite remplacés par le drapeau russe qui va bien, brandi d'on ne sait pas où par un type pas exactement russe mais très convaincu. C'était ça, la France à la télé. Aya et le Dems, en revanche, je ne les ai pas vus venir.

De façon générale, les Russes sont plutôt Zaz, Alizée ou Patricia Kaas. « Ooooh Patricia Kaaas, sex appeal ! » Je ne sais pas si le charme d'Aya Nakamura « fait son effet », si les Russes assez conservateurs des campagnes savent apprécier sa « taille mannequin, mannequin, sans forcer », si par ses formes ils sont « en-voû-tés ». Je ne sais pas non plus si Damso qui lâche « j'te ferai du sale, j'vais pas te respecter, slalom entre tes reins, j'sors en charisme, machin dans le machin, plein de salive, on va se sextaper », ça correspond au romantisme français qu'ils vénèrent. Damso est belge, oui, mais enfin ça ne change rien, vous avez saisi l'image. Les Russes ne sont pas forcément dans le délire.

Si vous n'avez pas encore compris pourquoi, c'est simple : dites-vous bien qu'aussi nombreux et divers qu'ils soient, les Russes sont, en dehors des grandes villes et encore, globalement conservateurs, assez tradis, plutôt réacs. Ils le sont en toute détente, innocemment, avec un naturel désarmant. Le muezzin ou les cloches d'église foutent la chair de poule à pas mal d'entre eux, parce que leurs ancêtres les écoutaient déjà à leur époque et que voilà, c'est tout, c'est énorme, c'est l'héritage qui se perpétue, la famille, la religion, les rites. Le régime russe unit autour des piliers que sont la religion, la patrie et les traditions régionales toute une collection de conservatismes nationaux qui jurent avec certains principes de l'élite urbaine mondialisée. La France que les Russes aiment et connaissent par cœur est à l'image de la Russie qu'ils construisent. C'est une France du passé, une France du mythe, une France Puy du Fou. Beaucoup d'entre eux, même dans les milieux les plus acculturés, regrettent cette France fantasmée avec une sincère et profonde nostalgie.

Face à la « décadence occidentale », aux « idéaux néolibéraux destructeurs » et à l'acculturation accélérée par la mondialisation, Moscou défend tous les conservatismes, elle qui s'est longtemps désignée comme « la troisième Rome ». Elle propose surtout une synthèse réconfortante de l'histoire et un ordre intemporel au moment où ses rivaux internationaux proposent des bilans critiques et la déconstruction d'anciennes mœurs et valeurs. Quand les « antimodernes » de l'écrivain Sylvain Tesson ont vu les Russes libérer Palmyre, en 2016, quelques semaines après avoir vu les explosifs et les pelleteuses de Daech détruire le site archéologique syrien, ils retiennent que « Poutine a fait jouer Bach et Tchaïkovski dans l'amphithéâtre de la reine Zénobie pendant que l'Union européenne continuait de se demander s'il n'y avait pas un moyen de défaire Bachar el-Assad en soutenant l'État islamique ». Ils se demandent : « Comment voulez-vous que les Russes n'aient pas eu le sentiment, ce soir-là, que Moscou était le rempart de l'Occident perdu ? » D'un pays à l'autre, des antimodernes qui ne voyagent pas m'envoient des vidéos sur WhatsApp. J'ouvre et je regarde des visages ensanglantés de manifestants français ou bien des camés de la place Stalingrad errer entre les tentes, les poubelles éventrées, les traces de pisse sur les trottoirs de Paris. Les messages demandent, inquiets : « Est-ce que c'est un fake ? C'est vraiment comme ça, Paris ? »

Les Russes se font de notre pays une image caricaturale et imparfaite. À leur décharge, on ne peut pas dire que la vision que nous avons d'eux soit plus nuancée ni plus fidèle à ce qu'ils sont. D'autant moins quand certains commentateurs profitent de la guerre pour s'improviser experts sur les réseaux sociaux, les plateaux et dans certains magazines pas trop regardants du degré d'expertise. Certains de ces spécialistes de la Russie ne se sont pas rendus dans le pays depuis quinze ans et n'en connaissent rien en dehors d'un héritage familial parfois lourd à porter, de récits rapportés, d'une poignée de séjours dans les capitales et de l'écho des discussions virtuelles de salon. Sans être spécialiste, je sais, pour avoir voyagé un minimum, qu'on ne peut dire d'aucun pays qu'il est peuplé de « zombies », ni citer sa « laideur », sa « stupidité barbare », sa « difformité intellectuelle », ni présumer qu'un inconnu de 20 ans est mort sur le front à cause de « son fantasme de puissance, son antihumanisme et sa cécité volontaire »[1]. Ce sont des choses qui se disent chez nous, à propos de Russes qui nous connaissent au moins aussi bien que nous les connaissons. Lorsqu'ils entendent « Je suis français », ils ont des éclats admiratifs dans les yeux, puis, très vite, ils prennent une mine désolée, la même qu'il est convenu de prendre chez nous à leur propos, et ils parlent des Gilets jaunes, de la réforme des retraites et de « Macrone qui est marié à un homme, tu savais ? ». Ça prête à rire, ils sont sincères. « J'espère que ça ira mieux pour vous, c'est une mauvaise passe, vous allez revenir. »

En France comme aux États-Unis, à ce qu'il paraît, « il y a des moustiques partout ». C'est Iouri qui me la sort, celle-là, et je ne peux pas trop le blâmer niveau désinformation parce que, de mon côté, je viens de lui apprendre que Patricia Kaas est morte, ce qui le désespère pour rien puisqu'en fait c'est pas vrai, j'ai vérifié ensuite, elle vit quelque part et ça va sûrement

1 Toutes ces citations proviennent du compte X d'Iegor Gran, auteur du livre *Z comme zombie*, Paris, P.O.L, 2022.

très bien pour elle. Toujours est-il que plus on avance vers l'est, plus le modèle qui s'impose n'est pas l'Union européenne et sa démocratie parlementaire mais la Chine et son petit bijou de dictature moderne. Les gens que je croise entre Khabarovsk et Vladivostok n'ont que le président Xi Jinping à la bouche parce que lui, vraiment, « il a tout compris ». Xi Jinping a développé son pays, c'est un homme fort, son peuple travaille et il gagne sans cesse en influence. Les valeurs démocratiques, « on s'en fout parce que ça marche pas. En France, vous votez contre des réformes qui passent quand même et pour des gens que vous n'aimez pas. » Rifkat, Maksim, Kolia, Natacha ne citent plus nos Lumières mais celles de Heihe, référence urbaine de la modernité parce que l'agglomération chinoise, qu'on aperçoit de l'autre côté du fleuve Amour depuis Blagovechtchensk, est le symbole de l'ère post-occidentale avec sa grande roue, ses feux d'artifice, ses gratte-ciel qui ont poussé comme des champignons et ses magasins où les Russes peuvent aller faire leurs courses sans visa grâce à la zone de libre-échange mise en place depuis vingt ans.

Au large de Vladivostok, sur l'île Popov, ancienne base militaire secrète qui n'apparaît pas sur Google Maps, je fais la connaissance d'Anton et Natalia au cours d'un week-end camping. Le couple de trentenaires s'apprête à partir en Chine pour les vacances. Ce sera la première fois de leur vie que ces descendants de Polonais et d'Ukrainiens sortiront de Russie. « Il ne faut pas de visa pour les groupes de touristes russes », expliquent-ils, tout excités. S'ils ont des enfants un jour, ils apprendront la langue des voisins parce que c'est la langue de l'avenir. En attendant, c'est pratique la Chine, parce que les Chinois de la zone frontalière parlent très bien le russe. Il y en a d'ailleurs énormément qui vivent, commercent ou s'installent à Vladivostok et dans sa région, le Primorié. C'est un peu inquiétant parce que « les bridés », comme ils disent, menacent de dépasser un jour le nombre de Russes russes dans le coin. Les Russes russes pas bridés se rassurent comme ils peuvent en répétant que Poutine est un homme aussi fort que Xi Jinping. À les croire, leur président ne laissera jamais la région retomber entre les mains des Chinois.

En attendant, les entreprises chinoises profitent des sanctions économiques japonaises et occidentales pour gagner du terrain sur le marché automobile et tout un tas de secteurs. L'énorme engin de chantier qu'on a planté avec Kolia, par exemple, c'était un LiuGong. « Avant, c'était de la mauvaise qualité leurs outils mais, bordel, ils ont fait un bond en quelques années, les Chinois ! C'est plus des chinoiseries ! » Étant donné mes connaissances en mécanique et en macroéconomie, je ne me sens pas tellement bien placé pour commenter. Je me contente de constater qu'on me répète partout la même chose, en boucle, qu'on est vraiment des gros débiles en Europe, putain, que la Chine va nous remplacer, merde, que c'est dommage parce qu'on aurait tout intérêt à travailler main dans la main avec les Russes puisque notre histoire commune, bordel. Il faudrait juste arrêter un peu avec nos histoires de droits de l'Homme et notre système de démocratie pourri. C'est aussi simple que ça.

Le fait est que les Russes et les Chinois partagent autre chose que des intérêts économiques conjoncturels et la passion de l'autoritarisme. Ces deux pays ont en commun l'histoire d'un territoire aussi reculé que riche et stratégique, une histoire qui est aussi celle du Japon et de la Corée, une histoire qui nous paraît, naturellement, lointaine. Les cinéphiles connaissent les aventures de Vladimir Arseniev et de son guide, le chasseur golde Dersou Ouzala, grâce au film d'Akira Kurosawa, l'Oscar du meilleur film 1976, sacré à la fin de la période de détente, pendant la guerre froide. C'est à peu près tout. On entend peu parler, chez nous, de la Mandchourie, du détroit de Tatarie, des îles Kouriles, de Khabarovsk, on ne sait rien de l'activisme des honghuzi, de la capitulation de Guandong et de toutes sortes d'histoires improbables de la région. Il y a la création de l'oblast autonome juif du Birobidjan, l'épopée des Russes de Shanghai ou celle, plus folle encore, des vieux-croyants, une communauté persécutée des siècles durant par l'église orthodoxe et dont Poutine a réhabilité la figure centrale en 2020, Avvakoum, un prêtre schismatique assassiné. Les familles de vieux-croyants revenus d'un lointain exil en Amérique latine se félicitent que le président russe leur ait accordé des terres et l'opportunité tant attendue de rentrer au pays avec leurs enfants pour « les élever entre les bouleaux ».

Chez les vieux-croyants que je rencontre, à l'est de Dalnerechensk, les femmes cousent, les hommes cultivent et tout va pour le mieux, « tout est en ordre ». L'expression qu'utilisent les Russes à tout bout de champ est l'équivalent d'un « ça va » ou d'un « tout va bien ». C'est sur cet ordre et le principe de réconciliation que Poutine a bâti sa stature dans la Fédération divisée par nature mais unie autour d'une longue histoire commune, mythifiée, cruelle, heurtée, « labyrinthique » comme la présentait le centre Eltsine d'Ekaterinbourg. Loin de l'Ukraine, la promotion d'une grande concorde du « monde russe sans frontières », littéralement le plus grand pays du monde, réinvestit l'idéal soviétique d'amitié entre les peuples, les mysticismes en plus. Loin des capitales mondialisées, ce discours porte auprès de pas mal de Russes, de toutes nationalités confondues. Parmi mes connaissances, la plupart des Français confondent la Sibérie et l'Extrême-Orient. Les champions du *Trivial Pursuit* citent Chalamov et ses *Récits de la Kolyma*, le nom, vague, de Vladivostok. Nous avons peu d'images en tête, peu de mises en récit de ces régions du monde, plus vastes que l'Union européenne. Alors oui, bien sûr, il y a des livres de référence excellents sur la question et bien sûr, ce n'est pas qu'une question de Russie puisque le Xinjiang, le Khentii ou le Sistan-et-Baloutchistan évoquent aussi peu de choses que le bout du monde russe. Il n'y a pas de hiérarchie. D'immenses territoires sont vides d'humanité pour nous.

En mai 2022, j'avais proposé au magazine pour lequel je travaillais un dossier sur « la guerre vue par les journaux russes ». Mon idée était déjà de montrer sur quels ressorts s'appuyait la propagande patriotique du Kremlin, de sonder la « version de l'ennemi ». La responsable et spécialiste du service concerné était enthousiaste. Elle soutenait l'idée d'une série de traductions mises en contexte et fact-checkées, ce que la rédactrice en chef, qui n'était pas russophone, avait brutalement refusé. « On est du côté de l'Ukraine, on ne publie pas le point de vue russe. » Je trouve ça dommage, voilà, dit poliment pour respecter l'esprit corpo, aussi dommage que la réaction qu'allait avoir, plus tard, une autre rédactrice en chef du même groupe, qui a jugé que mon voyage d'un bout à l'autre de la Russie ne pouvait pas être publié dans ses pages parce qu'il donnait « l'impression que les Russes soutiennent la guerre ». C'est en partie à cause de ces mésaventures que l'envie m'a pris de publier ce récit dans *Invendable*, avec un sérieux inhabituel, un trop-plein, une certaine précipitation, un désir de peupler le monde avec comme quelque chose à défendre sur une thématique qui ne m'appartenait pas.

Ce quelque chose, c'est le métier de reporter, aller voir pour rapporter, un jeu de chien-loup sans lance-baballe. Alors que je broyais du noir, mes notes sur les bras sans journaux pour les publier, la direction d'un troisième magazine a finalement écouté mon récit de voyage, avec beaucoup de curiosité d'abord puis avec enthousiasme. Ce magazine appartient au même groupe que les deux premiers. Il n'est donc pas question de « censure », contrairement à ce qu'il plaît de croire aux copains russes. Il est question de curiosité et d'enthousiasme, ce qui, partout dans le monde, est décidément très rare, très précieux. Sur les rives de Vladivostok, avant de m'envoler pour Moscou et Saint-Pétersbourg avec cette sensation étrange de, déjà, dans ces capitales inconnues, rentrer *домой* – « à la maison, mai-son » –, j'avais été pris d'un certain vertige à la pensée que mon voyage intéresserait les rédactions pour de mauvaises raisons, à commencer par cette guerre qui, au fond, n'était plus mon sujet. Mon récit a été publié sur une dizaine de pages sous le titre « Voyage dans la Russie interdite », avec une carte rouge et noir digne d'un film d'espionnage et la ganache de Poutine glissée sur la couverture entre mes photos de Russes lambda aux visages floutés. Ce n'est rien, vraiment, tant qu'on peut en rire, en parler, y repenser.

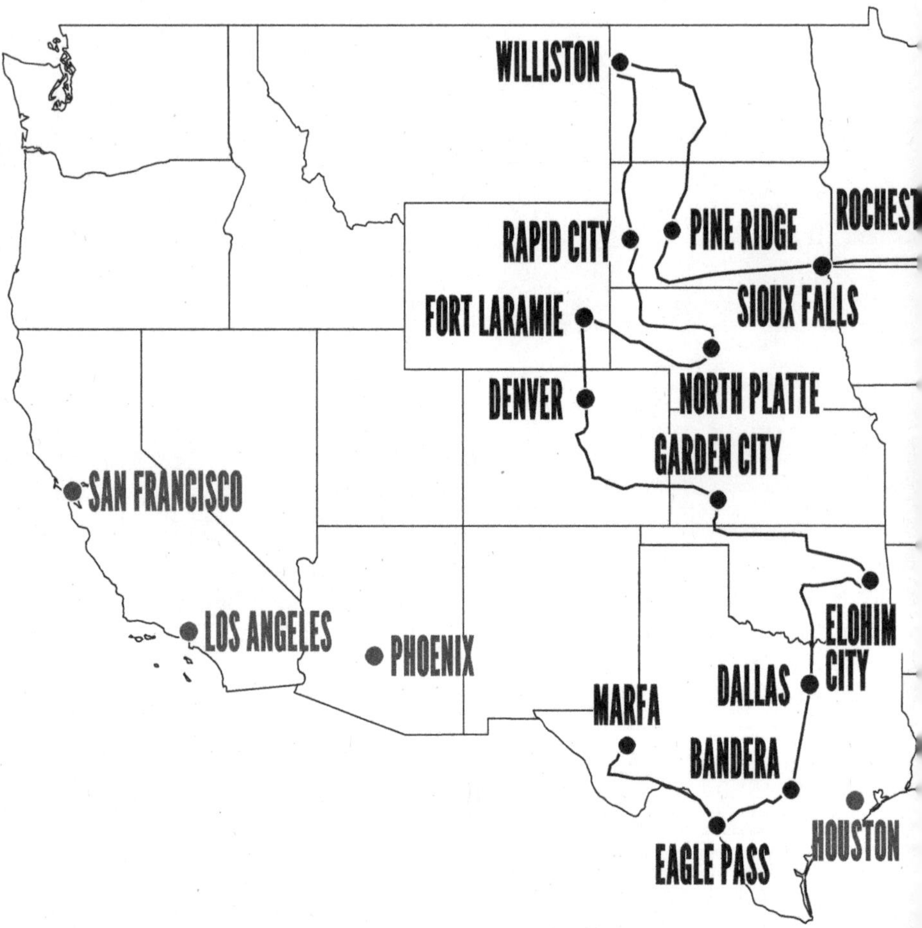
WILLISTON
ROCHEST
RAPID CITY
PINE RIDGE
SIOUX FALLS
FORT LARAMIE
NORTH PLATTE
DENVER
GARDEN CITY
SAN FRANCISCO
ELOHIM CITY
LOS ANGELES
PHOENIX
DALLAS
MARFA
BANDERA
HOUSTON
EAGLE PASS

LET'S GET LOST

DANS LA VERTICALE DU VIDE AMÉRICAINE

31 OCTOBRE 2023 – 5 JANVIER 2024

Avec Louis Borel et Nicolas Cortes

« Let them send out alarms,
And though they'll think us rather rude,
Let's tell the world we're in that crazy mood »

Chet Baker

Deux mois que Nico, Louis et moi, écoutions en boucle Chet Baker faire tinter sa trompette sur « Let's Get Lost », en nous frottant les mains à l'approche d'une ligne droite de 1 600 kilomètres tracée à la va-vite sur une carte américaine. *« Lost in each other's arms... »*, on n'imaginait pas à quel point on visait dans le mille, doués que nous sommes pour ce genre de coups d'éclat foireux. Nous comptions toucher le cœur de l'Amérique, longer ce que nous avions pompeusement baptisé « la verticale du vide » pour aller voir, parcourir les États-Unis du sud au nord par le centre à quelques mois de l'élection présidentielle, pendant que les commentateurs de l'internationale éditorialistique prendraient une grande inspiration sur les plateaux avant de se tirer les cheveux et de s'écrier : « Mais comment c'est possible que des gens soient assez cons pour voter Donald Trump ? » On avait vaguement préparé des reportages à faire sur la route, balisé le terrain, disons, pris des semblants de contacts. Mais savoir si nous réussirions bel et bien le pari de nous perdre absolument au fond du fond de l'Amérique, ce genre de perte abyssale qui remet en question notre présence sur ce maudit caillou planétaire, ça restait un mystère.

On s'en rendrait compte rapidement, qu'on était sur la bonne voie, à entendre de plus en plus régulièrement des « Qu'est-ce que diable vous foutez là ? » répondre à nos *« Hi, nice to meet you, we are three French travellers »*. « Vous vous êtes perdus ? » C'est la question qu'on nous poserait le plus régulièrement tout au long de ce voyage de deux mois. Il faut dire que les Américains posent assez peu de questions et quand je dis ça, c'est une généralité, ce qui est mal. Il y a toutes sortes de gens qui peuplent ces territoires immenses parsemés de bureaux de shérif, de saloons à billards, de paysages flamboyants et de trous à rats glauques à souhait. Mais voilà, parmi toutes ces sortes de gens que nous nous apprêtions à rencontrer, il faut bien reconnaître qu'une majorité ne parle pas grand-chose d'autre que l'anglais, ne place pas trente-six mille pays sur la carte et se fout globalement d'à peu près tout ce qui peut arriver à 50 kilomètres de leur clôture de jardin. Nous avions six États dans le viseur, le Texas, l'Oklahoma, le Nebraska, le Kansas, le Dakota du Sud et le Dakota du Nord. Les Américains des côtes appellent cette bande de terre les *« crossing states »* parce que ce sont des États qu'ils ne font que traverser sans s'arrêter pour relier les côtes. Nous, on voulait se les infliger dans la longueur, d'une frontière à l'autre, comme des bons gros sadiques de Français, dormir dans le coffre d'une voiture achetée pour l'occasion à des concessionnaires mexicains, crever de froid sur des cartons empilés sur le sol du coffre, emmitouflés dans des couvertures pour chevaux, parler au plus de réacs possible et manger de la merde dans les fast-foods les moins chers qu'on rencontrerait sur la route. C'était pas un programme, c'était un suicide collectif.

CHAPITRE 1

IL ÉTAIT UNE FOIS BANDERA

Le voyage a vraiment commencé dans la petite ville de Bandera, où l'on s'est arrêtés pour un café, par hasard. Entre l'aéroport d'Austin, où nous avait déposés le second avion quelques jours plus tôt, et l'autoproclamée « capitale mondiale des cowboys », on avait erré dans la campagne de San Antonio à la recherche d'une voiture digne de ce nom, jetant finalement notre dévolu sur une Honda qui était très loin de ressembler à la Ford Country Squire de nos rêves mais qui avait pour elle l'immense qualité d'être en vente à seulement dix fois notre budget. Le tour de tous les concessionnaires, casses et vendeurs particuliers environnants aurait de quoi constituer un chapitre à part d'une anthologie de l'errance. Il suffit que vous sachiez que les Texans n'attendent pas que vous possédiez une grosse bagnole pour vous balancer toutes sortes de punchlines au visage. Ça va des aphorismes du style « Le Texas c'est Dieu, la viande, les patates, les armes et du *sweet tea* » jusqu'aux pancartes inspirées comme « Prier est une bonne voie pour rencontrer le Seigneur. Passer cette clôture sans permission est plus rapide ». Ça fout un frisson, au milieu de la nuit, quand on cherche un coin en retrait pour pioncer.

À Bandera, pioncer, il n'en a jamais vraiment été question. Pourtant, on y a passé cinq jours et cinq nuits, mais comme étourdis par ce bled de fous furieux. Il se trouve que c'était la semaine de l'ouverture de la chasse au chevreuil et qu'on tombait à pic parce qu'une immense fête s'organisait pour le samedi à venir. Une faune délirante grossissait au fil des jours dans le bourg, avec des chapeaux et des bottes comme vous ne pouvez pas imaginer. Avant de descendre un par un les centaines de chevreuils qui bondissaient de toutes parts sur les routes environnantes, les riches propriétaires des ranchs alentour, et leurs tout aussi riches amis descendus de Houston ou de Corpus Christi s'apprêtaient à se pinter leurs gueules d'anciens *farmers* blindés aux as. « À la vôtre, cette tournée-ci est pour moi ! » Il est impossible de tenir le compte des coups offerts par une foule de cowboys millionnaires bien décidée à vous rincer. Tandis que Vicky nous déposait des bières sur la table, Rick ouvrait son étui à violon pour en tirer une bouteille de rhum et Mindy nous lâchait un « la première fois on se marie pour l'amour, la seconde fois pour l'argent ». Tout ça se passait sur fond de musique country. Dans tous les saloons de la ville, des plus ou moins cinquantenaires se relayaient aux tabourets et des mères nous jetaient dans les bras de leurs filles pour qu'on apprenne à danser le two-step entre deux Lone Star en canettes.

Au matin, un peu dans le coaltar après une nuit passée dans un ranch ou au bord du fleuve, on apportait des cafés à nos copains de la station-service. Peu importe l'heure, on était sûrs de rencontrer Will, Mike et Pam autour du bazar que tient Barbara. Barbara se déplace difficilement, appuyée sur une béquille, puis elle s'assoit, un châle sur les épaules et ne bouge plus pendant quelques heures. Elle fume de l'herbe et regarde Will, singe aux cheveux blancs, magnifique et perché, déballer le bric-à-brac du bazar qu'elle tient là, minuscule caverne d'Ali Baba remplie de chapeaux, selles de cheval, rocking-chairs et grille-pain. Parfois, Will demande à Barbara d'évaluer un objet. Alors elle dit un prix et ajoute « J'vais m'renseigner ». Will retourne farfouiller en lâchant *« Good, good »* et Mike lui fait un clin d'œil, assis en retrait. Mike est un ancien marine qui aurait honte de l'être aujourd'hui parce qu'il a vu une publicité où un soldat enfile une robe. « Les Village People ont mis la main sur l'armée. S'ils sont gays et bons soldats, je m'en fous, mais pitié qu'ils le gardent pour eux. » Parce qu'on ne sait pas comment rebondir, on lui dit qu'il est un peu le sosie de Benicio del Toro et ça lui fait plaisir. Il traîne ici tous les matins, décroche les guitares désaccordées, branche des amplis à moitié cassés et gratouille son blues entre deux tirades sur la grande arnaque du Covid ou le scandale de l'élection de Joe Biden.

Mike voudrait que lui et moi montions un groupe. « On ferait un carton en France. » Il en est vraiment convaincu et Will ponctue ses phrases de « Oh yeah, yeah ! » enthousiastes, en faisant de drôles de petits sauts de rockstar, les poings levés en signe de corne. Ces gars vivotent de pensions et de petites affaires. Mike vend ses peintures qu'il signe Michael Wantland, son nom complet dont il est fier et il y a de quoi. On lui en achète une, un coucher de soleil bizarre, orange et mauve au sommet d'une colline ornée d'une croix. Elle coûte dix dollars. C'est pas cher. « J'écris, aussi. » Mike voudrait raconter sa vie sous la forme d'un long roman parce que, s'il dit que c'est une autobiographie, les gens n'y croiront pas. Ça s'appellera *La Vie rêvée de Michael Wantland*. Il fait des rêves étranges. « Une voiture de flics arrivait au coin de la rue. Les portières s'ouvraient et les mecs étaient tous chinois. On commençait par discuter et puis on finissait par prendre de la dope ensemble. » Il hoche la tête, encore sous le choc mais pas si étonné que ça. « Ça va bien finir par arriver. Ils vont nous envahir, les Chinois, ils sont malins. L'autre clown de Biden, il se couchera devant eux. Il est dangereux pour la sécurité du pays. Il ne devrait pas se mouiller avec Israël, ça ne nous apportera que des problèmes. Trump n'est pas terrible mais pas aussi mauvais que Biden. » Les considérations géopolitiques lui sortent de la bouche en flots irrépressibles.

Lorsqu'il s'en rend compte, il s'excuse. « Je parle trop. » Ce qu'il aime vraiment, c'est la musique. Sa chanson « Rhythm and Schemes » surtout, qu'il joue en boucle du bout de son gros pouce.

Pendant qu'on fait le plein, à quelques mètres des copains, Pam apparaît dans notre dos. « Vous savez... » On se retourne, surpris. « Désolée... » Pam est une petite sorcière. De longs cheveux gris tombent de son chapeau. Elle ne porte que du noir ou des couleurs improbables, du rose, du jaune ou du fuchsia. « Je veux dire... Nous ne sommes pas tous pareils. » Pam chuchote pour pas que ses amis du bazar l'entendent. Elle sourit maladroitement. Elle cherche ses mots, puis elle abandonne et brusquement : « Vous pensez qu'on est fous ? » On rigole. Oui, un peu, on reconnaît, mais pas seulement la petite équipe de la station. Ça vaut pour à peu près tous les Américains qu'on rencontre. Elle rit. « Ouais... » Elle s'en doutait. « Vous savez, les gens dans le coin sont gentils. C'est juste qu'ils ne savent pas quoi faire de leur énergie alors ils la mettent au mauvais endroit. Trump, le football, la chasse... Moi je préfère me tenir en dehors de ça parce que, quand on pense différemment, ici, il vaut mieux se taire. Mais voilà, je sais... Je sais que ça leur fait du bien de vous parler. Je voulais vous le dire. » Elle disparaît comme elle est apparue, avec sa pinte de café à la main, son visage, creusé de rides, fendu en un sourire tendre. « Vous nous faites sentir importants », nous a glissé Michael Wantland au moment des adieux.

***

On a quitté Bandera après la fête du samedi dont on se souviendra longtemps parce que c'était une célébration mémorable de la chasse au chevreuil. Ce grand *spring break* du troisième âge avait commencé à 8 heures du matin, avec des buffets extérieurs, du Bloody Mary gratuit servi à la louche dans des verres comme des vases et un concert de country mené par un vétéran centenaire du nom de Buck Sloan. Ce type en uniforme a fêté ses 18 ans en France, quelques jours après avoir fait le débarquement de Normandie. Il tient la scène en vrai crooner pour son public de *cowboys and girls* qui font tournoyer leurs santiags. Dans la foule trémoussante des chapeaux-jeans, un grand type costaud détonne un peu parce qu'il porte une combinaison de cuir et une grande coiffe de chef indien. Son déguisement lui vaut pas mal de compliments. Il y a aussi une femme en combinaison de biche moulante avec écrit sur les fesses *« Oh my deer !*[1] *»*. Il se trouve que ces deux-là sont mari et femme. Il y a encore un type avec un t-shirt « FJB » pour *« Fuck Joe Biden »*, un autre avec écrit « Je pourrais chier un meilleur président », et tous ces détails loufoques incitent les uns comme les autres à se prendre en photo et à se lancer de grandes claques dans le dos. Zaza fait la quête pour les musiciens avec son chapeau « Trump 2020 ». À part les désaxés de la station-service, tous nos potes des cinq derniers jours sont réunis là. C'est comme un grand mariage.

On retrouve nos copines, Madeline, toujours sapée en Barbie qu'elle adore, et ses cousines accompagnées d'un grand type du nom de Henry. Il est métis et vient de Californie, deux signes très distinctifs dans ces contrées oubliées du melting pot. On demande à Henry s'il fait partie de ces hordes de Californiens démocrates venues envahir le rouge Texas pour tenter de « tourner l'État en bleu », la couleur du diable et de Biden qui ne sont qu'un. Henry nous rassure vite en nous expliquant qu'il est en quelque sorte un réfugié. « Je ne supporte plus les Californiens. Ils sont fous. Là-bas, les gens vivent en dehors de la réalité. Pour eux, un dollar c'est pas un dollar, c'est un dollar de crack. » Ça le terrorise, l'état de santé mentale des libéraux à San Francisco. « Au Texas, vous voyez, on chasse parce qu'il faut réguler la population de chevreuils. Vous avez vu, il y en a partout au bord des routes. Eh ben, sur

....

1 Jeu de mots : en anglais, *« dear »* (chérie) et *« deer »* (biche) ont une prononciation quasi similaire.

les côtes ils diraient qu'il ne faut pas les chasser parce que les animaux ont le droit de vivre heureux… Ils ne comprennent rien. Ils sont perdus. Ils ne savent même pas s'ils sont des hommes ou des femmes… » Ça, c'est l'argument massue, du genre qui fait lever les sourcils et pousser des soupirs à tous les Bandériens pur jus.

À quelques mètres de là, près de la route, un colosse fait la circulation en s'envoyant des vodka-tomates. C'est le mari de Nancy, une coiffeuse de Bandera, qui s'est levée de son caddie de golf à notre approche, très joyeuse jusqu'à ce qu'on évoque la ville de Marfa où on compte faire un crochet dans les jours à venir. Le sourire splendide et lifté de Nancy s'effondre en une grimace atroce, et puis les larmes. « Oh, Marfa… » Croyez-le ou non, on se retrouve à consoler cette pauvre réac qu'on ne connaît pas mais qui hoquette dans nos bras parce qu'elle voit son pays se faire envahir par les homos venus de la Californie, de New York ou, pire, d'Austin, la traîtresse texane. « Je veux dire, vous comprenez ? Je veux pouvoir respirer, vous savez… C'est tout ce que je demande. Je ne veux pas qu'on me prenne à la gorge… » Elle se laisse violemment prendre à la gorge par l'émotion, Nancy, et dans nos têtes de Parisiens décontractés de la parano LGBT, on a sincèrement de la peine pour elle et ses larmes de conservatrice totalement déboussolée.

Heureusement, notre pote Craig-le-Cowboy vient nous tirer d'affaire, pour demander un service qu'on n'a franchement pas le cœur de refuser vu qu'il nous offre une porte de sortie inespérée. Si on savait la galère dans laquelle on s'embarque, on y réfléchirait pourtant à deux fois. Pour la faire courte, il s'agit d'aller récupérer une vieille carriole en bois du genre de celles qu'utilisaient les conquérants de l'Ouest à la grande époque de Lucky Luke pour l'exposer on ne sait pas trop où, en ville. Outre le fait que la carriole est dans la campagne à perpète, s'ajoute la difficulté qu'elle se révèle être la prisonnière d'un vieux hangar dont les portes sont trop petites pour la faire sortir en roulant, que de toutes façons les roues se délitent au contact du sol et que les arceaux de bois qu'on doit extraire du chariot à coups de masse pour la faire passer dans l'encadrement des portes tombent eux aussi en poussière assez rapidement. D'ailleurs, la mission est d'office un traquenard puisqu'elle a pour décor la propriété de l'ex-femme d'un pote de Craig, lequel n'a pas prévenu l'ex-femme en question de notre visite impromptue, et que celle-ci n'est pas du tout ravie de voir le pick-up du pote de son ex-mari débouler dans sa « putain de propriété » en équipe pour dévaliser le hangar à moitié en ruine et en laisser les portes branlantes avec, au sol, de vieux clous rouillés.

***

Tout ça présenterait peu d'intérêt pour le présent récit si je ne souhaitais vous parler du vieux Craig-le-Cowboy en question qui est un sacré personnage et dont la rencontre nous a particulièrement émus. Il faut préciser d'abord que certains phénomènes américains ne se contentent pas d'un prénom mais y adjoignent un qualificatif honorifique, souvent prodigieusement charismatique. À Bandera, cette caste de choix compte, par exemple, Nancy-la-Marshall qui nous a reçus dans son bureau meublé comme un tribunal, ou Mindy-la-Femme-Deux-Fois-Mariée. À sa grande époque, Craig-le-Cowboy faisait des ravages au rodéo. Dans sa minuscule chambre d'hôtel en bois, il nous a déballé toutes ses boucles de ceinture de champion, à commencer par la Saint-Paul 1976, et puis il nous a raconté des histoires de meufs à faire pâlir les plus sexy des baby rockers. « Quand tu gagnes au rodéo, toutes les filles veulent te retirer la ceinture. » Il lâche ce genre de phrases en vieux briscard, dans le fond de son fauteuil à bascule, en tapant dans sa bouteille de vodka Tito's.

Craig-le-Cowboy est un soixantenaire marginal. À côté des fortunes aux lèvres refaites et de leurs maris ventrus qui hantent les soirées alcoolisées de Bandera, il a la vraie gueule du plouc qui n'a jamais bougé de son trou. Mais il s'en fout parce qu'il est riche. Sa mère a vendu le vieux ranch familial et son immense domaine à des investisseurs qui ont flairé le bon coup à cinq millions pour transformer la propriété en Ranch Resort et attirer des touristes de luxe. Ça a fait trois millions pour la mère, un million pour la sœur et un million pour lui. La mère a de grosses dépenses en marijuana liées à un cancer lymphatique et à une ancienne addiction à la cocaïne. La sœur, on ne sait pas trop. Craig-le-Cowboy, lui, vit sa vie de nouveau riche avec ses besoins d'ancien pauvre. Au soir, il traîne les bars de Bandera avec sa contrebassine, un instrument de sa facture qui n'est autre qu'une bassine en acier retournée avec un bâton planté dessus et une corde entre les deux. En tirant sur le bâton, la contrebassine émet des sons assez discrets pour se fondre dans n'importe quelle jam improvisée de country. Il a l'assurance des anciens beaux gosses à la chevelure intacte. Il branche toutes les gonzesses qui passent et elles répondent avec humour à ses compliments audacieux, parce qu'elles doivent bien sentir que, comme il dit, il n'est « plus du tout dans le coup ». C'est ce qu'on se dit en observant notre pote errer au milieu de cette grande foire aux zinzins de Bandera, qu'il n'est, au fond, plus du tout dans le coup. Il ressemble aux autres clients des bars, en mieux sapé même. « Les gens croient que je suis pédé tellement je me soigne. » Il porte un chapeau noir, des chemises de première qualité, des vestes en vache, des santiags comme c'est pas permis ailleurs qu'ici, en un mot, il est dans son élément. Et pourtant, on sent bien que les cowboys à la ronde ne sont pas exactement les mêmes qu'en son temps.

Autour de lui, les ranchs sont restés en place mais les chevaux sont là, un peu comme Craig-le-Cowboy, pour la déco. À quelques kilomètres de là, John du Dixie Dude Ranch, la trentaine, accompagne les sorties équitation des familles.

Il a la panoplie intégrale du vrai garçon de ferme, la douce mélancolie dans le regard comprise, c'est indéniable, mais il vient de La Nouvelle-Orléans et le ranch l'emploie pour recevoir de bonnes familles urbaines à la recherche d'un peu de terroir et d'authenticité. C'est ce qu'il est lui-même venu trouver ici après une histoire d'amour brisée. Depuis, il vit au milieu de ce rien et ça lui fait du bien, avec son collègue à moustache, les cuisinières au look seventies et un cowboy massif, leur patron à tous, qui nous invite généreusement à profiter de délicieuses lasagnes en arrière-cuisine. Son ranch respire le bon vieux temps, comme tous les autres ranchs du coin. On s'en approche en passant des portiques de bois ornés de crânes de buffle, après avoir roulé des kilomètres au milieu d'étendues vides, sur des routes poussiéreuses, bordées de cactus et de rouleaux de branches sèches que le vent balade. Hormis les pick-ups de plus en plus gros, rien ne semble avoir changé depuis l'époque des westerns. Pourtant, quelque chose doit bien avoir changé puisque les États-Unis sont menacés de ne plus être les *number one*. Tout le monde le redoute et ce quelque chose d'intangible fait penser aux Texans qu'ils sont les derniers Mohicans de l'Amérique éternelle.

Quelque chose a bien dû changer pour que les Texans soient ainsi obsédés par la peur du changement – à la manière maladive de Nancy la coiffeuse ou à celle, combative, des armuriers du centre-ville dont la vitrine présente un revolver d'exposition gravé à l'effigie de Donald Trump. « Ce n'est plus comme avant », regrettent les vieux de la vieille entre une pinte et un accord de blues. « Le crime augmente », déplorent leurs enfants qui n'ont pas vraiment d'exemples en tête et qui, Dieu soit loué, n'ont pas encore été témoins de cette immense poussée du crime dans leur campagne préservée, presque immaculée. « Ce sont les villes qui deviennent folles, expliquent-ils. Il y a le diable, là-bas. »

Ça paraît vague mais tout ça fait des remous. Face aux urbains, face aux démocrates, face à « ceux qui veulent du mal à l'Amérique » et notamment les « hordes de criminels latino-américains qui affluent à la frontière », les Texans parlent toujours de se défendre en pointant leur porte-flingue à la ceinture. Souvent, il n'y a pas de gun, c'est leur portable dans l'étui. Bien sûr, qu'ils disent, d'habitude ils ne sortent jamais sans leur arme à la hanche mais, chaque fois, quelque chose a fait qu'ils ont laissé le crache-poudre à la maison. Les Texans désarmés trouvent toujours une bonne excuse pour être sortis comme des fucking New-Yorkais, sans flingue, autrement dit presque à poil. Ça fait partie de leur culture, ce rapport biaisé au récit, à la légende, au mythe « qui n'en est pas un », cet attachement à se montrer à la hauteur d'eux-mêmes, et tant pis si leur réalité diffère sensiblement du discours qu'ils entretiennent.

On peut s'asseoir vingt minutes avec à peu près n'importe lequel de ces inconnus et refaire le monde de façon à ce que cette vieille boule de terre et de chair devienne un joli bout de paradis. Mais dites que vous êtes journaliste et la personne en face de vous a toutes les chances de se changer immédiatement en lutin diabolique et de professer les idées les plus radicales qui soient avec un ton et des expressions que vous ne lui avez jamais vus auparavant. Les conservateurs ont cette faculté prodigieuse de surjouer leur personnage de gros con. Vous me direz que les progressistes agissent pareil et, diable ouais, comme disent les cowboys, vous n'aurez pas tort. Seulement, il faut bien reconnaître que les progressistes ne courent pas les rues par ici, ou bien poursuivis par des colts et des pick-ups vrombissants.

Alors parlons des conservateurs que nous rencontrons et rendons-leur cette justice : la caricature qu'ils singent d'eux-mêmes – personnalités égoïstes et schizophrènes, toutes vouées à leur prospérité individuelle et à la célébration de leur patrie, la première, la plus libre du monde – ne leur ressemble pas. Le rapport à la fiction fait écran entre ce genre d'hurluberlus réactionnaires et ceux qui, comme nous, serions, disons, de l'autre côté. Ils pantalonnent, faussement convaincus, et on les observe, vraiment atterrés.

CHAPITRE 2

UN RÊVE AMÉRICAIN

On avait posé le pied au Mexique depuis moins de dix minutes quand une famille de Vénézuéliens a surgi d'un buisson pour se précipiter dans l'eau, avec cette petite fille de 8 ou 9 ans, au grand sourire plein de dents d'enfant. « Je m'appelle Melina. » Juste avant de suivre son papa, sa maman et son grand frère de 12 ou 13 ans dans les rapides, elle a eu le temps de tendre son livre « pour dormir » à Nicolas. Depuis la rive, un policier mexicain criait au père de faire demi-tour parce que le fleuve avait monté, parce qu'après ce qui semble être la terre américaine et qui n'est qu'une île à mi-chemin, il y a d'autres courants violents et profonds et qu'il vaut mieux entreprendre les démarches légales du côté mexicain sinon les Américains expulsent sans délai. Tout cela dit sans conviction parce qu'il n'y croyait pas trop à cette histoire d'expulsion et qu'il n'y a rien à faire pour empêcher les gens de traverser. Les migrants qui errent ici par centaines ont survécu à tellement de choses qu'ils ne s'en remettent plus qu'à Dieu qui les aime. Le courant, les barbelés, les grillages, les flics, le « mur de Trump » sont juste quelques mesquineries humaines de plus sur la route pavée de mauvaises intentions.

De l'eau jusqu'au milieu du ventre, le père hausse les épaules tout en sondant, la panique au front, les profondeurs de ce cimetière qu'ils espèrent être le dernier à devoir traverser, la dernière usine à cauchemars avant la vie rêvée aux États-Unis, là-bas, de l'autre côté. Le papa prend la main de sa fille et sa femme le met en garde. « C'est profond ! C'est profond ! » Il change d'itinéraire à l'aveugle et sa femme le suit, trempée jusqu'au t-shirt, avec leur fils et, sur la tête du garçon, l'unique sac de la famille avec tous leurs documents de valeur. Le reste des affaires a fini dans l'eau ou entre les mains du coyote, un passeur qui ne fait passer personne ce jour-là parce que c'est dangereux, que ça mouille le pantalon et que ça ne vaut pas le salaire de chiffonnier. Les semaines où il n'a pas assez d'argent pour acheter des planches de bois et exercer son vrai métier d'ébéniste, ce coyote se ramène sur le bord de la frontière pour guider les migrants ou bien, comme cette fois, leur réclamer simplement les vêtements qu'ils s'apprêtent de toute façon à abandonner dans l'eau ou sur la berge pour ne pas couler dans le fleuve. « Je remplis trois, quatre gros sacs poubelle chaque jour et puis je les revends aux puces », explique le gars au sac. « C'est la misère, tu sais », ajoute un autre en plongeant la main dans ses poches pour en tirer une poignée de pièces qui ne valent rien. Autour, leurs collègues rôdent, faméliques, les pantalons trempés, le regard mauvais de bêtes traquées, les poches pleines de petite monnaie.

Pendant que l'un d'eux enfile, dégoulinant, une paire abandonnée de chaussettes sèches, la famille de Melina atteint l'île saine et sauve. Ils rejoignent une mère célibataire, son bébé dans les bras. Elle est coincée là depuis bien trente minutes, à essayer puis à revenir, à étudier les courants, à faire la sourde oreille aux patrouilles américaines qui lui ordonnent de faire demi-tour depuis le bon côté du mur, celui où le fleuve s'appelle Rio Grande, « le grand fleuve ». Les Mexicains l'appellent Rio Bravo, le fleuve « vigoureux » ou « dangereux ». Depuis deux ans, une cage, à un seul versant et plusieurs lignes de barreaux, est tombée sur le Rio Grande avec ses couches de barbelés, de caméras, de grilles et de soldats. Des vêtements déchirés flottent au vent sur les berges. Ce sont des sortes de marches que les migrants installent sur toutes sortes de piques pour passer en espérant se déchirer le moins possible la peau des mains et des pieds.

S'ils en arrivent là, c'est qu'ils ont passé les six, sept, huit, neuf frontières qui les séparaient du rêve américain. Ils ont réussi à ne pas se perdre dans la jungle du Darién en Colombie ou dans les mille pièges tendus sur leur route. Ils ont échappé aux réseaux de prostitution et aux recruteurs des cartels comme notre pote Angel, un Vénézuélien qui dit avoir 21 ans mais qui en a facilement quatre de moins et qui a vu son pote courir, courir, courir après avoir sauté du pick-up qui le transportait vers il ne savait où au Mexique avec deux Colombiens, un Hondurien et un autre Vénézuélien. Aucun n'avait assez d'argent pour payer sa rançon d'homme libre.

Angel a réussi à s'en tirer. Il a couru, couru, couru et puis il a traversé le fleuve comme un chef avec son cousin. Quand on les rencontre tous les deux, ils astiquent la voiture de Magali, la propriétaire d'un verger qui les a récupérés au milieu de ses noyers et les a engagés à son service, le temps qu'ils amassent assez d'argent pour se payer un bus et se tirer plus au nord. Ils ont évité les complications de la douane, l'attente pour un ticket de rendez-vous avec les services de migration, deux ou trois mois plus tard. Ils veulent chercher du travail au noir le plus rapidement possible et travailler comme cuisiniers, plongeurs, mécaniciens, électriciens, agents d'entretien, peu importe. Ils ont les mêmes rêves qu'Abigaël, un Hondurien comique de San Pedro qui veut « sauter aux États-Unis comme un lapin » pour « prendre tout l'argent des Américains en travaillant beaucoup ». Le même rêve que tous les Salvadoriens, Cubains, Haïtiens, Nicaraguayens, Brésiliens que nous avons croisés partout, à Eagle Pass et Piedras Negras, des deux côtés de la frontière la plus médiatisée au monde. Comme tous les autres, ils veulent saisir leur chance, faire de l'argent et revenir un jour, le plus tôt possible, chez eux où le travail ne paie rien, où c'est la misère, où il n'y a rien dans les magasins, où ils ont des parents, des maisons, des paysages, des musiques, des plats qu'ils aiment et dont ils parlent les larmes aux yeux puis, très vite, aux joues.

***

« Alors vous voyez, ça commence ici et puis ça finit là. C'est ça le "mur de bouées anti-migrants". » De l'autre côté du mur de Trump qui coupe en deux le verger de Magali, il y a une ligne de grosses bouées orange bien serrées, dans le genre zone de baignade très surveillée. Cette ligne de bouées a coûté un million de dollars. Elle ne sert à rien. Elle mesure 300 mètres de long et, des deux côtés, les migrants continuent de passer. Ils étaient 2,4 millions en 2023. Pour la faire courte, il y a un gouverneur texan qui s'appelle Greg Abbott et qui a bien compris que la politique repose sur des coups de com et rien d'autre. Greg Abbott est de mèche avec un milliardaire blond bien allumé répondant au nom de Donald Trump et qui a, un jour, été élu président de « la plus grande démocratie au monde ». Ces deux-là s'en foutent pas mal que leur grand mur anti-migrants ne serve à rien tant que ça leur rapporte en popularité.

« C'est du spectacle, soupire Jesus, un grand cirque... » Jesus, on peut aussi l'appeler Jessie. Il a une moustache épaisse de vrai Chicano et un bandana rouge autour du cou qui tombe parfaitement avec son ensemble en jean et son grand chapeau. Il dirigeait un club de kayak avant que les baraquements militaires et le parking des garde-frontières ne remplacent sa petite parcelle de paradis au bord du fleuve. Jessie a grandi sur le Rio Grande, du bon côté grâce à son arrière-grand-père qui a eu la bonne idée d'émigrer en son temps. « Il y a une dizaine d'années, on se baignait tranquille ici et on traversait comme on voulait. » Maintenant, il faut partir à des kilomètres et faire quatre heures de kayak le long du mur pour espérer toucher la rive. Ça n'arrange pas les affaires de Jessie. Ses kayaks prennent la poussière dans le garage. Il se marre. Ce serait à pleurer s'il n'y avait plus grave, l'histoire d'El Chato, par exemple, qui s'est mis à pleurer comme un gros bébé dans un refuge catholique de Piedras Negras.

Ce Mexicain de Guanajuato attendait, les mains dans les poches. Il attendait, voilà difficile de savoir ce qu'il attendait exactement. Sa femme, sa fille, son beau-fils et huit enfants attendaient aussi, le regard dans le vide, surtout le garçon de 12 ou 13 ans qui était assis sur un tabouret. « Il est aveugle », a expliqué son grand-père. C'est à ce moment qu'il a craqué. En s'essuyant les yeux, El Chato a enfilé une paire de lunettes de soleil et il a raconté ce qu'ils foutaient là, tous, même s'il ne savait plus trop comment l'expliquer. « C'est ma fille et son mari qui veulent travailler aux États-Unis pour faire de l'argent. Ils ont le rêve américain, c'est comme ça qu'on l'appelle, non ? Moi, je ne l'ai pas mais... Je ne pouvais pas les laisser partir comme ça. On a vendu la maison avec ma femme, et le terrain... On a tout abandonné pour ce voyage... Hier, les policiers mexicains nous ont volé 15 000 pesos dans le deuxième bus... Ils nous avaient déjà pris 10 000 dans le premier. » Ça faisait dans les 1 500 dollars de rackettés en deux jours de voyage.

El Chato s'est mis à sangloter comme un gamin, devant sa femme, sa fille, son beau-fils, ses huit petits-enfants, et, c'est bête, mais c'était d'autant plus difficile d'écouter la suite en pensant à ça. « Ce matin, on a essayé de traverser le fleuve. Le courant était trop fort. C'était dangereux, dangereux... » Il répétait *« peligroooso »* entre les larmes avec son accent chantant et puis il a montré son petit-fils aveugle. « Il a eu très peur, il criait, on a dû faire demi-tour. Maintenant, je ne sais plus quoi faire. On va essayer ailleurs. Je ne sais pas où. Je ne sais même pas si on peut dormir ici... On peut ? Dehors, c'est dangereux avec les enfants. Des gens les volent... On m'appelle El Chato pour mon petit nez. » Il a articulé la dernière phrase de but en blanc, entre deux sanglots, en appuyant sur ses narines flasques de l'un de ses gros doigts. C'est le genre d'images qui restent. C'est bête mais c'est comme ça.

Au fil des rencontres et des échanges de numéros sur WhatsApp, ces histoires nous suivent. On sait par exemple qu'Alfredo est arrivé à Chicago sain et sauf, que Luis est à New York et qu'il travaille dans un restaurant, qu'Angel est à Chicago lui aussi. J'ai des remords pour ceux dont je n'ai pas enregistré le numéro, ceux que je n'ai jamais recontactés ou bien ceux auxquels je tarde parfois à répondre, des Mexicains croisés à la frontière ou des gentilles femmes de ménage ouzbèkes croisées au Daghestan des mois plus tôt et qui continuent de m'envoyer régulièrement des vocaux d'une voix tendre et traînante. « Bonjouuur... Comment ça vaaa ? Ici, ça vaaa... Tout va bieeen... Et toiii ? Quoi de neuuuf ? Tout va bien, on espèèère... Dis-nouuus... Tout va bieeen... À bientôôôt... » Rien d'insurmontable mais cette étrange sensation de passer dans beaucoup de vies et de, justement, voilà, ne faire que passer.

CHAPITRE 3

CHEZ LES FOUS DE DIEU

Il n'était pas 18 heures mais il faisait nuit noire, l'obscurité s'ouvrait et nous hésitions à nous y engouffrer. Surtout Nicolas qui écoutait un peu trop son instinct à mes yeux. Ça agaçait Nicolas que ça m'agace et Louis n'était pas rassuré non plus. Mais maintenant on y était. Où ça ? À l'entrée du chemin de terre qui s'écarte d'une route dont je ne retrouve pas la trace sur Google Maps et qui mène à Elohim City, la « ville de Dieu », un hameau mystérieux perdu dans les monts Ozark, à la frontière de l'Oklahoma et de l'Arkansas. Un tas d'histoires pas rassurantes circulent à propos de ce lieu lié, de près ou de loin, à l'attentat le plus meurtrier commis par un Américain sur son territoire. La veille, nous étions au mémorial de l'Oklahoma City Bombing, face aux 168 chaises vides dédiées aux 168 victimes de l'explosion du bâtiment fédéral. En 1995, les suprémacistes Terry Nichols et Timothy McVeigh avaient fait sauter l'édifice en stationnant une camionnette piégée au pied de l'immeuble. Quelques jours plus tôt, ils avaient appelé leur pote Robert Millar, le fondateur d'une communauté de Blancs identitaires, suprémacistes, survivalistes, complotistes, enfin, tout bien comme il faut et surtout très chrétiens. C'est là qu'on se rend, en cette nuit précoce, dans une ambiance de série B.

Alors qu'on s'engueule gentiment dans la voiture, Nicolas jugeant qu'il vaut mieux attendre le matin, moi demandant ce qu'on va bien pouvoir foutre dans une forêt jusqu'au matin, Louis cherchant à faire la part des choses entre stress, instinct, raison et réflexion, un pick-up surgit pleins phares et s'aventure sur le chemin qu'on hésite à emprunter. Alors, pour clore le débat et demander conseil, je lance un appel de phares au véhicule inconnu. Ça fonctionne parce que les feux d'arrêt du pick-up s'allument, puis les feux de marche arrière. La Ford se range à côté de notre vaillante Honda. « Salut mec », je dis en direction de la vitre qui se baisse. Le mec en question est trop dans l'ombre pour qu'on puisse vraiment le décrire. On voit surtout deux billes brillantes au niveau des yeux. « Euh, voilà, on veut aller à Elohim City mais on se demande si ce n'est pas trop tard avec la nuit. Tu conseilles quoi ? » La silhouette nous répond d'une voix fébrile. Bizarrement, dans la nuit, dans ce contexte, dans l'entre-deux des phares et de l'obscurité, du silence et des moteurs, ça ne rassure pas tant que ça, une voix fébrile. « Oh, hmm, je n'habite pas là-bas moi, enfin, ouais, à côté quoi, enfin, je ne sais pas, ouais, je suis voisin, euh, mais vous êtes qui ? » On se présente succinctement. On est trois Français, on se balade dans le coin et on a entendu parler de la communauté alors, comment dire, on serait curieux de, voilà enfin, de connaître la communauté qui a l'air vachement, euh, passionnante. Un conciliabule précédent avait conclu à l'abandon provisoire du vénérable statut de journalistes. Pour rencontrer les fous de Dieu, « voyageurs » suffisait. Dit avec un minimum de conviction, ça sonnait presque comme pèlerins.

Le type a fini par stationner sa voiture devant la nôtre puis s'en est extrait bizarrement, escogriffe qu'il était. Je ne dis pas que l'assortiment t-shirt salopette était complètement seyant. Il flottait dedans. Et puis, il avait les cheveux en bataille, cette voix grave et tremblante, un regard fuyant, enfin, voilà, ce trentenaire avait une présence, disons, au minimum dérangeante. « Vous avez lu des choses sur Elohim ? Ouais ? Vous savez, hmm, ma femme est la petite-fille de James Ellison. Vous voyez qui c'est ? » On voyait très bien, vu que c'est plutôt une institution dans le secteur et qu'on avait parcouru sa page Wikipédia le matin même. On ne peut que vous recommander d'aller aussi lire celle du CSA pour en apprendre davantage sur cette milice aryenne dissoute en 1985 après un siège de trois jours mené contre son quartier général par le FBI. Le beau-père de notre nouveau copain avait son nom dans le mémorial d'Oklahoma City. « Oui, voilà, bon, moi, vous savez, je connais bien Elohim, je suis leur voisin et je suis un vrai croyant et tout... » Le mari de la petite-fille de James Ellison plaçait sa main sur le cœur chaque fois qu'il évoquait sa foi. « Mais, ouais, enfin, je ne vais pas à l'église parce que, putain, on ne me dit pas ce que je dois faire, vous voyez ! » C'est le genre de mecs à vriller d'un coup. Là, il pourrait sortir un flingue, nous buter tous les trois et puis bouffer nos cadavres dans un coin du bois. Mais non, il garde son calme. On discute presque normalement.

« C'est spécial Elohim, je veux dire, les gens sont sympas et tout, vous voyez. Il y a des gens sympas quoi, et puis, ouais, il y a des gens... Voilà, non, les mecs, je préfère vous prévenir ! Certains sont... ouais, racistes quoi. Fin moi, par exemple, ben vous voyez... J'ai du sang cherokee donc pour eux... je ne suis pas... pur. Ouais voilà, pur. Alors que je suis un vrai chrétien et tout hein ! Mais si on n'est pas de la famille, vous comprenez, ben, de toutes façons... Voilà, ouais, on n'est pas assez purs, les frères. Ça vaut pour vous aussi les gars, hein ! » Le mec nous pointe du doigt, Nico et moi, qu'il doit trouver plus bronzés qu'il faudrait. C'est à ce moment que je me rends compte que Nico est encore là, alors qu'on ne l'entend plus du tout, même pas respirer. « Hmm ouais, non, je veux dire... C'est triste hein, mais enfin aucun de nous n'est assez pur pour eux, hein ! » Le mec rit sans ouvrir la bouche, d'un rire qu'on dirait que c'est pas lui qui rit mais un démon caché sous ses épaules squelettiques qui montent et qui descendent.

Le gars se tortille sur lui-même comme c'est pas possible. Il a le front luisant et plus ça va, plus il est intarissable, puis il baisse le ton. « Il y a des clôtures tout autour d'Elohim. Pourquoi ils feraient ça ? Je veux dire, ouais, pourquoi ? » On ne se fait plus avoir, on sait qu'il va répondre à sa question tout seul et, effectivement, il hoche la tête. « Je pense qu'ils cachent quelque chose. Je pense qu'il y a un énorme bunker du gouvernement là-dessous où ils font leurs trucs, vous savez, je sais pas. Enfin, sinon, bordel, d'où ça leur viendrait tout ce fric pour leur communauté ? Il y a du trafic avec des camions de cette pseudo-compagnie qu'ils ont, vous voyez, je pense qu'ils s'en servent pour faire passer des choses. Des choses, ouais... Je ne sais pas quoi exactement mais je pense qu'ils distribuent tous les États-Unis... » Et, comme par hasard, au moment où Mike mentionne les bunkers secrets de l'État, à l'instant où on s'apprête à recueillir des confidences de tout premier ordre mettant en cause le Pentagone dans un vaste trafic de quelque chose, une patrouille de shérifs apparaît au milieu de la nuit noire et tourne sur le petit chemin où nous sommes, sûrement attirée par les phares et l'étrange colloque que nous formons.

En voyage, il existe une technique de survie très simple et plus ou moins imparable qui tire d'affaire face aux personnages les plus sinistres qui soient. Elle consiste, contre vents et marées, à toujours engager une discussion qui s'annonce un peu difficile, ou franchement virulente, par le serrage de main énergique et chaleureux du premier inconnu venu, l'idéal étant d'ajouter son propre prénom en guise de présentation – rien que son prénom, surtout, pour casser la distance – et, si possible, de caser quelque chose comme « Ravi de vous rencontrer. Vous vous appelez comment ? » en insistant lourdement sur l'accent français. Si la langue le permet, on peut même tenter le tutoiement d'office en jouant la maladresse des niveaux de langage mal maîtrisés, ce qui est plus attendrissant qu'irrespectueux. Cette méthode a l'immense avantage de vous présenter sous un jour immédiatement sympathique et de prendre l'interlocuteur par surprise avant qu'il ne puisse installer un rapport de force ou d'autorité. Voilà pour les conseils pratiques.

Les shérifs en question n'étaient pas méchants pour un sou, même plutôt avenants dès le serrage viril de mains, surtout le plus gros qui a simplement noté : « Ah, vous allez à Elohim City ? Bizarre... » Ce qui lui semblait plus bizarre encore, c'était notre copain Mike qui tremblait de tous ses membres en jetant des coups d'œil à sa voiture. « Vous avez une plaque du Tennessee, vous ? » Mike aurait pu simplement répondre « Oui », ou bien « Oui, je viens du Tennessee » mais il s'est lancé dans un périlleux « Ouais, ouais, enfin, j'étais là-bas, quoi, je veux dire, j'ai acheté la voiture au Tennessee, ouais, vous savez, ouais, c'est ça, et je l'ai ramenée ici parce que ouais, mais maintenant je la conduis ici, vous savez... » Le shérif a hoché la tête en plissant des lèvres. C'est passé, puis il a dit : « Bon, c'est juste un avertissement, on voulait s'assurer que tout allait bien » et il a disparu avec son collègue en nous saluant du bout du chapeau. Ça avait refroidi Mike, toutes ces émotions. « Bon, les mecs, ouais, c'est bon pour moi, j'vais me tirer, vous savez, les flics sont chiants ici, ils ont vu ma plaque du Tennessee, je pense qu'ils vont revenir, bref, mais ouais, vous pouvez monter chez moi, si vous voulez, pour rencontrer ma femme, enfin je peux lui demander si elle veut bien vous parler, je veux dire... Ouais, vous pouvez me suivre en voiture mais je vous préviens, juste, ouais, je vais foncer sur le chemin, il y a bien une dizaine de kilomètres, ouais, je vais tracer, ouais, je prends ce chemin tous les jours, donc, bon, voilà, c'est la deuxième à gauche tout au bout du chemin, vous verrez, il y a cinq boîtes aux lettres, vous n'avez qu'à m'attendre là, je viendrai vous chercher, ouais, OK, à tout à l'heure. »

Un nouveau conciliabule a suivi tout au long du chemin après que Mike a disparu dans la poussière au virage de la forêt. Nicolas ne sentait pas du tout ce type qui avait sûrement des armes et voudrait peut-être nous descendre parce qu'il en avait trop dit, moi ça me faisait rigoler et Louis était toujours occupé à départager stress, raison, instinct et réflexion. On s'est garés près des boîtes aux lettres, on a coupé le contact et on a attendu dans le noir que quelque chose survienne. Les phares de Mike nous ont surpris pendant que j'arrosais un buisson sous la lune. La braguette pas totalement en place, j'ai vu la fenêtre du conducteur se baisser devant moi avec deux ombres à l'intérieur. « C'est ma femme », a dit l'une des ombres qui devait être Mike parce qu'elle avait la même voix. « Oh, enchanté ! » j'ai répondu à la silhouette qui aurait tout aussi bien pu être un pantin désarticulé. L'ombre du siège passager n'a pas répondu un mot, n'a pas bougé. « Suivez-nous », a proposé Mike et on les a suivis.

Quand bien même je voudrais tout raconter, je vais passer un peu sur l'entrevue avec Mike et Miranda. Il suffit d'imaginer qu'on leur faisait face sans bien les distinguer, dans la semi-pénombre du palier de leur maison, entre les parpaings et les chats, près d'un mur en bois contre lequel une créature mystérieuse donnait des coups sourds et réguliers. Je peux aussi vous dire que Miranda n'aime pas tellement les gens d'Elohim mais qu'elle adore son grand-père néo-nazi qui était apparemment « un mec beaucoup plus intelligent que la moyenne ». Elle a vécu « partout », en Floride et au Tennessee, et puis elle a décidé de revenir ici après des années pour une raison bien précise qui tient en une date et un poing levé. « 2024 ! » Quoi, 2024 ? « Trump ! » précise Miranda, le poing toujours bien haut.

« On est revenus à l'abri, là où on est en sécurité, parce que les dernières élections ont été volées et que si les prochaines le sont encore, ça va être la guerre civile. » Mike hoche la tête. « On espère bien que ce sera la guerre civile ! » Avant de se faire rabrouer par Miranda, d'un regard assassin. « Qu'est-ce que tu racontes, toi ? Bien sûr que non, on n'espère pas. On espère que Trump va gagner cette satanée élection ! » Tout le monde, absolument tout le monde était pour Trump dans le coin et dans tous les États autour, il y avait des défilés partout avec des drapeaux, des chants, de la bonne ambiance, et à la fin c'est Biden qui gagne, sérieusement ? Ils ont mis la main sur leur démocratie et s'il faut se battre pour elle en 2024, Miranda ira et Mike suivra, avec les armes, pour défendre leur constitution, et personne ne leur confisquera leurs armes, et le frère de Miranda a un petit arsenal qu'elle aimerait bien que quelqu'un essaie d'y toucher un peu pour voir.

***

Le lendemain matin, après avoir dormi comme des anges en paradis dans le coffre de la Honda, quelque part près d'une rivière puis sur le parking d'une école parce que le pont sous lequel on dormait faisait quand même bien flipper, on est passés saluer la petite famille. Leurs deux filles s'exerçaient au tir à la carabine dans le jardin, à côté de leurs deux chiens, Tank et Caramel, et de leur chat, Barbelé. Mike et Miranda nous ont salués de la main et puis on a pénétré, finalement, héroïquement, dans l'univers improbable d'Elohim City.

« Bienvenue ! Je suis David Millar. Nous nous apprêtions à commencer le culte. Joignez-vous à nous ! » Comment peut-on refuser pareille invitation ? Nous suivons David Millar, fils de son père Robert, le fondateur des lieux. Il est devenu patriarche de la communauté à la succession de son frère aîné John. Et voilà un autre de ses frères, Mark, avec sa femme Linda. On est absolument enchantés de mettre des visages sur tous ces noms qu'on a lus dans toute une série d'articles bien glauques. Ce n'est pas facile de se repérer parce que ça afflue de tous côtés autour du temple, des hommes musclés qui respirent la bonté, des femmes aussi épanouies que leurs robes à fleurs, des enfants bien coiffés qui se tiennent par la main, sautillent joyeusement et se présentent poliment, avec leurs drôles de noms bibliques. La difficulté, c'est aussi qu'on ne peut plus prendre de notes parce qu'on arrive en visiteurs innocents, curieux de découvrir ce que c'est une « communauté » en Amérique parce qu'en France, voilà, ça n'existe pas.

Il faut monter les marches et puis se déchausser pour entrer dans la salle de prière. Pas facile pour moi parce que je porte une paire de santiags invraisemblables. Pour Nicolas, c'est pire encore parce qu'il a une sorte de vertige à être entouré comme ça, soudainement, de dizaines de Blancs survivalistes, illuminés et potentiellement très racistes, même si tous nous sourient et qu'ils sentent bon. Quelques jours plus tôt, un jeune bluesman s'était présenté comme le descendant de Robert Johnson en personne et nous avait encouragés dans notre projet d'immersion. « Profitez de vos privilèges de Blancs pour mettre votre nez là où un Noir comme moi ne pourrait pas aller. Profitez-en et racontez. » Bon, ben voilà, on y est. On pousse la porte de la grande salle et c'est comme une vision du paradis. Mais un paradis blanc qui ressemblerait à une vaste pièce à la moquette bleue, où les enfants blonds feraient des rondes avec leurs parents sous une pluie de rayons dégringolant d'une coupole, le tout accompagné d'un groupe de country gospel dont l'assemblée reprendrait en chœur l'air entêtant. « Nous sommes une nouvelle création ! » Les paroles défilent sur l'écran tendu au-dessus de l'autel, en calligraphie rose entre les bouquets de nuages.

On nous a installés au milieu d'un arc de cercle formé par des chaises, un peu en retrait, ce qui nous arrange pour observer. Sur la gauche, au dernier rang, il y a les ados. Éparpillés un peu partout autour d'eux, il y a les parents dont beaucoup sont cousins, de près ou de loin. Ils lèvent la main ou pointent le ciel du doigt, lancent des « Amen », des « Merci mon Seigneur » ou bien même de jolis *« That's how it is ! »*, c'est-à-dire, en gros « Ouais mon bro, c'est ça ! » et, alors, le brother ou la sister en question hoche la tête, satisfait d'avoir dit un truc validé par les soces. Sur la droite, sous les voûtes, le groupe de country gospel gère l'ambiance entre un prêche inspiré et une présentation d'élèves. Devant nous, Linda griffonne des notes sur son carnet, entre deux envolées à la flûte traversière. Elle commence l'instrument, il faut être indulgent. Le secret, c'est la pratique. Elle devrait progresser vite à ce rythme-là, parce qu'elle ne la lâche pas, sa flûte. On reconnaît l'effort en plissant les yeux. « Le talent, ça n'existe pas. Le talent c'est d'avoir envie de faire quelque chose », il dit, Jacques Brel.

Celui qui me fascine le plus, c'est Bruce, le plus vieux des fils de feu Robert, un des huit frères Millar. Il est avachi au premier rang, plein centre, dans un large fauteuil de bureau à roulettes dont ne dépasse souvent que son bras, tendu vers le plafond. Le vrai morceau de grâce, c'est la main blanchâtre qu'il déploie pour souligner les punchlines. Il fait ça lentement, fermée, ouverte, fermée, très doucement, comme s'il essayait d'agripper, discrétos, une poignée de secours pour se tirer de là. Mais non, quand on le voit de face, il a l'air vachement à son aise. Il essuie des larmes extatiques sous ses yeux, avec la phalange du milieu de l'index, en pliant le doigt comme un boss qu'il est. Il regarde les gosses s'agiter autour de lui, étonnamment serein parce que c'est un sacré bordel. Les petits se sont drapés dans des chasubles du Moyen Âge aux écussons des douze tribus d'Israël et ils font une sorte de chorégraphie bizarre, en clamant les noms de Ruben, d'Issacar ou de Zabulon, avec crucifixion et une espèce de couronnement qui dérape encore en chanson. Ça ne va jamais finir, cette histoire. Et puis si, ça va finir mais d'abord, on va se faire bolosse gentiment.

« Nous accueillons aujourd'hui des voyageurs qui sont venus de France pour nous rencontrer, annonce clairement David Millar au micro. Les garçons, peut-être que vous pouvez aller près de l'autel pour vous présenter ? » Il faut prendre ça comme un baptême, un baptême dans le sens des chaussures blanches toutes neuves que les copains baptisent en marchant dessus à l'école primaire. Une sorte de bizutage quoi. Alors on se lève, pas totalement à l'aise, il faut bien l'avouer, on essaie de justifier notre présence au micro. Voilà, on traverse le pays du Texas au Dakota et on a entendu parler d'Elohim. Comment ? Eh bien, tout simplement en faisant des recherches sur l'Oklahoma. Première impasse. Bon, autant jouer la carte de la sincérité tant qu'on reste diplomates. J'explique qu'on a lu les articles sur l'attentat de Timothy McVeigh (voilà, bon, c'est dit) mais on sait que parfois (prendre un visage soucieux), les choses sont plus compliquées qu'on ne le dit (murmure d'approbation dans la salle) et on aime mieux découvrir les choses par nous-mêmes (hochements de tête), d'autant plus que (amorcer un petit virage en douceur avec les yeux qui brillent) les communautés on trouve ça passionnant (mouais, pourquoi pas), c'est la première qu'on visite (trop mignon), il n'y en a pas en France (un peu bancal), c'est tellement américain (très bon point) et puis on est contents parce qu'on a beaucoup aimé la cérémonie, les enfants qui dansent (sourires), les chants (grands sourires), les musiciens (oh, le sans-faute) et ce n'est pas du tout l'image qu'on pouvait avoir avant de venir (mince, mince, faudrait pas replonger), même si on savait que ça ne correspondrait pas aux préjugés (hochements de tête) et, effectivement, c'est très sympa, on est vraiment contents et très curieux, on a plein de questions pour vous parce qu'on profite de cette virée pour écrire un récit de voyage (oh, génial, ça impressionne). Donc, voilà, on a hâte de vous parler individuellement mais déjà on vous remercie tous pour votre accueil si chaleureux (mouvements d'humilité et sourires), enchantés, vraiment, et merci à tous (salle conquise).

Je nous pensais tirés d'affaire mais David remet une pièce. Il se tourne vers la salle et propose à sa grande famille de « poser des questions à nos amis français ». Nicolas pense de plus en plus fort aux chiottes où il aimerait bien se terrer depuis qu'on s'est levés. Et c'est parti. « Comment ça se passe en France avec ces, ouais, ces hordes de migrants qui arrivent chez vous et envahissent complètement votre pays, les musulmans et tout ça, vous savez ? » Je déglutis. « À la télé, on voit bien que les Arabes et les Noirs sont en train de remplacer les Français de souche parce que les Arabes et les Noirs font plus d'enfants. Pourquoi vous ne faites pas plus d'enfants, vous, les Blancs ? » Des réarmateurs démographiques se cachent donc dans le tas, quelque part. « Vous avez dû en entendre de belles sur nous, hein, vous n'avez pas peur ? » Je pense à la veille au soir, dans la nuit. « Que pensez-vous de la situation en Israël ? » Ahem. « Que pensez-vous de nous, les Américains ? » Comment dire ? « J'ai suivi un peu les manifestations en France, les Gilets jaunes, les retraites etc. » Ouais ? « Alors je me dis, ben, les Français aiment Marine Le Pen mais pourquoi quand vous votez, elle n'est pas élue ? » Ah oui, Marine... « Est-ce que vous n'avez pas peur que les Africains changent votre culture anglo-saxonne ? » C'est peut-être un concours. Non, je rigole alors que c'est pas drôle du tout et, en vérité, on répond chaque fois, du mieux qu'on peut, pour ne rien céder mais surtout pour expliquer et tenter de bâtir un pont de compréhension entre eux et nous, une petite base sur laquelle poser les fondations d'un semblant de discussion constructive. Parce qu'en réalité, ce sont des préoccupations très sérieuses, elles torturent les conservateurs de partout. Blancs ou pas, du fin fond de la Russie à l'Argentine en passant par tous les coins du monde que j'ai pu visiter dans ma courte vie qui n'est pas finie. Alors, si tout le monde nous demande, il faut bien montrer de la bonne volonté, esquisser des réponses.

Contre toute attente, figurez-vous que nous réussissons à gagner l'amitié et la confiance de cette secte de Blancs américains, suprémacistes et consanguins en défendant la richesse de l'acculturation européenne, en dénonçant l'impérialisme culturel américain et en rendant hommage aux tirailleurs sénégalais qui ont fait pour la France davantage que toute la famille Le Pen réunie. Ça relève véritablement du miracle, mais pas seulement. Si on a pu répondre à chaque question sans froisser cette bande de réacs invétérés ni mordre nos langues de bobos maladifs, c'est en partie parce que c'était la première fois que les illuminés d'en face rencontraient des Français dans notre genre, trois jeunes hommes blancs de gauche, bien élevés et cultivés. Je précise blancs, bien sûr, malgré moi, parce que oui, ça arrangeait pas mal les choses. Au-delà du privilège, cette grande communauté de fascistes en puissance se montrait étonnamment, merveilleusement réceptive à nos récits, à nos explications, à nos expériences. À chaque phrase, dont on pesait le moindre mot avec soin, j'observais, incrédule, cette assemblée de fous de Dieu hocher la tête, intéressés, curieux, honnêtes, ravis d'en apprendre plus sur un pays minuscule dont ils admettaient ne rien connaître mais dont ils voient, régulièrement, l'ombre d'une ombre à la télévision – à laquelle on ne peut plus se fier – et sur internet – où on trouve du lard et du cochon. « Bon, allons déjeuner ! » Ils célébraient Thanksgiving avec quelques jours d'avance et nous étions leurs invités.

Ce qui est merveilleux dans les événements qui ont suivi, c'est la fluidité avec laquelle nous sommes passés successivement de la salle de prière au réfectoire, du réfectoire aux terrains de volley puis des terrains de volley à la maison de Shonah et Isaac, fils de John, qui nous ont hébergés. Attablés face à nos assiettes de dinde garnie de légumes frais, devant le premier repas convenable à nous avoir été servi depuis notre arrivée au royaume du gras, nous avons bavassé longuement avec Daniel, Chad, Vicky, Elsa, Amy, Johnny et David, enfin avec tous ceux qui partageaient l'illustre table des Anciens. C'était notre première fois dans une secte, à tous les trois, et l'échange se révélait étonnamment naturel avec tout le monde. Dans les cuisines, où les femmes s'activaient pour faire manger la soixantaine de convives, les jeunes femmes, notamment, bénéficiaient d'une liberté d'expression inattendue. Morgane, 29 ans, rousse et toute de noir vêtue, nous demande par exemple si on ne les trouve pas « bizarres » puis s'étonne qu'on réponde : « Oh non, pas tant que ça, pourquoi ? » Elle est arrivée ici en cours de route, quelques années plus tôt, après avoir rencontré Bo, le fils de David Millar. Ils sont mariés, ils vivent ici mais leurs trois enfants sont à l'école publique parce qu'elle trouve « que c'est mieux comme ça, pour garder une ouverture sur le monde ». Elle aime cet endroit où chacun est « très libre de penser et de vivre comme il le souhaite » et où « rien n'est imposé ». Ce qui la dérange, ce sont « les discours très conservateurs de certains, le racisme parfois ». Mais elle s'en accommode et rembarre les gros lourds quand ils dérapent. Voilà, c'est tout, ça n'est pas plus sorcier que ça. On s'étonne d'échanger avec elle comme on le ferait avec une amie un peu babos qui aurait choisi une belle-famille versaillaise.

« Les journalistes nous ont décrits comme des monstres pour vendre leurs petits papiers et faire peur. » Personne n'aime trop cette bande d'escrocs que sont les journalistes, surtout pas David Millar qui est assez fier de son expression à propos du « terrorisme de papier ». Les journaux auraient professé tout un tas d'âneries au sujet de la communauté créée par son père, des histoires de tanks cachés qui étaient en fait de banals tanks d'eau, des histoires de bunker, de rituels sataniques, d'arsenal secret... « Ils ont voulu absolument nous lier à cet attentat avec lequel nous n'avions rien à voir. Il y a eu une enquête du FBI, toute la presse a parlé de nous, ils n'ont rien trouvé. Mais pour les journalistes, on reste une secte d'obscurs terroristes. Quand on tape le nom d'Elohim City, qu'est-ce qu'on trouve à part des horreurs ? » C'est pour cette raison, assez valable, que David a pris la décision de ne plus répondre aux requêtes régulières des journalistes qui veulent toujours parler de ces histoires anciennes. Il considère n'avoir plus rien à dire là-dessus et préfère parler des tribus d'Israël ou de sa distinction fondamentale entre racisme et racialisme. « Le racisme c'est faire une hiérarchie entre les races. Moi, je n'en fais pas. Je m'appuie simplement sur la science pour distinguer les différentes races et classer leurs caractéristiques. »

David est très pédago. « Si tu me mets sur un terrain de basket avec de grands Noirs athlétiques, est-ce que tu penses que je vais toucher un ballon ? » On imagine David, son mètre soixante-dix, ses lunettes fumées et son petit bidon au milieu d'un match de NBA. On est obligés de reconnaître que quelque chose ne collerait pas. Il est très fort David. « Mais, en tant que Blanc, j'ai mes propres qualités. Je suis plus performant sur le terrain intellectuel par exemple. C'est le "fardeau de l'homme blanc", d'éduquer les autres races. Vous savez que ce sont les Blancs qui ont inventé la roue ? » On a honte de même simplement penser à vérifier cette information. Nous ne sommes pas spécialistes de la Mésopotamie sumérienne, non.

Cet exemple de la roue, David l'aime beaucoup. Il l'utilise dans toutes sortes de circonstances, par exemple quand Louis demande ce qu'il ferait si des Noirs se pointaient, comme nous, pour partager un peu de bon temps avec la communauté. « Si je vois un Noir au bord d'une route qui me fait signe parce qu'il a crevé, je vais m'arrêter et je vais l'aider à changer sa roue, évidemment. Vous savez, mon père officiait dans une église noire à Oklahoma City. » Ah, très bien, mais à propos de la question de Louis ? « Eh bien, les Noirs peuvent nous rendre visite, bien sûr, ils peuvent même participer à la prière. Je les recevrai exactement comme vous. » On hoche la tête, admiratifs. « Mais... précise David. Ils ne peuvent pas s'installer ici pour vivre, vous voyez. » On ne voit pas. « Les races ne doivent pas se mélanger. Quand elles se mélangent, elles s'appauvrissent culturellement les unes les autres, elles perdent leurs racines. Nous devons vivre séparés pour le bien de tous. Il faut des Noirs qui soient de bons Noirs, des Latinos qui soient de bons Latinos, des Blancs qui soient de bons Blancs. » C'est donc ça, le racialisme. « Et c'est pour cette raison que mon père a émigré du Canada jusqu'ici en 1973.

Parce que Dieu lui est apparu et lui a dit de peupler la terre de l'Oklahoma. Après Israël, puis l'Écosse, l'Oklahoma est la nouvelle terre promise et mon père ne savait même pas où c'était sur la carte ! » Ça l'amuse autant que ça l'impressionne, cette histoire de carte, parce que ça prouve que son père est vraiment un prophète, puisqu'il ne connaissait pas l'Oklahoma avant que Dieu lui en parle l'air de rien, au détour d'une discussion. « Il s'est battu pour perpétuer la race blanche anglo-saxonne. Et nous continuons son œuvre. Nous faisons autant d'enfants que Dieu veut bien nous donner, nous leur transmettons les valeurs chrétiennes, l'amour du prochain... l'histoire de leur race... Vous devriez faire pareil en France, parce que les musulmans et les Africains vous remplaceront bientôt complètement. »

***

« Attention, ici c'est sympa mais il y a plein de gens bizarres, très conservateurs, racistes... » nous avait prévenu une jeune femme de 20 ans, au milieu de la messe de quatre heures, le dimanche. Il y a cette mise en garde, bienvenue, et puis toute l'étrange empathie du reportage. C'est son principal intérêt et sa raison d'être : plonger dans un monde qui n'est pas le nôtre et tenter de sonder les limites de notre arc de compréhension. Peut-on trouver un terrain d'entente avec Daniel qui estime que les dizaines d'années de prison pour les insurgés « pacifistes et pro-démocratie » du Capitole sont un scandale judiciaire gravissime puisqu'il n'y a pas eu un mort, pas un coup de feu et que pour une « tentative de coup d'État », c'est un peu léger ? Ou avec cette allumée qui bénit le bébé de Johnny en s'exclamant, les larmes aux yeux, que Jéhovah lui est apparu un an plus tôt pour lui annoncer sa venue ? Avec Benjamin qui n'a jamais rencontré d'Arabe et se moque des sonorités des prénoms maghrébins en faisant mine de cracher « arrrr barrrr karrrr » pendant que ses copains lancent des youyous en riant ?

De notre côté, on ne regrette pas d'avoir essayé, d'autant que ces deux jours au plus près de l'Esprit Saint ont été les seuls économiquement viables de notre longue et coûteuse équipée sauvage. Avant qu'on s'en aille, la grande famille des Millar a prié pour notre voyage et puis, soudainement, tous ces adorables Blancs suprémacistes ont défilé à la queu leu leu pour nous foutre des billets de 20 dollars plein les poches. On s'est débattus, on vous assure, mais il n'y avait vraiment rien à faire. Et dans la forêt, sur le retour, ben, comment vous dire ? L'ambiance dans la voiture avait changé du tout au tout par rapport à l'aller. Ça en faisait des liasses de billets verts. En recomptant, ça faisait même 300 dollars, un bon pactole, plus que tout ce qu'on n'avait absolument pas gagné jusque-là grâce à notre merveilleux métier de reporters indépendants. Alors, en bons païens insolents, irrévérencieux, irrécupérables que nous sommes, on a tout claqué en deux soirs sur les comptoirs de la première ville venue, Tulsa, un lieu divin pour ce qu'on s'en souvient.

CHAPITRE 4

LE TROU À VACHES DU KANSAS

S'il existe une odeur de sainteté, le Divin s'est pissé dessus en créant Garden City. La ville compte plus de vaches que d'habitants. L'air y est âcre, lourd, acide, chargé de relents de purin. Ça vous agresse les narines lorsque vous baissez les vitres et que vous vous rendez compte, stupéfait, que personne ne s'est fait dessus dans la caisse, que c'est juste une abomination du monde autour qui schlingue plus que vous ne l'auriez jamais imaginé. « Mangez du bœuf, gardez la ligne », sur un fond rouge sang accroché aux silos à grain. C'est à se demander si les Américains ont de l'humour ou si leur cynisme nous enterrera tous. Garden City est une étable à ciel ouvert où sévit le premier exportateur de viande américain. Tyson Foods, géant de l'agro-industrie, fournit McDonald's, Burger King, Taco Bell, Wendy's, toutes ces chaînes dégueulasses et pas chères qui sont le pain quotidien des pauvres incapables de faire des courses à peu près correctes au Walmart. Il va sans dire qu'on carbure nous-mêmes depuis bientôt un mois aux antibiotiques de la firme et qu'elle est en partie responsable de nos faces de déterrés. On a donc une dent contre Tyson Foods, d'autant plus que Louis et moi avions fait nos lectures avant de débarquer et qu'on en avait appris de belles sur la compagnie. Tyson emploie un habitant de Garden City sur cinq et, en deux mots, la boîte n'est pas tellement réputée pour soigner ses employés. En 2016, Oxfam a publié des témoignages anonymes selon lesquels la direction limitait l'accès aux toilettes sur la chaîne de production. Il paraît que le port de la couche s'était normalisé à l'époque, ce qui ne devait pas arranger le fumet.

La question de savoir si les salauds de la chefferie continuaient de sévir près de dix ans après le scandale, dans cette époque tellement plus humaine et fraternelle qui est la nôtre, nécessitait un long travail d'enquête en immersion. C'est pas tellement le style de la maison, avec tout le respect qu'on a pour nous-mêmes. « Vous avez envoyé un e-mail ? » Dans le hall carrelé de l'usine immense où s'activaient des quidams de toutes les origines, une réceptionniste bougonne avait douché notre vague désir de visiter. Visiblement, il faut un peu plus que trois gueules d'ange enfarinées pour infiltrer une multinationale, malgré l'optimisme entraînant d'un employé qui jurait que « Bien sûr, on peut visiter, il y a des tours organisés, c'est ouvert ! » On ne pouvait, ce jour-là, ni visiter ni rencontrer aucun responsable de l'usine. Une telle déconvenue, ça vous fait pousser des réflexions de vieux con dans le crâne. La grande tragédie contemporaine tient pour beaucoup, je me dis, au fait qu'on ne puisse plus se pointer nulle part comme des fleurs. Ça se fait rare de frapper à la porte à l'improviste. Les e-mails, les coups de téléphone et les formulaires en ligne flinguent la contingence, comme les codes au pied des immeubles, les tourniquets de contrôle sur les quais de gare et toutes ces choses dégueulasses, rationnelles, tue-le-charme, révoltantes. Je m'arrête là parce que, en toute honnêteté, je n'étais pas tellement surpris qu'on se fasse recaler pour notre visite impromptue des abattoirs. C'était attendu, il n'y avait franchement rien de décevant. C'était plutôt une incitation à persévérer dans nos méthodes de traîne-savates. On a repris la caisse pour se balader entre les élevages et poncer comme il se devait le moindre trottoir de ce bled crado.

Ce qu'on voulait observer, en réalité, c'était le quotidien de cette ville merdique. Ce n'est pas méchant, c'est une réalité dont tout le monde se plaint à Garden City. « Ça sent la merde ! » Ça sent jusqu'au fond des restaurants asiates miteux et des bars à billards où les tronçonneurs de carcasses et leurs copains fermiers trinquent à la bière en se tapant dans le dos des salopettes. Kyra, la barmaid du Loving Moon, nous avait pointé du menton une équipe de vieux briscards en essuyant ses verres. Ils étaient six gars, massifs comme des bêtes, affalés sur le zinc. « Vous cherchez des *farmers* ? Ils sont là. » Pas plus efficace que les bars pour trouver des interlocuteurs grande gueule et pas plus efficace que les serveuses pour ouvrir une discussion de comptoir. « Hey, les gars, il y a des Français qui cherchent des employés de Tyson. » Ce n'était pas une compétition mais chacun semblait vouloir se faire plus *worker* que les autres. Jay-Jay était assurément le plus gouailleur. C'était un vieux loup à la lune apparente dont le patois imbitable était scandé par des sifflements de portable, le générique du *Bon, la Brute et le Truand*. « On dit qu'il y a plus de vaches sur 30 miles à la ronde que dans tout ce putain de pays réuni. Allô ! C'est ma femme... » Les gars autour se marraient. Ils n'avaient pas grand-chose à dire, à part que, voilà, le business quoi. « On abat entre 4 000 et 6 000 bêtes chaque jour. Ça fait un bon paquet de steaks. » Louis hochait la tête, yeux plissés, à l'affût de révélations tonitruantes sur les fameuses couches-culottes. Mais il faut bien reconnaître qu'il n'y avait rien de très croustillant à se mettre sous la dent. Kyra, la Kristen Stewart mélancolique qui tenait le comptoir avait douché d'avance nos maigres espoirs restants de tirer quelque chose d'intéressant de son patelin. « Qu'est-ce que vous venez faire ici ? Il n'y a rien. »

***

Tête carrée, mine renfrognée, noyée dans son pull Bob l'Éponge bleu pétant, Liza grommelle dans sa barbe grise. « C'est pour quoi ? » Tirée de la cloche mais entamée par des années difficiles, la bénévole s'active dans le refuge pour sans-abri qui lui a sauvé la mise. Elle a l'air de se demander ce que trois étrangers bien débraillés mais pas démunis foutent dans sa baraque. « Bonjour, nous sommes trois reporters français... » On déroule le discours habituel, à la suite de ces trois mots passe-partout dont le commun des mortels sous-estime l'effet. « On souhaiterait passer le dîner de Thanksgiving avec vous. » Ce n'était pas exactement le plan initial de Nicolas qui rêvait depuis la France d'une dinde sur nappe blanche, de couverts en argent et d'une famille aimante, d'un Thanksgiving comme dans les films de son enfance. Pour la dinde, les bénévoles de l'Emmaüs House font très bien le travail mais pour le reste, l'argent a cédé au plastique et la famille est un sujet tabou. Liza nous accepte dans la banque alimentaire pour partager la soirée d'une vingtaine de travailleurs pauvres. On est ravis de se taper l'incruste parce que c'est une belle façon de rendre hommage à ce genre de généreuses institutions. Reste un indescriptible malaise au fond de nous, vis-à-vis de notre condition de voyeurs, un peu imposteurs, un malaise qui me reprend chaque fois que je travaille avec des gens vraiment à la rue. « Ça a du sens, non ? » répète Louis qui a dégoté l'adresse avec l'intuition qu'une bonne partie des bénéficiaires du refuge travailleraient chez Tyson. Il a vu juste.

Sous les tripotées de croix et le regard paisible du Christ, Liza claudique jusqu'au salon où une dizaine de gars patientent devant un téléfilm de saison. « Dites bonjour à nos amis ! » Les gars s'exécutent poliment puis retournent à leur programme. Ils ont les yeux inexpressifs, un doux sourire aux lèvres, quelque chose de fragile qui n'a rien à voir avec la taille ou le poids. On dit les gars mais il y a une dame, la cinquantaine, pas plus bavarde que les autres surtout quand on discute de ses enfants qu'elle ne voit plus et qui passent Thanksgiving ailleurs, quelque part, on ne sait où. Elle est assise à ma droite et elle n'est pas plus bavarde que le voisin de gauche. Louis et Nicolas sont à une autre table. Nicolas, plutôt du genre taiseux, est dans son élément mais, à côté de lui, Louis s'emploie à briser la glace et c'est du solide. Les visages réagissent sobrement à nos tentatives timides. « C'est délicieux ! » Un mec hoche la tête. Il sort un tabasco de sa poche. À sa droite, un autre sourit tendrement, une canine coupée, capuche sur la tête. C'est l'un des premiers Noirs qu'on rencontre depuis le début du voyage. « Je viens du Soudan », explique-t-il. Son nom c'est Fayçal. Plutôt que la France, l'Angleterre ou l'Allemagne « qui ne voulaient pas de nous », Fayçal a rêvé plus loin. L'Amérique, à l'ancienne. « Je ne suis pas le seul. À Garden City, il y a des Thaïlandais, des Somaliens... des gens de toutes les nationalités, vous savez. » Fayçal porte le nom d'un roi d'Irak et de Syrie, il est né au pays des pyramides nubiennes et il se retrouve englué dans cette cuve à bouse de Garden City, à mendier du travail aux abattoirs et à crécher dans une tente, au bord d'un fleuve, par -20 °C. « Le travail », c'est ça le rêve qu'il est venu poursuivre ici, un rêve qui commande les choix de vie d'une écrasante majorité de pauvres gens.

Pas facile d'échanger à table, entre les mastications de dinde et les silences même pas embarrassés de convives qui ne sont pas réunis pour bavasser ni pour célébrer Thanksgiving ou quoi que ce soit dont ils se foutent à peu près, mais pour bouffer. Dans ce genre de situation, il y a toujours la botte secrète de la clope. En fin de repas, Louis tire un paquet de sa poche et sort fumer ostensiblement sur le palier. Robert lui en réclame une et la discussion s'engage enfin. Il est né en face, Robert, dans un hôpital aux lumières blafardes. Trente ans après sa première bouffée d'air, cette crasse de vie l'a recraché de l'autre côté de la rue. Il tire et crache un filet de fumée, les mains gelées. « Ma famille ne voulait plus de moi. » Robert parle vite, le regard vif mais fuyant, avec un rire triste qui suggère que tout ça, l'existence, cette marelle de faux pas, cette traversée minable d'un trottoir à l'autre, n'en valait pas la peine. Il est maniéré, le Robert, et Louis se retient de demander si sa sexualité n'aurait pas un rapport avec son exclusion du cercle familial. Il faudrait un peu plus de temps pour aborder le sujet, construire une vraie relation de confiance. Robert embraye sur les bœufs. Il a travaillé chez Tyson. Il s'occupait d'empaqueter les jarrets. « Tout allait tellement vite. La cadence était infernale. » Il reproduit le grondement de la machine, la chaîne qui s'emballe, les gestes répétitifs et millimétrés.

Fayçal est assis à côté, sur le banc enneigé, une clope de Louis calée dans la fente de son sourire édenté. « Moi aussi, j'ai bossé là-bas. » Il y a travaillé deux mois, en été. Ça lui a suffi pour se trancher un doigt. « J'ai eu dix jours d'interruption de travail. En revenant, j'étais viré. » Robert hausse les épaules. « C'était très bien payé. Dans les 22 dollars de l'heure. » Fayçal corrige : « 25 ! » On pourrait calculer combien d'heures valent un doigt mais ça serait glauque. « C'était pas trop dur ? » demande Louis. Face à la misère, la vraie, la quotidienne, les questions simples des gens heureux sonnent creux. Fayçal hausse les sourcils et souffle sa fumée. Il n'y a pas grand-chose à ajouter. « Bien sûr que c'était dur. Mais c'est ça, les États-Unis. » Louis secoue sa petite caboche de bourgeois des villes conscient de ses privilèges de classe. La scie circulaire broie les mains qu'elle nourrit. C'est à ce prix-là qu'on mange de la merde à bon prix. On se répète mais ça ne fait pas de mal de le rappeler.

Robert et Fayçal disparaissent dans l'obscurité. Ils s'en retournent au fleuve, vers un campement de fortune planté de bosquets qui ne protègent ni des bourrasques, ni de l'humidité, ni de la température. Louis les regarde s'éclipser, aux côtés de Vermon, un grand roux aux petites lunettes. « T'aurais une cigarette, mon pote ? » C'est reparti pour un tour. Vermon aussi a perdu son travail. Un accident dans un champ de pétrole, la foreuse qui lui percute le dos, la moitié de son corps paralysée. Comme il n'avait plus rien à foutre au Texas, Vermon a rejoint son ex-femme et leur fille à Garden City. « Elle est handicapée. Elle a 32 ans mais le cerveau d'une enfant de 12. » Il est interrompu au milieu de ses confessions par l'arrivée de Chad, démarche dodelinante, mâchoire ballante, dents en chantier, chemise de bûcheron, bonnet vissé à la tête. Il a un certain style et cette lueur dans les yeux qui rend sympathique. Avec un compte bancaire de hipster, il ferait fureur à Paris. Chad est à la recherche d'une clope. « Je vis ici le temps de me réadapter », élude-t-il en pointant du pouce le refuge. Comme Vermon, Chad a la chance de dormir dans un lit au chaud, à l'étage aménagé en dortoir. « Bon, vivre dans la rue, ça ne me fait pas peur non plus. J'ai connu pire. » Après une tentative de meurtre, il a purgé sept ans de réclusion criminelle. Louis tousse en crachant la fumée de sa cinquième cigarette. Chad voulait échapper à sa vie chaotique du Nevada. Il est retombé pour une affaire de drogue au Kansas. « Je suis sorti il y a une semaine. Je suis prêt à me réadapter, même si, dehors, le monde est dur. » Le lendemain, au petit matin, il s'apprête à mouiller la chemise. Il a été engagé comme bûcheron pour déblayer les routes.

« On s'en va, non ? » Après le dîner et le paquet de tabac aux allures de dinde éventrée, il ne restait plus grand monde dans le salon. La télévision avait repris ses droits sur les derniers dont la parole se faisait rare. Un vieux travaillait sérieusement à ses mots fléchés. Liza et Michelle terminaient de ranger la cuisine. Nicolas, scotché au canapé, nous regardait, Louis et moi, plantés comme des cons au milieu du salon. On avait vu ce qu'il y avait à voir pour la journée. Ça ressemblait pas mal à ce qu'on avait vu lors de notre première visite, la veille, en fin d'après-midi, avec un chouïa plus d'intimité et de confiance. Il aurait fallu prendre le temps, traîner plusieurs jours, revenir encore et encore pour lier réellement connaissance avec les naufragés de Garden City. Nous savions qu'un passage en coup de vent ne suffirait pas dans ce genre de cadre où l'on doit attendre des uns et des autres qu'ils se livrent à leur rythme, en fonction de leurs blessures, de leurs hontes et de leurs dignités refoulées. Or, nous manquions de temps et nous devions tracer la route. En nous saluant très respectueusement, comme une délégation de gens de l'autre monde, ceux qui n'avaient pas soufflé un mot de la soirée semblaient nous murmurer de rester encore. Le lendemain, le surlendemain, plus tard peut-être, on pourrait causer.

CHAPITRE 5

LA MÉLANCOLIE DU COWBOY

Fendant les plateaux d'horizon du Kansas contre lesquels on ne cessait de nous mettre en garde parce qu'il n'y avait soi-disant strictement rien à y faire, effectivement, je ne peux pas dire que c'est la gaieté, l'animation et la majesté du monde qui prévalaient. Le Kansas est une sorte de Beauce américaine, la cathédrale de Chartres en moins. C'était un peu le thème du voyage, vous l'avez compris, de se taper ce genre de zones qui disent trop rien. Alors on s'y est arrêtés au Kansas et d'abord à Meade, absolument par hasard, une ville qui, concrètement, pourrait disparaître de la carte ou n'avoir jamais existé, pas grand monde ne s'en rendrait compte. Ce qui nous a poussés à donner une chance à ce patelin, c'est l'un de ses panneaux avec un index pointé dans une direction et cette inscription : « La planque des Dalton. » Parfois, il n'en faut pas plus. Meade possède aussi un *diner* charmant, l'un de ces routiers typiques bien dans son jus de ketchup, et un musée local tout aussi typique et dans son jus de panneaux de bois branlants. Mais, décidément, ce qui me restera à jamais dans la tête, c'est la minuscule maison de la sœur des Dalton, que l'histoire a oubliée, et le tunnel caché qui file vers une grange voisine par laquelle s'éclipsaient ses frangins. C'est d'ici que les braqueurs sont partis pour une dernière sortie pas totalement réussie, un jour d'octobre 1892. Deux d'entre eux ont trouvé la mort à cette occasion, dans une banque de la région défendue par toute une bande de villageois enragés.

Au bout du tunnel, désormais, il y a le bon vieux Mark, cowboy à la dégaine impayable et gardien de musée. « Vous êtes français, vous avez lu ces fameux *Lucky Luke*. C'est pour ça que vous connaissez les Dalton. Ici, personne n'en entend plus parler. » On comprend que ça l'attriste beaucoup, le vieux Mark, que personne ne s'intéresse plus à l'histoire de ces « mauvais garçons » légendaires. Il répète ça, « bad guys », avec un sourire fripon. Il les aime, les mauvais bougres et leurs faits d'armes. Ils font partie de l'histoire de la conquête de l'Ouest dont les plus jeunes n'ont vraiment, mais alors vraiment plus rien à foutre. « Ça n'intéresse personne. Quand j'étais petit, on aimait tous ça, les westerns et les histoires de cowboys, vous savez. Aujourd'hui, les jeunes sont sur leurs écrans, ouais. À l'école, on ne leur parle plus que des mauvais aspects de notre histoire, vous voyez ce que je veux dire, l'histoire des Noirs, des Indiens, la théorie du genre et blablabla. Diable, ouais, ce genre de conneries, vous savez, oh, oh, oh, ah ! » Mark ponctue toutes ses phrases par un rire de cartoon. Sa voix de fumeur invétéré s'égrène lentement, en onomatopées venues du fond de la gorge. Le bord de son chapeau lui descend bas sur les yeux.

Autrefois, il paraît que les familles et les écoles défilaient dans son musée. Aujourd'hui, on ne peut pas dire que ça se presse au portillon. Le bon vieux Mark profite de notre présence pour éructer les pires saloperies sur l'époque moderne mais ce qui m'importe davantage, ce qui me touche, c'est le poids qu'il porte sur les épaules de sa chemise en jean, le poids incommensurable de la mélancolie des cowboys, une mélancolie profonde qu'on retrouve à peu près dans tous les trous perdus où l'on met les pieds. Ça lui fait sincèrement de la peine, à Mark, la mort de son enfance, la disparition d'un imaginaire qui a bercé toutes les putains d'années de sa vie, un monde de règlements de comptes entre « bons garçons qu'il ne valait mieux pas trop chercher parce que, autrement, tu avais intérêt à bien faire gaffe à ton cul, oh, oh, oh, ah ! ». John Wayne est mort et enterré, avec sa success story de bouseux de l'Iowa. Clint Eastwood finira bien par le rejoindre au paradis des machos classieux et l'époque qui s'ouvre s'annonce plutôt comme celle des biquets glabres et new-yorkais à la Timothée Chalamet. Alors Mark ouvre sa grande gueule d'éternelle groupie des cowboys et il bitche sur les pédés, les Noirs, les Latinos, les salopes de féministes, les cons d'écolos. Il a l'étincelle narquoise dans le regard, du style, de la superbe même. Il donne le change. Il ne nous ferait jamais un coup à la Nancy, à pleurnicher sur les drapeaux LGBT ou sur n'importe quoi. Il est au-dessus de tous ces guignols des villes qui lui en touchent une sans faire bouger l'autre, qu'il dirait s'il était français. Mark est très ricain. Un Ricain à l'ancienne, éternel, ringard, déchu. Malgré ses rires appuyés, malgré son air goguenard, on sent qu'il est triste, au fond, que ça le ronge, ce passé qui passe, ce monde, le sien, qui, peu à peu, s'efface.

« Là-bas, à New York ou Washington, ils disent que les Républicains de mon espèce sont racistes, hein ? Oh, oh, oh, ah ! Ouais, laissez-moi vous lire la règle n° 1 du code des cowboys. » C'est pas du bluff. Il est vraiment là, sur la table, le code des cowboys de John Wayne et de tous les ringards pleins de beaux principes. « Règle n° 1 : un cowboy ne juge pas la couleur de peau mais le caractère en dessous. » Et toc ! Échec et mat à tous les rageux. « Alors, hein ? Qu'est-ce que vous en dites ? » Mark exulte. « Les enculés de Démocrates répètent sans cesse qu'on serait racistes. Qu'ils embrassent mon cul ! » Mark pense qu'ils n'ont jamais lu ce papier avec ses dix règles simples comme bonjour à la Maison-Blanche. Ils sont à la ramasse. Ce « vieux cul » de Biden, il n'est peut-être même plus capable de rien lire du tout, tellement qu'il est sénile. C'est dommage, il pense, parce qu'elles sont très importantes ces règles de savoir-vivre. L'article 2 dit par exemple qu'il faut respecter les demoiselles et tirer son chapeau à chaque personne qu'on croise. L'article 5 réclame aux cowboys d'être loyaux, durs à la tâche, fidèles à une haute éthique. L'article 6 oblige à aimer son pays et à se battre pour ses principes et sa souveraineté. L'article 7 rappelle le respect dû aux animaux et à la terre qu'ils foulent. C'est un écolo, en fait, Mark. Ça le fait rire, oh, oh, oh, ah !

On est restés trois bonnes heures à son chevet, comme hors du temps, bercés par ses grasseyements et les grésillements de son transistor cassé. Il nous a expliqué que les braves types du coin portent des flingues pour se défendre de la vermine parce que, par ici, ce sont des contrées sauvages, d'autant plus maintenant que le crime augmente - pas ici, non, Dieu merci -, mais là-bas, il semblerait, dans les villes, d'après ce qu'ils racontent à la radio. « Et puis, les armes ça fait peur aux wokes. Vous en avez aussi en France ? Ouais, ils n'osent pas ramener leur petit cul par ici. Si notre mode de vie ne plaît pas aux Californiens, on veut qu'ils sachent que la route qui les amène de l'océan jusqu'au Kansas se poursuit de l'autre côté, vers un putain d'autre océan, et qu'on peut les aider à circuler d'un bon coup de botte là où je pense ! » On commençait à avoir fait le tour de la question. Nicolas s'endormait sur les marches d'escalier en bois, alors on s'est tirés gentiment avant qu'il ne commence sa nuit, juste après avoir vérifié mon hypothèse qui veut que les gars qui parlent le plus de leur gun à la ceinture portent rarement un gun à la ceinture. « Je ne l'ai pas aujourd'hui, non, mais d'habitude, oh ouais, il ne se promène jamais trop loin, oh, oh, oh, ah ! » C'est ce que nous ont lancé les putains de semblables de Mark, les uns après les autres, tout au long de la route.

***

Si Mark le gros réac m'a tant ému avec ses histoires de chapeaux et de pistolets, c'est parce que, l'air de rien, ce fada, il me rappelait ma propre enfance française. Moi aussi, j'ai passé des dimanches après-midi avec mon papa devant *Il était une fois dans l'Ouest*, *Mon nom est Personne*, *Le Bon, la Brute et le Truand*, *Davy Crockett, roi des trappeurs*. Ça m'avait sauté aux yeux une première fois, ce conditionnement du hard power américain, dans le centre-ville de San Antonio, en pleine nuit, face aux murs bien réels et bien retapés du Fort Alamo. J'avais insisté pour faire le détour. Je me souvenais d'Alamo, je ne pouvais pas le louper, ni lui, ni le ranch de Buffalo Bill près de North Platte, ni le *diner* préféré de John Wayne à Bandera, ni celui où Calamity Jane n'a jamais foutu les pieds mais qui porte son nom en grand sur sa façade à Custer. Nico, son truc, c'était la maison de *Maman j'ai raté l'avion*, à Chicago. Il voulait la voir pour Noël. Moi, mon délire, c'était de croiser des noms que j'avais connus dans l'enfance, des vieux copains de jeu, même du genre « vraiment mauvais garçons ». Nous avons connu la fin d'une époque où les Blancs américains avaient la classe internationale, où les enfants lisaient *Les Tuniques Bleues* à la bibliothèque municipale, passaient des vacances à l'OK Corral de Cuges-les-Pins ou à la Mer de Sable d'Ermenonville, où les dimanches de fête rimaient avec le menu indien de Buffalo Grill, avec salade d'accueil et portes battantes dans les toilettes. C'étaient les derniers feux d'une époque où ça fumait des cigarettes en chocolat à la récré, où ça se baladait avec des colts et des étoiles de shérif, où ça jouait à faire s'évader les Playmobil des prisons de Kapla à coups de dynamite. Sans parler de l'influence majeure de Johnny Hallyday, figure christique de l'Amérique *frenchy*. Vous trouvez ça ridicule ? Je ne vous permets pas.

C'est la même enfance, bercée par de misérables pastiches ricains du King français, que regrettent les conservateurs des

Grandes Plaines. Or, si notre trio apporte la preuve vivante qu'on peut grandir avec de parfaits modèles machistes et se peindre les ongles pour des soirées queers, de leur côté, Mark et ses copains prouvent qu'il existe des gens qui ont bâti l'intégralité de leur personnalité sur cet univers démodé. L'époque leur échappe. Le vent tourne et ils sont un peu rouillés. Ça les fait vaciller plutôt que pivoter. Ils se braquent un peu. Ils se réfugient dans un âge d'or qui n'a jamais existé, deviennent combatifs ou bien juste aigris, rechignent à mettre toute leur existence en question d'un coup d'un seul, et on peut les comprendre. C'est leur mélancolie qu'on remonte en suivant la piste de l'Oregon Trail, cette route qui menait les aventuriers européens du XIXe siècle d'une côte à l'autre, en quête d'or, de terres, d'une vie nouvelle. En voyant pointer Chimney Rock dans les plates étendues du Nebraska, les migrants savaient qu'ils passeraient bientôt la porte de l'Ouest, Scotts Bluff, et que le Nouveau Monde s'offrirait à eux dans une flaque de sang de bisons et d'Indiens. C'était une ère de violence, de peurs réciproques, de rumeurs et de spéculations territoriales. Aujourd'hui, ce temps est passé et les cowboys blancs ne sont plus si sûrs de leurs appuis. Ils sont tellement paumés qu'ils en sont rendus à se faire les garants de la mémoire des Natifs, leurs éternels ennemis qu'ils considéraient autrefois comme des sauvages. Ils en parlent avec l'affection qu'on porterait à un vieux rival, à la fin de sa vie.

***

Les gardiens du Fort Laramie récitent sans flancher les noms et les dates des traités signés puis brisés. C'est dans le Fort Laramie qu'ont été actés deux des principaux accords proposés aux Sioux, Cheyennes et autres Shoshones. En 1851, le gouvernement américain s'était engagé à payer une rente aux tribus pour traverser les Grandes Plaines. Dix-sept ans et 100 000 chercheurs d'or plus tard, un autre accord a été signé dans l'avant-poste militaire conçu pour sécuriser la route des Européens. Le second traité de Fort Laramie garantissait aux Lakotas la possession des Black Hills, une merveilleuse chaîne de montagnes du Dakota, sacrée pour la tribu sioux. Manque de pot pour les Indiens, un type qui s'appelait Custer et qui allait devenir une rockstar de la conquête de l'Ouest s'est aventuré dans les Black Hills en 1874 et il a trouvé de l'or. Alors, naturellement, les moucherons d'orpailleurs se sont ramenés et les Sioux se sont défendus. Leur coalition, menée par les chefs Sitting Bull, Gall et Crazy Horse, a remporté des victoires majeures, comme la bataille de Little Bighorn en 1876. Mauvais perdant, le gouvernement américain a ouvert les terres des Sioux à la vente l'année suivante. Les journaux titraient : « Achetez des terres indiennes ! » Ça chauffait des investisseurs au nez creux. Les Sioux n'étaient pas totalement ravis, alors ils ont résisté encore mais en ordre dispersé et tout ça a débouché sur de beaux massacres, notamment le dernier, celui de l'hiver 1890 à Wounded Knee, le plus cruel peut-être parce que les journaux des Blancs ont appelé ça, longtemps, une « bataille ». Maladroit pour décrire le carnage sanguinaire de familles désarmées et épuisées par des jours de fuite, à pied dans la neige.

Ça révolte à peu près tout le monde cette histoire. Surtout dans le bled de Fort Laramie où on croise Jennifer, Mike et Joyce, trois cinquantenaires attablés devant une stout bien sombre à la mousse jaune. « Vous n'allez pas boire cette pisse ? » nous lance Joyce en jugeant nos Bud. Elle n'est pas seulement la plus bavarde de la table, elle est la maire de cette petite ville prise dans la neige et la grande habituée du bar où l'on échoue à la tombée du jour. Lorsque je demande à ce trio de Démocrates noyés dans l'océan conservateur comment ils s'arrangent avec l'idée de vivre sur les terres volées aux Indiens, ils se défendent immédiatement. « Ce n'est pas à nous de payer pour le passé. Nous naissons ici depuis quatre générations, ça fera six pour nos petits-enfants. Cette terre nous appartient autant qu'aux

Natifs. Nous aussi, nous sommes des natifs. » Ils disent ça sans remettre en question le combat de mémoire des Indiens, attention. Récupérer les terres, toutes les terres, il faut être réaliste, c'est impossible. Gorgée de bière. Changer le narratif, raconter le massacre des Sioux, descendre le général Custer de son piédestal et reconnaître les spoliations, en revanche, ce n'est pas la mer à boire et le musée local le fait très bien. « Moi, j'accueille tous les ans les cérémonies des Sioux sur mon terrain », témoigne Jennifer et on la félicite en essuyant la mousse de nos moustaches. « D'autres refusent aux Natifs l'accès de leur propriété, c'est scandaleux. Ce sont leurs terres. Même si on ne peut pas réparer l'histoire, il faut trouver des compromis. Chez moi, ils peuvent planter leurs tipis, nourrir leurs chevaux, accéder à l'eau, à l'électricité, couper du bois et prier. » Jennifer ne sait jamais trop quand ils se ramèneront, en revanche, parce que « les Natifs n'ont pas du tout le même rapport au temps que nous ». Ça hoche la tête autour de la table. Nous nous en rendrons compte bien assez tôt.

CHAPITRE 6

MISÈRE ET FIERTÉ DES SIOUX

Ça brûle fort. Il faut glisser au ras du sol pour puiser une bouffée d'air qui ne crame pas nos petits poumons. Nicolas a le dos plaqué sur le tapis trempé de sueur, Louis a la tête en angle droit contre la toile de tente, la mienne disparaît régulièrement sous une serviette. On fait ces constats respectifs à chaque interruption, lorsque l'énorme Cepka pose son tambour en peau de buffle et lève la toile de la tente pour que le soleil blanc se fraie un passage dans le nuage de vapeur épaisse. À part ces rares moments d'éclaircie, l'obscurité est complète. « Nous sommes comme dans le ventre de la terre », a expliqué David en faisant tourner le calumet. C'est le père de Cepka et le maître de cérémonie de cette séance dominicale d'Inipi, l'une des sept cérémonies incontournables du culte lakota. Quand son fils referme la toile et que l'obscurité complète revient, David balance des herbes sèches et de l'eau à pleines louches sur les pierres brûlantes autour desquelles nous sommes assemblés avec une dizaine de Sioux. Les vingt-six pierres font pshhh et la torture reprend. On a fait chauffer préalablement les gros cailloux dans un puits de bûches pendant quatre-cinq heures, jusqu'à en faire une sorte de lave solide. Si on observe bien leurs rougeoiements au milieu du cercle, il paraît qu'on peut y entrevoir la danse des esprits. Pour ça, il faudrait déjà entrouvrir nos yeux noyés de gouttes salées et rassembler les nôtres, d'esprits, qui ont tendance à perdre un peu la route sous les imprécations de David, les coups de poum-poum du tambour et les mélodies délirantes de son fils.

« Mon père est l'homme aux mille mots. Je suis l'homme aux mille chants. » Il n'a pas menti, il chante, Cepka, et la ronde l'accompagne en transe, avec force, cris et lamentations. Les hommes ont débridé leurs cordes vocales pour balancer des onomatopées désordonnées jusque tout en haut de la gamme. Les trois femmes, affalées en face de nous, geignent comme pour un accouchement, mais alors vraiment douloureux, un bébé spirituel d'au moins 4 kilos 300 grammes qui sortirait de traviole. À chaque pause, les corps de baleineaux à la peau perlée apparaissent progressivement dans la brume. Nos camarades ont le regard fixe des mammifères qui n'ont absolument rien d'autre à foutre qu'occuper leurs places respectives. Nos regards à nous sont vidés d'intelligence comme ceux de trois crevettes essorées. « Il faut dépasser votre douleur physique, psalmodie David le MC. Pensez à vos proches en difficulté, priez pour eux. » Je dépasse toute ma douleur physique en priant pour Nicolas qui gît proche de moi, complètement assommé. S'il y en a un qui doit y rester, ça sera l'aîné, mais ce serait quand même con, de la part de Nico qui en a vu d'autres, de brûler de cette façon dans le rite obscur d'une religion qui n'est pas la sienne.

À l'origine, ce n'est pas non plus la religion de John mais on sent que le jeune vétéran barbu est bien plus dispo pour le sacrifice. John est blanc comme la fumée. Il est assis au fond de la tente avec ses deux gamins. Il souffre d'un stress post-traumatique qui l'a fait basculer dans la dope. En sortie de désintox, il a découvert l'Inipi. Ça lui a sauvé la vie au virage de ses 40 ans. Depuis, il se purifie chaque semaine, en quête de racines par procuration et d'une paix qu'il semble trouver pas à pas. Dans l'antre des esprits indiens, tout le monde est le bienvenu. C'est David qui veut ça. Lui et sa petite famille se dévouent à guider les âmes égarées d'où qu'elles viennent. Sur ce bout de terrain vague, niché à l'arrière d'un parking de l'hôpital lakota de Rapid City, il a monté une tente entre deux palissades de bois. Les appareils photos et les enregistreurs de toutes sortes en sont formellement bannis. On ne photographie pas les esprits.

David le chaman n'est pas seulement un *medicine man*, il est aussi bijoutier. Il bosse pour ZZ Top et le chanteur Billy Gibbons qui est un copain. Il nous montre quelques selfies et un portrait du rocker barbu, en plumes d'aigle, dont il n'est pas peu fier. On a rencontré ce drôle de type à longue natte grâce à notre copain Jim Yellow Hawk, un peintre lakota qui vend ses œuvres au marché d'artisans de Rapid. L'ancien danseur de pow-wow reconverti dans les calendriers illustrés porte une longue natte aussi, à peu près comme tous les gars qu'on rencontre par ici. Il nous avait parlé d'un rendez-vous à midi mais rien ne presse avec les Lakotas. C'est à 15 heures que les hostilités ont réellement commencé, ce qui nous a laissé trois bonnes heures pour taper la discute autour du feu, avec pas mal de types pur jus, du genre de Christopher Red Dog, un colosse de deux mètres sur deux, le pectoral griffé d'un coup de poignard distribué par une ex-petite amie.

« Je m'initie au monde spirituel pour me reconnecter à mes pratiques ancestrales. Elles m'ont sauvé du chaos de la ville. J'ai vécu longtemps dans l'Utah, vous savez… J'étais loin de ma terre, de mes racines, de mon être profond. J'avais des problèmes. » Comme avec beaucoup de copains-copines de la zone, ça va plus vite de compter les dents de Christopher Red Dog que les yeux de Christopher Red Dog. Il a vécu la mauvaise vie, l'alcool, la drogue, la violence, le crime, la taule. Il a la trentaine bien qu'il en paraisse dix de plus. Il apprend les chants et, chaque semaine, un peu plus de la langue de son peuple. C'est important pour lui parce que, avant de couper d'énormes bûches, de les jeter dans le feu et de chanter tout nu dans des bains de vapeur avec les collègues, il n'avait aucun repère dans ce monde. Il en a trouvé avec les esprits. Pendant que je répète « Oui, oui, les esprits », un vieux vétéran au crâne tatoué partage avec Louis sa collection de comptes YouTube alimentés par des amoureux des animaux au complotisme trognon. Il y a des cerfs qui pleurent ou des ours qui grattent à des portes de voiture. « Tu vois, comment la nature cherche à communiquer avec nous ? Il faut juste apprendre à interpréter les signes. » Jim Yellow Hawk, les mains au-dessus des flammes, interrompt l'animiste sans crier gare. « J'ai des amies françaises... Je parle avec elles sur Instagram... » Il a son regard coquin, le Jim. « Elles me réclament de l'argent, ouais... » Apparemment, elles ont de très gros seins. Chris rigole de son rire d'ours en jetant son mégot dans le feu. On forme une drôle d'équipe, tous autant que nous sommes. Lorsque Cepka se met à frapper sur le tambour, les copains s'immobilisent et rejoignent le chœur, les bras le long du corps, les mains jointes, appliqués, émouvants comme une bande de garçons turbulents rassemblés pour un temps calme.

***

Cette incursion chez les Sioux lakotas avait commencé quelques jours plus tôt. Nous avions mis le cap, un peu par hasard, sur la ville de Rapid City. Un groupe de punk indien était programmé à l'occasion d'une conférence pour les droits des Lakotas. Ça nous branchait pas mal, cette histoire de punk indien. C'était aussi l'occasion de se faire des contacts tout en s'instruisant sur les luttes locales. À l'entrée de la salle des congrès, on nous a fait enfiler des t-shirts et distribué des tracts réclamant de rendre aux Lakotas leurs terres historiques des Black Hills, pillées depuis 150 ans par l'industrie minière américaine. « Le Dakota du Sud est un État hors-la-loi, fondé au mépris des traités », s'insurgeait un homme à la tribune, le cou ceint d'un grand collier avant qu'une vieille femme en larmes ne prenne le relais. « La Terre-Mère se meurt et le gouvernement est complice ! » Applaudissements et cris d'enthousiasme « Ahiii yi ! ». D'autres intervenants présentent les cartes de la région, avec l'emplacement des gisements et les répercussions environnementales estimées de leur exploitation. Il y a quelque chose de poignant et de rageant à assister à ce genre de manifestation pour des revendications centenaires. Ça ne s'arrangera jamais, c'est désespérant. On n'en donne pas moins de bons coups de fourchette dans les plateaux-repas gratuits, tout en espérant gagner la peau de bison mise en jeu dans la tombola.

Les Indiens ont raison sur toute la ligne, tout le monde s'accorde là-dessus. Sauf que le présent ne corrige pas l'histoire, ou rarement, et surtout pas pour de pareils perdants quasi effacés de la carte. « Assez, c'est assez ! » Un routier du Wisconsin en avait jusque-là de ces jérémiades, au pied du mont Rushmore où on lui demandait ce qu'il en pensait, lui, de ces bustes de présidents américains taillés à la dynamite dans les Black Hills, les montagnes sacrées des Indiens. « Il faut que les Natifs tournent la page, maintenant. C'est de l'histoire ancienne. Tout le monde doit pouvoir vivre en paix. » À quelques kilomètres de là, le doigt titanesque de Crazy Horse pointe infatigablement la terre que les Sioux refusent d'abandonner. Ça fait soixante-quinze ans que les tribus financent à leurs frais le portrait de leur grand chef monté sur un cheval. Lorsqu'elle sera terminée, la sculpture devrait être la plus grande œuvre jamais tirée d'une montagne, plus monumentale encore que le mont Rushmore. L'honnêteté et le bon goût imposent de remarquer qu'elle ne sera pas beaucoup plus réussie sur le plan esthétique.

Le record attendra parce qu'en trois quarts de siècle, il n'y a que le visage de Crazy Horse qui soit sorti de la montagne et puis son index, donc, tendu comme une flèche à jamais figée dans son carquois. Cet énorme chantier est à l'image de l'histoire indienne, vindicative et impotente. En 1939, le chef Henry Standing Bear avait mandaté le sculpteur Korczak

Ziółkowski pour ce projet de Sisyphe, commencé à la corde et au piolet. « Mes semblables et moi-même aimerions que l'homme blanc sache que l'homme rouge a de grands héros, lui aussi. » Tant pis pour Crazy Horse qui a toujours refusé d'être représenté ou photographié. « Dans un millénaire, quand l'histoire nous aura oubliés, des hommes verront cette statue et se souviendront que des Sioux vivaient ici. » On comprend l'idée de Whitney, danseur et président du site. Les symboles et le folklore représentent, à ce jour, tout le maigre patrimoine des Lakotas.

Pine Ridge est la réserve indienne la plus pauvre des États-Unis. Durant les deux semaines et demie passées à parcourir ces territoires qui sont un pays dans le pays, les habitants de Pine Ridge n'ont eu de cesse de nous répéter qu'ils détestaient les journalistes blancs et le *poverty porn*, c'est-à-dire la tendance généralisée qu'ont les médias à pratiquer le misérabilisme sur leur dos, à ne montrer de leur vie que les aspects les plus sombres, les plus tristes, les plus glauques : les ravages de l'alcool, pourtant interdit, ceux de la meth, de l'héroïne et du fentanyl, l'addiction à la marijuana légalisée, les violences intrafamiliales, la grande vétusté des infrastructures et des logements, les taux de suicide invraisemblables chez les jeunes, le chômage généralisé, la malbouffe, le diabète et l'obésité. Nous avons constaté tout cela. Pour de nombreux habitants, la réserve indienne de Pine Ridge est « une prison à ciel ouvert », « un camp de concentration », « un purgatoire », « l'enfer ». Pour tous, elle est un lieu de vie, ce qui mène les personnes de bonne volonté à pousser un coup de gueule. « Nous avons nos problèmes, bien sûr, mais la réserve est aussi pleine de gens qui portent de beaux projets, des initiatives positives qui font du bien à tout le monde, transforment la vie en profondeur. Seulement ça, ça ne vous intéresse pas, vous les journalistes ! Vous voulez vous faire de l'argent sur notre dos en racontant les horreurs qu'attendent vos patrons. Vous venez ici, vous prenez en photo les poubelles et les ivrognes, vous trouvez ce que vous êtes venus chercher et puis vous repartez à New York raconter comment c'est horrible, là où vous êtes allés. C'est la seule raison que vous trouvez pour parler de nous. À part ça, nous n'existons pas. C'est pour ça que je ne veux pas vous parler, que je me méfie de vous, de ce que vous allez écrire. Il n'y a rien de bon qui peut sortir de vos articles. Alors, laissez-nous tranquilles, allez voir ailleurs ! »

La femme qui nous a jeté ça à la figure dans son joli restaurant de Kyle, seconde ville de la réserve, s'appelait Rose. Quand nous l'avons rencontrée, elle nous voyait d'un mauvais œil, vous pouvez le constater. Son mari était plus ouvert à la discussion. Après quelques minutes de reproches auxquels répondaient nos explications, Vince avait compris qu'on avait compris et ça lui suffisait pour passer à une seconde étape de la relation. Sa femme, elle, restait méfiante, farouche, distante, malgré tous nos efforts pour démontrer l'indémontrable, c'est-à-dire le fait que nous étions de bonne foi et que nous la suivions parfaitement dans son raisonnement. Elle n'était pas la première à nous mettre en garde et nous commencions à bien saisir la problématique de notre présence en ces lieux. Il fallait parler de Pine Ridge différemment de nos « collègues », maintenir l'exotisme et le sensationnalisme à distance, épouser le point de vue des locaux engagés dans la communauté sans tomber dans le « journalisme de solution » qui n'a pas de sens dans un monde aux problèmes insolubles, faire simplement du reportage en connaissance de cause, ne pas plier le réel à la subjectivité d'une poignée d'habitants d'un optimisme béat mais ne pas le plier non plus à la nôtre, celle d'observateurs étrangers bêtement impressionnés par ce qu'ils voient. Nous pouvions photographier des poubelles éparpillées au pied des mobil-homes. Nous pouvions décrire les fantômes des rues, la gueule défoncée par des cocktails douteux. Nous pouvions raconter la léthargie des Indiens, les cicatrices aux poignets des fillettes, la démission de jeunes parents incapables d'élever leurs enfants, la tristesse des lotissements. Mais dire cela, et cela seulement, c'est poser des œillères, empêcher de comprendre ce qui se joue véritablement à Pine Ridge, passé le choc de la misère.

Il existe environ 326 réserves indiennes aux États-Unis. Les habitants de ces réserves obéissent à leurs propres lois, disposent de leurs propres administrations, répondent à leurs propres polices. Ils ne peuvent réclamer la nationalité américaine que depuis un siècle. À Pine Ridge, beaucoup ne le font pas, soit qu'ils rejettent purement et simplement l'identité des colons, soit qu'ils s'en foutent, comme Sitcha « la Mauvaise », 23 ans, deux fois maman, qui n'est jamais sortie du périmètre de 9 000 kilomètres carrés où elle a grandi. Sa carte de Sioux oglala lui suffit, tout comme sa réserve de Pine Ridge qui est, au beau milieu des terres de la première puissance mondiale, « un bout de tiers-monde » où l'on meurt du diabète bien avant 50 ans, « une zone sans perspectives » où le taux de chômage dépasserait les 80 %, « une terre oubliée par le temps », gangrenée par le néant, où l'herbe est légale parce qu'elle aide à dormir, à oublier la réalité et à fermer sa gueule. Passés les paysages roi-lionesques des Badlands où les tribus ont été parquées à la fin du XIXe siècle, il faut écouter les habitants et oublier le décor. Les Lakotas portent l'histoire d'un peuple écrasé qui persiste, encore et toujours, à défendre son droit d'exister face au Léviathan américain. Ils arborent fièrement le drapeau palestinien et ça fait plaisir à Nicolas. C'est de ça qu'il est question à Pine Ridge : de la survie d'un peuple opprimé, de sa lutte pour une fierté bafouée. Pas de la pauvreté ou du désespoir qui sont les conséquences d'une situation politique et historique que des milliards versés par l'État américain et les ONG ne corrigeront pas. La misère cache la cause, désarme le combat.

La lutte des Lakotas n'a à peu près aucune chance de triompher. Leur langue est mourante. Les jeunes l'apprennent à l'école – de plus en plus, nous dit-on – mais ne s'en servent pas et la culture s'est folklorisée dans l'effort, louable mais pervers, de « réappropriation ». Les familles sont sédentarisées, parlent anglais, conduisent des SUV, mangent chez Pizza Hut. Les hommes se revendiquent « chasseurs » pour justifier qu'ils ne travaillent pas la terre, mais lequel d'entre eux a déjà chassé ? Les femmes s'enorgueillissent de prononcer telle expression dans la langue de leurs ancêtres mais ont le regard vague lorsqu'on leur demande de traduire une phrase simple. De génération en génération, les Lakotas utilisent les mots de l'occupant pour transmettre l'histoire orale d'un peuple colonisé, ce passé qui ne passe pas, qui se ressasse, un passé confisqué par les vainqueurs qui se sont même offert le nom d'Américains, comme un trophée de plus. Alors, au fil des interlocuteurs et des semaines, à force d'entendre les uns et les autres dresser des parallèles avec le peuple palestinien, nous nous rendons à l'évidence que ce ne sont pas seulement leurs terres, leurs langues et leurs cultures – à jamais perdues quoi qu'ils disent – que les Indiens réclament à cor et à cri, mais d'abord leur intimité de peuple blessé, leur dignité. C'est ce dernier trésor qu'ils défendent en aboyant sur les reporters de passage. Avec certains, le dialogue est difficile parce que l'histoire de nos peuples nous dépasse en tant qu'individus. Pourtant, qu'ils le veuillent ou non, nous avons l'intime conviction de partager leur combat et de nous battre avec eux en les montrant tels qu'ils sont, blessés mais fiers, repliés sur eux-mêmes, méfiants, traumatisés, dépendants des banques alimentaires, orgueilleux, puissants, épiques, neutralisés, vindicatifs, sublimes et pathétiques.

***

Nous avons logé deux semaines et demie dans le nord de la réserve de Pine Ridge, dans les dortoirs vides d'un refuge catholique, à Wembley. Nous avions écrit à l'organisation Families Working Together, qui n'avait jamais répondu. Alors nous sommes allés frapper à la porte du hangar, un soir autour de 19 heures, après une longue journée passée à voguer entre une cantine pour les pauvres, une radio locale et la maison d'un vétéran traumatisé par l'Afghanistan. C'était mon anniversaire, le plan de soirée était approximatif. Ça avait mis un certain temps pour que Bob finisse par ouvrir parce qu'il traînait ses chaussons et qu'il n'avait pas la feuille facile. « Ouais, entrez, entrez. Vous êtes qui ? » On s'était présentés, une première fois, en s'asseyant rapidement parce que Bob pointait de sa main tremblante de profonds fauteuils de cuir en répétant « Installez-vous, asseyez-vous, prenez place confortablement, ouais, il fait meilleur près du feu ». Nous nous retrouvions à l'intérieur d'un immense hangar, groupés autour du poêle en compagnie de Bob, étrange et charismatique. Il alimentait les flammes avec de lourdes bûches, en soufflant. « Ouais, alors, qu'est-ce qui vous amène, hein ? Reporters, ouais. Vous savez, c'est moi qui ai monté ce hangar de mes propres mains. » Bob nous a dit ça plusieurs fois de sa voix caverneuse avant de faire un long aller-retour jusqu'à ses albums photos. « Regardez, ce sont toutes les maisons que j'ai construites dans ma vie. Ouais, j'en ai fait pas mal. » Le beau visage de Bob a ressuscité au fil des clichés de maisons qu'il a bâties dans les années 1970 et 1980. « Alors, dites-moi, qu'est-ce que vous faites ici ? » Parfois, il fallait réexpliquer qui nous étions et ce qu'on faisait chez lui, puis la conversation sur le BTP reprenait le dessus naturellement, comme si elle n'avait jamais été interrompue.

Soudain, la porte du refuge s'est ouverte sur un groupe de femmes chargées de sacs plastiques. « Betty, tu peux poser ça dans la réserve. Justice, s'il te plaît, apporte les paquets à la cuisine. Bob, comment tu vas ? Bonsoir, vous êtes qui ? Attendez, aidez-nous d'abord, merci. » C'était Mary, infirmière retraitée aux cheveux blancs qui dirige le refuge Families Working Together et recoud parfois la nuit les bras de types qui ne lui disent pas merci. Personne ne remerciera jamais assez Mary. Elle nous a accueillis chez elle comme tout le monde, sans faire de chichis, sans nous demander le temps de notre séjour ni poser de conditions, si ce n'est de participer à la parade du Père Noël qu'elle organisait pour les enfants de la réserve quelques jours plus tard.

C'est comme ça qu'on s'est retrouvés entre les groupes de gosses, une semaine plus tard, Louis en costume rouge, barbe blanche et ceinturon, moi en bonhomme de neige et Nicolas, la main d'une petite fille sioux dans l'une des siennes, l'autre vissée à son appareil photo pour immortaliser le cortège enguirlandé entre les lotissements. La petite fille s'appelle Bailey. Mary l'a recueillie parce que sa mère n'était plus en état de s'en occuper. Bailey vivait à moitié à la rue, aujourd'hui elle fait du roller à toute blinde dans le hangar en riant comme une folle. Elle nous colle et on l'adore. Un jour, sa mère viendra peut-être la chercher et je ne veux pas imaginer comment ça sera difficile pour Mary de la laisser partir. Comment ça se passera, d'ailleurs ? Ça paraît impossible. Chez Bob et Mary, il faudrait que le temps s'immobilise, que plus rien ne bouge. Je souhaiterais que Betty, l'enseignante, ne rentre pas en Arizona mais qu'elle reste à jamais à l'école de Wembley où elle travaille bénévolement un mois pour aider. Je souhaiterais que le drôle d'Elie, notre voisin de dortoir qui passe ses nuits à psalmodier des chants lakotas, immobile sur sa couchette, la ferme un peu entre 4 heures et 8 heures du matin, mais n'arrête jamais d'étudier sa langue en sirotant du Coca malgré son diabète. Je souhaiterais que Georgia la directrice d'école et Sitcha l'employée intermittente reviennent chaque jour préparer des dizaines et des dizaines de pancakes ou des paquets de dons pour les familles du quartier. Je souhaiterais que le bon vieux Bob traîne éternellement son Alzheimer enjoué ici et là, une assiette plastique à la main et un gros gâteau dessus. « Quoi de neuf les gars, hein ? Vous prenez du bon temps ? C'est bien. »

Celle qui nous a échappé longtemps, c'est Justice, une jeune femme de la chambre voisine, aux cheveux noirs et à la minceur maladive. Elle n'était pas facile d'approche, elle semblait toujours tendue, préoccupée par quelque chose. Elle mangeait seule, la tête cachée par sa capuche. On a mis une bonne journée à comprendre que la copine de Bailey, Colina, celle qui nous martyrisait en jouant le rôle de la maîtresse d'école, à coups de dictées et de séances de calcul mental, était sa fille. Et puis, un beau jour, Justice est venue nous chercher dans notre chambre. « Vous voulez qu'on aille discuter ? » On a dit oui mais elle a rougi, toute honteuse, et elle a disparu. On lui a laissé le temps. Vingt minutes plus tard, elle est revenue. « On peut fumer une clope ensemble dans le poulailler ? » Cette fois, on l'a suivie. Et là, au milieu des cacas de poule elle nous a mis un tunnel inattendu. « Le gouvernement nous a brisés, mon peuple et moi. Vous savez, je suis là... Je suis en quête de l'identité qu'on m'a arrachée. Je descends de Woptuka, un ami de Crazy Horse. Je suis la cinquième génération. Vous savez... plus jeune j'étais perdue. Je ne sais pas si vous savez ce que c'est. Je me cherchais mais je ne me trouvais pas. J'ai étudié les langues slaves, je voulais être avocate, une femme d'influence, une avocate... J'ai dû abandonner mes rêves à cause de la vie. Je me suis convertie à l'islam, à 18 ans. Je n'avais pas conscience que ma véritable voie, au fond de moi, était lakota. Je suis née ici, en face du refuge, dans cette maison, là... Mais j'ai vécu loin... On a dû quitter la réserve avec ma mère quand j'étais petite. Mon père buvait... il devenait très violent. Les gens sont effrayés de ce qu'ils ne savent pas, de ce qu'ils ne comprennent pas, de ce qu'ils ne voient pas... Vous savez, ma grand-mère m'a touchée en rêve l'autre nuit. C'est bizarre parce que, normalement, les esprits ne touchent pas. C'est étrange, non ? Aujourd'hui, je reviens à mon peuple, avec ma fille. On s'est enfuies. Elle est magique, ma fille, vous savez ? On s'est enfuies une nuit... Son père buvait. Un soir... il nous a poursuivies avec son flingue... J'avais tellement peur. J'avais Colina dans les bras. Elle était bébé... Une amie nous a aidées à sortir par la fenêtre. On a sauté, toutes les deux... Mes deux garçons... ils sont restés avec leur père. Je ne peux plus les voir... Il me poursuit. On est liées très fort, vous savez, Colina et moi... » Justice poursuit longtemps, avec les sanglots, les yeux rouges, les silences. Et nous, comme trois cons, on la regarde, on l'écoute, on la relance comme on peut. Je la réconforte, la main sur l'épaule, maladroitement comme je sais faire. Louis regarde ses pieds. Nicolas tripote son appareil photo.

C'est triste la réserve, je ne vais pas dire le contraire : la banque alimentaire qui ne désemplit pas, les familles en mobil-home sans électricité, les mendiants, les camés, l'inaction, la corruption, le clientélisme des administrations publiques que sont le Conseil tribal et le Bureau des affaires indiennes. C'est surtout triste que cette tristesse dissimule le grand épuisement d'un peuple écrasé par sa lutte pour n'être pas celui que les Blancs attendaient qu'il soit. En cherchant à « tuer l'Indien », les Blancs assuraient vouloir « sauver l'homme ». Tous les habitants de la réserve nous rabâchent cette expression cruelle prononcée par les immigrés européens pour justifier leur vaste projet de conquête. L'homme est mort à petit feu mais l'Indien persiste en conscience chargée de traumas, de rêves prophétiques et d'esprits. Au fil des jours, des patrouilles de flics, des leçons d'histoire des anciens, des témoignages d'enfants alcooliques ou d'adolescents suicidaires, des indignations révoltées de ceux qui voudraient que tout aille bien, les pensées s'assemblent dans nos têtes de Blancs des villes. On sent que le mal vient de plus loin, de Sitting Bull qui vainquit mais fut lâchement abattu d'une balle dans le thorax, de Red Cloud qui accepta de livrer son peuple à la charité des agences fédérales, de Crazy Horse enterré en secret, de Big Foot qui mourut comme un chien entre deux cents des siens, hommes, femmes et enfants, jetés gelés dans des fosses communes au plus glaçant de l'hiver. « Le gouvernement américain ne s'est jamais excusé pour le massacre de Wounded Knee », regrette Maryline, 82 ans, et qu'importe que le gouvernement américain l'ait fait « dans un discours ridicule, entre dix excuses, comme si nous n'étions rien ». Tout ça se joue au-delà des phrases.

***

Après deux semaines à tenir le bureau des plaintes, on s'est décidés à rencontrer les représentants politiques de la réserve. On a commencé par le Bureau des affaires indiennes, le représentant du pouvoir fédéral, la manette du robinet financier. C'est lui qui distribue l'argent au Conseil tribal, puis le Conseil tribal en dispose. Après une flopée de mails sans réponse, on s'est présentés plusieurs fois sur place pour demander un rendez-vous avec les responsables. Au bout du couloir, on s'est chaque fois heurtés à Gina Douville, la superintendante de Pine Ridge en place depuis deux ans. Auparavant, elle a passé trois ans au même poste dans la réserve de Cheyenne et seize ans en Alaska. Ça se sent tout de suite, une carriériste déconnectée. « Ça va, les Natifs vous embêtent pas trop ? Ils passent leur temps à vous quémander de l'argent, non ? Il faut avoir du liquide ici ! Nan, j'rigole. » Elle a un rire satisfait qui secoue les pierres brillantes de ses boucles d'oreilles. Elle est allée une fois au Mexique mais elle n'ira plus parce qu'elle est américaine et que les Mexicains décapitent les Américaines. Elle nous a fatigués rapidement la Gina, parce qu'on a vite cerné qu'elle nous menait en bateau avec ses adresses mails auxquelles envoyer des demandes officielles et ses « on vous rappellera » de DRH.

La vice-présidente du Conseil tribal était, dans un autre style, plus crispante encore. Alicia Mousseau n'avait pas non plus répondu à nos prises de contact, nous nous sommes donc présentés à son bureau. Elle était absente et c'est sa secrétaire qui nous a reçus, très cordialement, avec humour même, en nous indiquant la place vide de sa supérieure qu'occupait un grand ballon gonflable transparent : « Elle est là. » Dans les jours qui ont suivi, nous avons compris que nous avions en quelque sorte rencontré Alicia Mousseau, cet après-midi-là. Après un premier rendez-vous reporté pour cause d'installation du sapin de Noël, nous avons retrouvé la représentante oglala dans son bureau, le surlendemain, en fin d'après-midi. Nous en avions entendu de belles sur elle mais nous n'avions aucun intérêt à lui rentrer dedans. Nous ne faisions pas une enquête, il était seulement indispensable de recueillir une parole « officielle » à propos de la réserve, ne serait-ce que pour clarifier certains chiffres, à commencer par le nombre d'habitants. « Je ne peux pas vous répondre là-dessus, c'est difficile à dire. » Ça alors, je ne m'y attendais pas. C'était notre première question. J'ai précisé qu'on se contenterait d'une fourchette. « Non, je n'ai aucune idée. Il n'y a pas de recensement. » Les articles de presse et les rapports d'ONG mentionnent plus de 80 % de taux de chômage mais ces chiffres datent un peu. C'était le sujet de notre seconde question. Alicia Mousseau ne pouvait ni confirmer ni corriger l'information. Elle n'en savait pas davantage sur le taux de pauvreté – troisième question – et elle reconnaissait son incompétence en la matière avec un aplomb déconcertant, d'autant plus déconcertant qu'elle était en poste depuis trois ans.

On la sentait gênée, mal à l'aise, très mauvaise communicante et consciente de l'être. C'était à se demander pourquoi elle avait accepté l'interview. « Mais alors, excusez-moi, je ne comprends pas : comment faites-vous, sans ces chiffres, pour mener votre politique sur l'emploi ou la pauvreté ? Ou pour réinvestir les subventions que vous recevez du Bureau des affaires indiennes ? » C'était formulé poliment mais avec une pointe d'incrédulité insolente dans le sourire, admettons. C'est en tout cas ce qu'ont ressenti Louis et Nicolas qui voyaient l'entretien déraper doucement vers la confrontation entre la représentante de Pine Ridge, très malhabile à défendre sa politique, et moi-même qui m'appliquais à faire mon travail de vérification sur un ton qui devenait de plus en plus passif-agressif. « On agit », a répondu Mousseau avec un sourire assassin. « Mais comment ? », j'ai relancé et Louis a remué sur sa chaise en faisant « Hum hum ».

« On postule à des bourses pour demander des fonds, répond Mousseau.

– Des fonds pour quoi ?

– Des fonds pour faire un recensement.

– Ah d'accord, et c'est prévu pour quand ?

– On verra. Au printemps.

– Au printemps, vous ferez un recensement et en fonction de ce recensement quelles sont les mesures que vous espérez mettre en place ?

– Vous ne connaissez pas les pauvres.

– Je vous demande pardon ?

– Est-ce que vous connaissez les pauvres ?

– Euh... Oui, enfin certains. Pourquoi ?

– Comment est-ce qu'ils vivent ?

– Qui ça ?

– Les pauvres.

– Je ne vois pas où vous voulez en venir... »

Personne n'y comprenait plus rien. Alicia Mousseau s'est mise à faire des généralités sur les Français, à répéter « Ce doit être culturel, on ne peut pas se comprendre » pendant que Louis se débattait pour recentrer la discussion. « Quels sont les secteurs d'emploi dans la réserve ? Est-ce que vous avez des programmes pour soutenir l'agriculture, par exemple ? » Alicia Mousseau ne lâchait plus son sourire ironique et ses regards pleins de mépris. « On vous pose des questions simples, on ne cherche pas à vous piéger. » Ça n'arrangeait rien. C'était reparti.

« On ne peut rien faire pousser ici. Ce n'est pas pour rien que ces terres s'appellent les Badlands, les "mauvaises terres".

– Pourtant, on a rencontré des gens qui avaient des potagers.

– Oui, oui, moi aussi j'en ai un.

– Mais alors ?

– Alors, nous ne sommes pas des fermiers.

– Ah, donc c'est culturel.

– Non, ce sont de mauvaises terres.

– Dans l'est de la réserve, là où les Blancs rachètent vos terres, il y a de grandes exploitations.

– Bon, mais vous voyez ce que je veux dire.

– Non, justement, on cherche à comprendre.

– Vous avez l'habitude d'agresser les gens comme ça, chez vous ? Vous faites ça, en France ?

– Pardonnez-moi, je ne veux pas vous agresser. Je vous pose simplement des questions.

– Nous ne sommes pas des fermiers. »

À ce moment-là, Louis a pris le relais mais tout était déjà foutu. « On a aussi remarqué qu'il y a peu de commerces dans la réserve et, voilà, on se demandait pourquoi. » Alicia Mousseau a répondu qu'effectivement, c'est comme ça. « On a observé que les produits étaient très chers dans les magasins. » Alicia Mousseau a répondu que oui, c'est cher. « Et qu'est-ce que vous pensez des accusations de clientélisme et de corruption ? Beaucoup d'administrés s'en plaignent. Vous avez déjà constaté ce genre de pratiques ? » Louis m'a regardé l'air de dire « merde ». J'étais revenu dans la partie.

« Moi, je travaille.

– Je comprends, mais que pensez-vous de ces rumeurs ?

– Qu'est-ce que vous voulez que je vous réponde ?

– Juste que vous nous disiez ce que vous en pensez. Est-ce que c'est avéré ? Est-ce que vous devez lutter au quotidien contre ces pratiques ?

– Vous avez l'habitude d'agresser les gens comme ça ?

– Personne ne cherche à vous agresser, a repris Louis. Simplement, comme tous les habitants s'en plaignent, on voudrait vous faire réagir.

– Bon, je vais être obligée de mettre un terme à cette interview parce que j'ai rendez-vous. Et je vais vous demander de ne pas mentionner mon nom dans votre article. »

C'est comme ça qu'on en est arrivés à écrire nos noms à nous, sur un papier, pour qu'Alicia Mousseau nous dénonce sur son compte Facebook public. La vice-présidente nous a ensuite poursuivis sur le trottoir où elle nous a encore menacés de *name shaming*, ce sur quoi on s'est dit « bah », mais le soir même, encore sous le choc, en débarquant à Rapid City pour interviewer un représentant lakota, on s'est retrouvés face à un type colossal qui s'appelle Mark, dont nous connaissions déjà le frère et le père mais qui avait l'attitude de quelqu'un qui va vous bouffer. Pauvres naïfs, on n'avait pas regardé les réseaux sociaux, tout occupés que nous étions à nous prendre la tête en famille.

Dans le hall d'un hôtel de luxe, Mark est devenu rouge tomate et il s'est approché pour nous intimider de près, de très près même, son front contre mon front, ses gros poings levés, grognant que plus aucune personne de son organisation n'accepterait de nous parler parce que nous avions été « extrêmement agressifs et discourtois » envers son amie Alicia. C'est elle qui avait écrit ça sur son mur Facebook. Elle mentait effrontément. Elle avait même inventé qu'elle n'avait jamais accepté l'entretien. Heureusement que nous nous étions déjà taillé une petite réputation dans la réserve, en deux semaines de travail acharné. Ça nous garantissait quelques alliés de choix sur la grande bourse à calomnies du web. « Vous avez posé les bonnes questions, celles qu'on rêve tous de poser », nous ont félicités Avril, Georgia, Justice, Elie et tous ceux qui nous avaient avertis de la grande fumisterie de leurs « représentants ». Un an plus tard, on a reçu des nouvelles d'Alicia Mousseau. Elle avait été arrêtée pour violence domestique et trafic d'alcool.

CHAPITRE 7

LA RUÉE VERS LE NORD

On a quitté Pine Ridge comme des braqueurs en fuite. Mais des braqueurs en burn-out qui n'auraient rien braqué du tout, qui auraient juste galéré pendant deux semaines pour démêler les fils sens dessus dessous de la réserve, mais des fils électriques dénudés et branchés sur haute tension. On a pris la route les nerfs à vif et véritablement sur les rotules. On avait besoin de voir du pays plus au nord et de toucher du bout des doigts la frontière canadienne comme on touche le mur du bout de la cour en primaire pour dire que, en gros, voilà, on l'avait fait notre voyage du sud au nord. C'était d'autant plus nécessaire de faire une pause dans notre travail sur Pine Ridge – car non, ce n'était pas fini – que nous devions nous rendre à Williston où un magazine nous envoyait en commande. C'était le seul contrat qu'on avait réussi à décrocher avant notre départ, pour un titre assez réputé de surcroît. On ne pouvait pas se débiner si près du but. L'idée était de s'immerger dans les *men's camps*, les « campements d'hommes », ces baraquements alignés dans le désert pétrolifère pour accueillir les travailleurs. En un claquement de doigts, le boom pétrolier avait rameuté dans le Dakota du Nord toute une faune de pauvres opportunistes. Les bonnes paies, arrachées au Grand Capital à quatre-vingts heures la semaine, poussaient à tous les vices. Le « crime », comme aiment tant le dire les shérifs, avait explosé. On voulait voir ça de nos propres yeux, l'alcool, le fentanyl, les prostituées, tailler les portraits de miséreux engagés dans cette ruée vers l'or noir, sauvage et violente. Sauf que voilà, en quinze ans, l'affaire s'était tassée. Les *men's camps* sont pratiquement à l'abandon aujourd'hui. Les femmes et les enfants, qui niquent décidément toute la crasse poésie du monde, avaient adouci un peu le paysage en rejoignant leur court-la-fortune de père ou de mari. On est arrivés dans une ville qui n'existait pas quinze ans plus tôt. Il semblait que rien ne bougerait plus pour un siècle.

Bon, on s'est dit, maintenant qu'on est là, il faut bien essayer d'en tirer quelque chose. Louis a proposé de faire le tour des bureaux de la ville et des commissariats. Ce n'est pas facile d'être un reporter épuisé, d'écumer les administrations et de se prendre à la volée des « tout va bien », « la routine », « rien de spécial ». Alors, quoi ? Si tout va bien, à quoi on sert, nous ? C'est terrible comme la tiédeur du monde nous renvoie à notre condition de fossoyeurs, de corbeaux, de charognards. C'est quand ça pleure, quand ça crie, quand ça saigne qu'on trouve un peu de sens à nos vies absurdes. Mais il y a des pays atroces où personne ne réclame de porte-parole, où les familles se couchent tôt, où les bars tirent des bières fraîches pour enivrer de bons pères de famille. Alors nous on passe et on ferme bien nos gueules de perroquets professionnels parce qu'on ne nous donne rien à becqueter. On ne souhaite pas la mort des gens, attention, ni le malheur, ni le drame. Mais quand même, il y a un minimum.

Le fait est que nous étions aussi en bout de course et que ce n'est pas de tout repos de traîner toutes les rues du monde pour faire copain-copain avec des types obscurs qu'on ne reverra jamais. Il faut d'abord briser la glace, faire un clin d'œil, tenter une approche, oser une blague avec de bonnes chances de se prendre un vent. Quand on n'y connaît rien en football américain, ça n'arrange pas les choses. On lâche toutes sortes de banalités, les discussions se ressemblent vite. En forçant un peu, parfois, la personne s'ouvre doucement et ça peut déboucher sur des rencontres excellentes et improbables. Dans le Dakota, on a perdu ces bagarres amicales par lassitude, comme dans ce bar de Tioga où la serveuse nous avait indiqué les trois ouvriers du billard, des employés du pétrole qui avaient apparemment des choses à dire. Ils n'ont répondu qu'à moitié à nos salutations pas convaincantes. Ça nous a coupés dans l'élan. On a abandonné. Deux mois à gratter l'amitié, c'est long, surtout aux États-Unis où on ne peut pas dire qu'on se sente parfaitement à la maison et où l'hospitalité n'est pas franchement celle des pays de l'Europe de l'Est, de la Méditerranée ou de l'Amérique latine.

À une station-service de Williston, c'est la vendeuse au mauvais café, aux AirPods inamovibles et à la grosse doudoune qui a bien cassé le peu d'énergie qu'on avait encore à donner. « Ah ouais, vous êtes français, vous ? Vous êtes venus pour le travail. » Non, non, on vient pour... « Ah ouais, vous vous êtes ramenés ici à cause des migrants musulmans qui envahissent votre pays. J'ai vu tout ça à la télé, ouais. » Ah non, c'est pas ça du tout, en fait on est reporters et on voyage depuis la frontière mexicaine pour... « Ah ouais, je comprends, vous vous êtes réfugiés par la frontière mexicaine avec les autres. Tant mieux pour vous, ouais, mais Trump va terminer le mur et c'est tant mieux. » Ce type de rencontres fatigue et, à force, pèse sur nos consciences de mecs ouverts mais qui aspirent à un minimum de raffinement. Dans un autre style, cette vendeuse nous rappelait un gars d'Omaha auquel Louis et moi nous étions raccrochés par dépit au fond d'un bar à l'ambiance anéantie par un concours général de bière-pong. Louis avait raconté notre passage à Garden City sans rendre un très bel hommage à la ville et à son parfum de purin. « Meeec ! avait répondu notre pote, c'est un endroit de meeerde, meeerdique ouais ! » Il avait une façon de lâcher les *« shiiit »* et les *« shiiity »* qui donnait à sa bouche l'apparence d'une paire de fesses flasques en action. Louis avait tempéré la critique en causant un peu de Fort Collins, une petite ville du Colorado nettement plus agréable que la moyenne où nous avions été reçus comme des rois par des amis d'amis. « Oh meeec ! C'est un endroit de meeerde, bien merdique, ouais ! » C'était la même expression, la même grimace écœurante mais, cette fois, ça voulait dire qu'il aimait bien, qu'il était enthousiaste, que ouais, Fort Collins, mec, c'est énorme. Louis et moi, on s'était regardés, puis on avait zieuté sur les meufs ravagées de la table d'à côté, sur les bandes d'ados tardifs suintants la bière et les hormones, puis sur Nicolas, affalé de tout son long contre un mur et on s'était rentrés dans le coffre de la Honda après de maigres efforts pour donner une dernière chance à notre pote du soir d'élargir un minimum son vocabulaire. « Merde, ouais salut les mecs. »

***

Le Dakota du Nord est un bout du monde. On passe au nord du Missouri, immense, aux rives glacées, et après quoi ? Au-delà des champs de pétrole, c'est le Canada. Bon, mais pas n'importe quel Canada, la province du Saskatchewan, autant dire un lieu assez obscur pour des canado-néophytes de notre acabit. Le nom est tentant. C'est le problème des cartes. Elles titillent l'imagination, susurrent d'aller voir ce qui se trame toujours plus loin. Au début du voyage, en nous aventurant un peu sur la rive mexicaine, choqués par le coût de la vie aberrant du Texas et réconfortés par les tacos à 30 pesos, on avait envisagé ce genre de changement de cap brutal. On se voyait déjà siroter du mezcal dans une hacienda en pisé, relier Coahuila au Chiapas, faire la bringue à Mexico. Seulement, après il y avait le Guatemala. Et puis quoi ? Non, non, on est raisonnables et on a résisté héroïquement parce que, voyez-vous, un homme ça s'empêche, selon Albert Camus et je suis profondément camusien. Alors on passerait aussi sur le Canada bien que la frontière soit une tentatrice tout aussi redoutable. Les lignes encouragent à être franchies et une ligne, dans ce paysage aplati comme une galette, c'est un semblant de relief. Ça réveille, ça fait oublier soudainement la fatigue accumulée, ça suscite l'inspiration. On a envie de voir ce qui se cache de l'autre côté. Au-delà du Canada, il y a sûrement des plaines comme celles-ci, des plaines qui s'étendent à perte de vue, couvertes de neige, rompues régulièrement par des alignements de puits de pétrole ou d'autres merveilles de ce genre.

Ici, on ne voit que des pompes à l'horizon. Louis s'extasie à chaque flamme vacillante de gaz. Puis il a envie de faire pipi. Alors on s'arrête et c'est pas facile, au milieu du vide, de trouver quelque chose sur quoi pisser. À ma connaissance, l'espèce humaine est la seule à avoir besoin de ça pour se soulager, la seule avec l'espèce canine, enfin, disons les mâles et affiliés, quelque chose de vertical ou au moins un cours d'eau, ce qui procure aux hommes un sentiment d'éternité, selon Céline et je ne suis pas profondément célinien. La preuve, c'est que je n'ai jamais tellement compris cette sensation qu'il décrit dans *Voyage au bout de la nuit*. Pourtant, c'est drôle, ça m'a marqué. « Les hommes ça les rend méditatifs de se sentir devant l'eau qui passe. Ils urinent avec un sentiment d'éternité, comme des marins. » En voyage, j'y pense chaque fois, ou presque, qu'il faut passer à l'acte en pleine nature. Lorsque c'est un tronc d'arbre, bon, mais dès que ça commence à être un ruisseau, qu'il y a ce qu'il faut d'étoiles au-dessus de la tête, assez de clair-obscur et de silence peuplé de bruissements autour pour que la nuit susurre son exaltant vent de liberté, celle d'avoir gagné cet endroit-ci alors qu'on devrait en toute logique être sagement ailleurs, je suis à l'affût de cette fameuse sensation. C'est comme un mystère que j'essaie de résoudre. Hélas, ce qui me vient plutôt, c'est la vanité de verser son eau filtrée, comme ça, dans le grand moulin du monde. La sensation d'éternité à proprement parler « comme les marins », il dit, Céline – et rah ! Ça me plairait bien – non, pas encore, pas franchement, je m'entraîne, ça viendra peut-être un jour. Je me reboutonne en me répétant que c'est tout de même bizarre, quand on y songe, ce besoin des hommes et des chiens de faire pipi-sur et pas pipi-tout-court.

Enfin, vous voyez, dans le Dakota, on a le temps d'épancher son cœur sur ce genre de choses en roulant des heures et des heures sans âme qui vive ni grand-chose qui se passe à part le va-et-vient des grosses machines à pétrole plongées dans le sol. Elles tournent leurs bras de haut en bas et elles n'ont pas tellement l'air d'avoir besoin des hommes pour pomper. Il doit bien falloir des mécanos quand même puisqu'on croise parfois l'ombre de leur présence. Ils vivent agglutinés en petit tas de rues quadrillées où les pick-ups ont l'air de se faire chier pas mal. L'Amérique s'épuise. Elle n'a plus rien de la vigueur des Rocheuses, elle se répète, lassée d'elle-même, comme les paysages de fin des jeux vidéo. Et nous, comme des joueurs de jeux vidéo, on commence à être pas mal abrutis par cette carte qui n'en finit pas. On rêve d'ailleurs, grisés par l'espace. On aimerait tracer d'un coup de volant vers New York, d'un autre vers San Francisco. On voudrait faire fortune au casino, se baigner tout nus dans l'océan, on délire complètement. La route est une drogue. Je connais des camionneurs chiliens qui rêvent de lignes blanches la nuit et repartent aussitôt qu'ils sont rentrés parce que ça leur manque, le courant du paysage sur les vitres. Les kilomètres d'asphalte, déroulés à n'en plus finir sur toute la surface du globe, à défaut d'éternité, ça donne le vertige quand on est dessus. Un peu sonnés, on se demande combien de milliards de types il a fallu pour déverser ces milliards de tonnes de bitume en lignes droites ou courbes qui se croisent, se retrouvent, se dispersent et enserrent la terre entière.

Quand est-ce qu'on s'arrêtera, nous, de les courir comme ça, de droite à gauche ? Et pour perdre de l'argent en plus. Il y a des gens de notre âge qui sont sérieux, des gens qui travaillent, se marient, achètent une maison, plantent des fleurs. C'est joli les fleurs. Sans être aussi extrêmes, nous pourrions au moins chercher un poste stable dans une rédaction et espérer « grimper les échelons », atteindre au fil des années la position enviable des grands reporters, gagner un jour notre vie en faisant notre métier. Ça serait beau, si beau qu'on serait tentés de planter des fleurs. Mais est-ce qu'on serait libres, alors, d'errer, de se perdre, de changer d'itinéraire sur des coups de tête à la Dewaere ? Est-ce qu'on pourrait passer quatre jours chez des copines de soirée à Marfa, deux semaines et demie chez les Sioux, ou bien, un après-midi, impulsivement, taper sept heures de route pour Omaha ? Est-ce que, au détour du moindre carrefour, on aurait ce luxe absolu de rêver de Frisco, de Saskatchewan, de San Cristóbal de Las Casas ? Nous, faut le savoir, on est des rêveurs.

CHAPITRE 8

MORTELLE CHEVAUCHÉE

Ils sont très chiants, vraiment. Mais il faut l'avouer, ils ont du chien les Sioux. Ils sont apparus sur les hauteurs repliées des Badlands, en grappes nonchalantes de cavaliers montés sur des chevaux puissants, une soixantaine d'hommes et de femmes aux cheveux longs, certains à cru sur les bêtes, d'autres avec de grands bâtons sacrés dans les mains. Un aigle tournoyait dans le ciel et, tout autour de nous, en bas, depuis la route en lacets, les familles se sont mises à pousser des cris aigus virevoltants, ce genre de cris qui donnent envie de sauter sur n'importe quoi pour partir au galop et, ouais, attaquer des trains ou n'importe quoi dans le style. Ce n'est pas du cinéma, la vie, c'est bien mieux. Déjà, il y a ce nom : les Badlands. Ça fait plusieurs fois qu'on cite le parc naturel sans s'attarder sur cette appellation badass. Ça fait partie de la malédiction des Lakotas d'avoir été déplacés de force de leurs Black Hills sacrées pour se retrouver parqués de l'autre côté de ces monts érodés, roses, tentaculaires, à la majesté comme écrasée par une espèce d'immense lassitude. Alors, voir les Sioux, hommes, femmes, enfants, chevaucher ces reliefs et découvrir les terres maudites du haut de leurs montures – même si c'est rejoué, si des files de pick-ups suivent les chevaux en soutien, si c'est une image, une mise en scène mémorielle plus de cent trente ans après le massacre de Wounded Knee – ça fait frissonner les esprits.

Dans le groupe de tête, il y a ce cavalier fou qui semble tout droit sorti de *Red Dead Redemption*, avec sa cagoule rouge, son chapeau à la plume perlée qui valdingue et sa salopette de chasseur sous sa veste en jean. On ne comprend pas un mot de ce qu'il raconte mais ça ne change rien puisqu'il ne s'adresse jamais aux trois connards de journalistes blancs que nous sommes et qu'il n'a pas du tout envie de nous voir lui traîner autour. Son meilleur pote porte aussi la salopette. C'est une baraque aux cheveux poivre et sel, la gueule fendue d'un rire rabelaisien. Il monte un cheval blanc à taches noires qui encaisse un peu la charge malgré sa demi-tonne vigoureuse. Au moment de passer la rivière gelée, Louis parvient à créer un moment d'intimité avec cette brute-là. Elle a brisé la glace tout habillée, à grands coups de pelle, pour ouvrir le passage aux chevaux. « Laisse passer mon peuple ! » De retour sur la rive, la montagne ordonne de lui ôter ses bottes remplies de flotte et c'est le bon Louis, toujours serviable, qui s'y colle. Ça fait partie de notre noble métier de gratteurs d'amitié professionnels. C'est le prix à payer pour gagner le droit d'être à peu près tolérés. Simon, le photographe belge en sait quelque chose. Il suit la chevauchée d'un bout à l'autre, pendant deux semaines, avec ses appareils argentiques autour du cou et tout le monde qui se fout de sa gueule dès qu'il ouvre la bouche parce qu'il parle très mal anglais et qu'il ne comprend rien. « Souvent j'bite pas grand-chose, v'savez, mais enfin pour les photos c'est pas bien grave. » Les Lakotas l'ont surnommé Big Foot, rapport à ses immenses panards. « Paraît qu'c'est bon signe, quand t'as un surnom, là. Ça veut dire qu'ils t'acceptent un peu, quoi. »

De notre côté, on n'a pas de surnoms, on n'est franchement pas acceptés, mais ça pourrait être pire. On a longtemps cru qu'on ne pourrait pas du tout rejoindre le cortège. L'un des fondateurs de l'événement nous a dans le nez depuis qu'on lui a demandé de l'accompagner, quelques jours plus tôt. Notre premier entretien s'était pourtant bien passé. C'était au café de Rose, à Kyle, dans le nord de la réserve. Percy s'était assis à notre table, avec son fils, après nous avoir fait poireauter une bonne quarantaine de minutes, à quelques mètres sans nous adresser un regard. « Alors, qu'est-ce que vous voulez ? » Dans la bouche de ce genre de types, une phrase presque cordiale, c'est une bénédiction. On avait expliqué à Percy pourquoi sa chevauchée nous intéressait. Ça faisait des semaines qu'on déroulait des pages Wikipédia et qu'on dévorait tous les livres qui nous tombaient sous la main à propos des guerres indiennes et de cet atroce épilogue de Wounded Knee, où des centaines de Sioux désarmés ont été massacrés en famille et jetés dans une fosse commune gelée.

Je vous recommande d'en découvrir davantage de votre côté mais je vous résume ça en trois mots. En gros, les Indiens se sont fait arnaquer pendant des décennies en signant des traités territoriaux que ceux qui s'étaient désignés comme les Américains n'ont jamais respectés. En 1890, alors qu'une majorité d'entre eux avait à peu près abandonné la résistance armée, l'un d'eux, une sorte de prêtre, s'est mis en tête de lancer une nouvelle danse qu'il a baptisée la Danse des esprits. Il s'appelait Wovoka, il se considérait comme un messie et son truc a pris. De plus en plus d'Indiens se sont mis à kiffer la choré, d'autant plus qu'elle était censée « emporter le mal », ce qui dans l'interprétation des Lakotas signifiait faire disparaître les Européens de leurs terres. Ça n'a pas trop plu aux Blancs cette histoire et les journaux américains se sont mis à répandre des rumeurs, comme quoi les Lakotas se préparaient à reprendre les armes. Ça a créé la panique. La Danse des esprits a été interdite fissa mais c'était trop tard. À l'époque, les Sioux étaient déjà parqués dans les réserves, autour de ce qui s'appelle encore des « agences », des lieux où le gouvernement américain distribue l'aide alimentaire, la contrepartie vaseuse qu'il s'est engagé à verser en échange des terres. Ces subventions, qui continuent d'affluer dans les réserves à notre époque, sont un cadeau empoisonné. Depuis un siècle et demi, elles maintiennent les Indiens dans une dépendance toxique au gouvernement américain. Elles participent aussi à gaver une caste de pseudo-représentants indigènes corrompus.

Bref, à la fin du XIXe siècle, dans la réserve de Standing Rocks, à quelques kilomètres au nord de Pine Ridge, le chef indien Sitting Bull tolère la Danse des esprits en vertu de la liberté de culte, bien qu'il n'en soit pas un fan absolu. Sitting Bull est un vieux monsieur à cette époque-là. Il a combattu pendant des années contre les Blancs, il a fui au Canada, il est revenu et puis soit qu'il s'est fait acheter, soit qu'il s'est raisonné, il a abandonné la lutte armée et s'est même produit comme acteur dans les spectacles à gros budget du premier showman américain, Buffalo Bill. Peu importe. Les Américains considèrent que tolérer la Danse des esprits c'est la soutenir et que la soutenir c'est appeler au soulèvement. Un détachement militaire se rend chez Sitting Bull, l'arrête et, pas de bol, le tue. Panique chez les Sioux. Quatre cents membres du clan des Hunkpapas s'enfuient, fébriles, pour trouver refuge dans la réserve de Pine Ridge. Ils sont menés par leur chef Si Thanka, le « Wapiti tacheté ». Rebelote : panique chez les Blancs qui pensent que ce déménagement sent très mauvais. Le 7e régiment de cavalerie intercepte les familles en chemin et se met à les escorter. Ce régiment, c'est celui qui a perdu la bataille de Little Bighorn, quatorze ans plus tôt dans les Black Hills, la plus grande victoire des Sioux, quand les Indiens ont eu la peau du général Custer qui avait envahi leurs terres pour la première fois en 1874. Et re-rebelote : il y a un mouvement confus lors d'une étape à Wounded Knee, un soldat bute Si Thanka et puis le régiment se met à canarder tout ce qui bouge, hommes, femmes, enfants. Les Indiens étaient désarmés. Ils gisent dans la neige toute une nuit parce que la tempête empêche de les enterrer sur le champ. Au matin, les corps sont congelés. Il faut les décoller du sol à coups de pelle. Un photographe immortalise le massacre que les livres d'histoire américains désignent longtemps comme « la bataille de Wounded Knee », une bataille avec tous les morts d'un côté et toutes les armes de l'autre.

Parmi tous les clichés du massacre, celui du chef Si Thanka a fait date, avec son corps pétrifié dans la glace, désarticulé par les balles, l'œil ouvert. « Je déteste cette photo de mon grand-père », soupire notre copine Georgia, en ravalant un sanglot. La directrice d'école dit « grand-père » alors que c'était son arrière-arrière-arrière, mais ça ne change rien. C'est comme s'il était dans la pièce, Si Thanka que les Américains ont rebaptisé Big Foot parce que ses pieds étaient enflés par la marche, le froid et la gangrène. « Vous vous rendez compte ? Ils nous ont tout pris, même nos noms. » L'indignation à propos de cette histoire continue d'habiter les Sioux de la réserve de Pine Ridge. La vieille et belle Phyllis nous a raconté les détails de cet épisode au milieu de la bibliothèque scolaire de l'université de Wembley, dans son fauteuil roulant. On aurait dit qu'elle sortait de la scène. Elle avait les trémolos dans la voix, le doigt qui se pointe à gauche, à droite, pour désigner tel ou tel canon de fusil qu'on croirait voir, et la fumée, là, la détonation, derrière, l'odeur de poudre et de sang.

L'histoire orale a cette supériorité sur l'histoire écrite qu'elle se transmet par les frissons, perpétuant la mémoire vive des chairs. C'est ce genre de frissons que cherchent à provoquer les parents lakotas en organisant la chevauchée de Big Foot pour leurs enfants. Pendant une ou deux semaines, les jeunes se mettent dans la peau de leurs ancêtres et relient la réserve de Standing Rock à Wounded Knee. Les vieux transmettent aux jeunes certaines coutumes, partagent l'histoire de leur peuple et leur amour des chevaux. Voilà ce que nous avons dit à Percy, d'abord à table puis dans l'enclos de son ranch où il nous avait invités du bout des lèvres à passer. Mais Percy n'avait en réalité aucune envie de nous voir à la chevauchée parce que, à bien y réfléchir, il considérait que les journalistes n'étaient bons qu'à se faire de l'argent sur le dos de son peuple et que c'était dégueulasse. S'il savait, Percy, la fortune qu'on dépense et qu'aucun journal ne rembourse. On aurait aimé lui expliquer mais c'était difficile d'en placer une, entre les menaces physiques et verbales, les intimidations de son fils, et le mépris que ces deux-là ont pour nous qui n'y sommes pour rien. On craignait de devoir abandonner l'idée de suivre la chevauchée. Et puis on a rencontré Wendell qui avait aussi son caractère bien trempé mais qui nous tolérait à peu près, lui. Or, nous, ce qu'on demande, au minimum, c'est qu'on nous tolère. On n'est franchement pas difficiles, encore moins cupides et plutôt sympas en vérité. D'habitude, on plaît bien. Cette fois, tout est plus délicat.

***

« Il y a trèèès longtemps, les rivières serpentaient, la terre germait, le soleil jaillissait… Je peux continuer dans le style. C'est ça que vous voulez ? » Wendell nous scrutait, goguenard, derrière ses verres fumés. Nous, ce qu'on voulait, c'était participer à la chevauchée mais, pour ça, il fallait multiplier les rendez-vous avec ce type profondément gentil mais qui nous prenait un peu de haut. On rigolait à ses moqueries récurrentes au sujet de ses comparses sioux qui ont tendance à forcer un peu sur les histoires d'esprits, de rêves prophétiques et d'animaux bavards. Wendell, c'est un gars terre à terre. La question de l'occupation, il propose de la régler par une mesure très simple : débarrasser la réserve de ces foutus bouts de papier vert avec la tête des présidents américains, ceux qu'il appelle « les descendants d'Européens ». « Nous sommes dépendants des descendants d'Européens pour la nourriture, les soins, les allocations. Il faut briser la chaîne, redevenir autonomes, supprimer le dollar. » C'est un radical Wendell. Ses identifiants de sécurité sociale, il appelle ça son « numéro de camp de concentration ». Autant vous dire qu'il ne vote à aucune élection américaine, comme la majorité des membres de sa tribu. Pourtant, il a servi l'État, dans l'armée, pendant plusieurs années.

C'est le paradoxe qu'il partage avec beaucoup de ses semblables. Les Indiens s'engagent pour une armée qui les a écrasés, parce que ça rapporte. Ça leur flingue le moral mais c'est comme ça. « En revenant du Vietnam, mon fils a été accueilli par des insultes », nous avait confié Phyllis, trois mois avant de mourir d'une pneumonie. Elle habitait près du cimetière aux vétérans de la réserve. Ce n'est pas le plus grand. Le plus grand, c'est ironique n'est-ce pas – d'une ironie vraiment symptomatique de la cause indienne –, se visite dans les Black Hills, à quelques kilomètres du mont Rushmore. Tout ça pour dire que Wendell a accepté qu'on le suive pendant la chevauchée, avec son frère, ses petits-enfants et les petits-enfants de son frère. On a même eu le privilège de presque dîner avec eux, un soir, alors que nous campions dans les voitures, sur les terres américaines qui séparent la réserve de Standing Rock de celle de Pine Ridge. Les Sioux n'étaient pas très sereins à l'idée de traverser les territoires des Blancs. Les soixante-dix cavaliers et leurs accompagnateurs en pick-up s'étaient couchés tôt, massés autour d'un immense tas de foin. Il faisait froid. Wendell avait cuisiné des haricots. On pouvait se servir dans la marmite installée dans la carriole et manger tout seuls, dans notre caisse à nous, derrière la sienne. C'était gentil comme attention. En échange, on lui avait apporté des cookies.

C'était quelques jours avant notre grand craquage. On a tenu encore quarante-huit heures, plus ou moins dans l'équipe de Wendell qui répondait vaguement à nos questions, qui ne disait rien la plupart du temps, qui avait cependant le grand mérite de ne pas nous menacer de quoi que ce soit, de ne pas trop nous ignorer et de nous avoir proposé, un soir, ces assiettes de haricots. En conclusion de ces deux mois de voyage roulés entre les sièges de la voiture, à vivre les uns sur les autres, à peu dormir et à travailler beaucoup, on peut dire que cet épisode de grattage d'amitié laborieux avec les Sioux a tout de même représenté pour nous le coup de grâce. Après une ultime embrouille domestique d'anthologie, sur le parking d'une station-service fermée, nous nous sommes raisonnés les uns les autres et nous en sommes arrivés à la conclusion qu'il fallait qu'on se tire de là le plus vite possible, parce qu'on s'était bien donnés mais qu'on était à bout et qu'il était temps, grand temps, de mettre les voiles. D'autant que le Nouvel An approchait.

CHAPITRE 9

SO LONG ODYSSEY

On s'est réveillés après une tempête de neige, les pneus pris dans 50 centimètres de poudreuse. Notre tentative de fuite s'était achevée dans la nuit en pleine côte, sur un patinage pas si artistique réalisé au beau milieu de la réserve indienne de Rosebud. Décidément, les réserves, ce n'est pas facile de s'en défaire. Les chaînes aux pneus, on a amorcé le demi-tour en descente jusqu'au patelin le plus proche, le bien nommé Mission. C'est là qu'on a dormi donc, sur un parking, après avoir tapé à toutes les vitres d'une caserne de pompiers où on aurait aimé gratter un coin près du chauffage. Au matin, on creuse, on pousse et on repart péniblement même si tout indique que la tempête a encore des stocks de flocons à nous balancer dans la gueule. À quelques dérapages près, on avance droit sur Winner et on n'est pas peu fiers d'avoir atteint cette ville nommée pour nous. C'est le moment que choisissent les shérifs pour nous tomber dessus. Soi-disant qu'on n'aurait pas le droit de stationner sur la voie de circulation alors que personne ne circule par ce temps et que s'aventurer sur un parking immaculé avec notre bolide lourd comme trois tonnes, ça voudrait dire perdre trois heures. Mais comme chaque fois que les flics nous arrêtent, on tape la discute, il faut bien l'avouer, on fait les malins sympas du genre serrage de mains, enthousiasme et accent français. Tout ce jeu très convaincant masque la grosse appréhension qu'on a qu'ils nous réclament un jour l'assurance du véhicule. Parce que, l'assurance du véhicule, ben, comment dire, c'est comme la carte SIM américaine : notre bureau financier a tranché dès les premiers jours que ça ne rentrait pas dans le budget.

Habituellement, les contrôles routiers, ça se passe la nuit parce que nos phares ne sont pas du genre à éclairer grand-chose. Des lumières rouges et bleues apparaissent brusquement dans notre dos et il faut se ranger puis attendre qu'un grand type à chapeau large vienne frapper au carreau. « Bonsoir, on est français, on sait que les phares sont bofs, le problème est tout récent, c'est arrivé là et on s'est dit qu'il fallait absolument les changer au plus vite, ouais, demain matin. » Généralement, le gars bloque sur la première information. « Français, hein ? » On lâche nos meilleurs sourires parce que, ouais, on traverse les États-Unis du sud au nord et waouh, on adore. « Vous avez les papiers du véhicule ? » Louis agrippe sa sacoche et suit le monsieur dans la voiture à gyrophares. Il y reste une bonne quinzaine de minutes, pendant que Nicolas et moi ne croisons pas les doigts parce qu'il n'y a rien à craindre. À l'intérieur, c'est toujours une partie de plaisir. Le trooper Nelson ou Brandon sirote sa pinte de Dr Pepper en consultant vaguement les papiers pendant que la radio de service lance des appels sur tel ou tel crime en cours. « Alors comme ça, vous êtes français hein ? Et qu'est-ce que vous pensez des flics américains ? On est plus sympas que les flics français, nan ? »

Les Américains sont craquants, parfois, franchement mignons quoi avec leur sourire, rasés de près, et leur ton premier degré. « Vous savez ce que c'est un shérif ? C'est comme les gendarmes chez vous. » C'est l'un d'entre eux qui nous a glissé ça, de bon matin, un jour où il avait interrompu notre grasse mat' entre les trains de marchandises et un chemin de campagne. « Je voulais juste m'assurer que tout allait bien pour vous. Mais tout va bien, alors dormez autant que vous voulez. Vous êtes en sécurité ici. Bonne route ! » Chaque fois, ces bonhommes désarmants de bonne volonté, un récépissé de contrôle remis avec cette phrase trognonne : « C'était un simple avertissement. » On est chaque fois éberlués par tant de bonnes intentions en uniforme alors que, de notre côté, on ne pense qu'à nos papiers très approximatifs, à nos phares timides et à nos excès de vitesse. Il n'y a rien à faire. Les shérifs aiment nos petites gueules de Blancs et on le leur rend bien.

Notre idylle contre-nature avec les forces de l'ordre a tenu jusqu'au dernier jour du voyage, quand deux gars des affaires routières de Chicago nous ont certifié en faisant de gros yeux qu'on s'était bel et bien fait rouler par le concessionnaire de San Antonio. Les emmerdes avaient commencé quelques jours plus tôt, à notre arrivée dans la ville, quand un garagiste auquel on voulait refourguer notre bijou à quatre roues nous a lancé : « Je ne peux pas vous l'acheter votre caisse, vous n'avez pas la carte grise. » On n'est pas les types les plus carrés, vous l'aurez compris, mais acheter une caisse pour une petite fortune sans insister pour qu'on nous remette les papiers, c'était vraiment minable. La dame du 321 Drive LLC, le concessionnaire de San Antonio, nous avait assuré qu'elle nous enverrait les documents à l'adresse d'un pote, à New York. Nous, globalement, on s'en foutait des papiers. Sans aucune raison valable. Juste, voilà, ça nous paraissait très secondaire. Ben, maintenant qu'on était à la seconde étape, que le copain n'avait rien reçu dans sa boîte aux lettres et qu'on se retrouvait comme trois cons, ça faisait mal au moral d'avoir une voiture sur les bras et aucune possibilité de la revendre. On ne pouvait plus la voir notre brave Honda Odyssey. Elle l'avait pourtant faite sans broncher, cette odyssée, et elle n'y pouvait rien, elle, d'avoir été vendue par une bande d'escrocs à une bande de branques.

Elle ne devait pas avoir eu une vie facile. Quand on l'a trouvée, ça faisait quelque temps qu'elle se dégonflait sur ses pneus au bord d'une route sans âme. Elle était désossée de l'intérieur, les tapis retournés, les sièges en pagaille. Le concessionnaire mexicain avait parlé vaguement en espagnol d'un capitaine de l'armée qui l'aurait descendue de l'Oregon pour un déménagement. Elle était de 2008, elle avait des papiers de 2017. C'était un peu flou, cette histoire. Elle était surtout pleine de caches, le plastique se déboîtait partout sur des coffres discrets et il y avait quelques voyants orange allumés sur le tableau de bord. Dixit le vendeur, c'était rien. Il n'en fallait pas plus pour les grands amateurs de cylindrées que nous sommes. Notre inspection du véhicule s'était arrêtée à Louis, étendu dans le coffre en position dodo. « Ouais, on est bien, il y a de la place pour deux ! » Nicolas avait adopté l'espace entre les sièges. « Si on avance ceux-là et qu'on recule les autres, je tiens couché dans la largeur. Ouais, large. » On était repartis avec dans la nuit, sans même avoir ouvert le capot.

Pour la vendre, il fallait en faire des démarches et on n'avait pas particulièrement le temps. On ne se serait jamais sortis de cet imbroglio sans l'aide d'un petit ange tombé du ciel répondant au doux nom de Patrick. D'un petit ange il a le caractère, pas exactement le physique. C'est un colosse à la coupe moyenâgeuse et au sourire Vademecum dont on a fait la connaissance au comptoir du Paddy's, une institution irlandaise de Milwaukee, à une heure au nord de Chicago. Patrick dégustait son meilleur bourbon entre les murs surchargés de ce palais du vice. Il a réclamé à la bonne Paddy, derrière le bar, une tournée de whisky pour ses amis français. Patrick gagne sa vie sur les marchés financiers. Il loue les deux premiers étages de sa baraque à des familles et crèche au dernier, littéralement dans le grenier, mais un grenier vraiment en pagaille où s'entassent les bouteilles et les verres à shot en plastique. Il occupe aussi la cave. C'est là qu'il mène ses affaires, tôt le matin, peu importe les quantités d'alcool qu'il s'est envoyées la veille. Il est célibataire. Dès qu'il a les fonds, il se casse un mois en Thaïlande, au Vietnam ou au Costa Rica, globalement là où c'est vert, chaud et pas cher. Il a un compte Instagram où il déguste des cacahuètes en direct et où il partage ses visions de plages paradisiaques et de cascades. On a consulté au moins quinze de ses albums de voyage. Il a picolé à peu près partout dans le monde, toujours bien accompagné, et il doit avoir quelques enfants disséminés ici et là. Sa vie ressemble à un échange Erasmus constamment prolongé.

Patrick n'est pas seulement le parfait camarade de beuverie qui propose des lits, paye des coups à tour de bras, promène ses copains français autour du Lake Geneva. Il est tout simplement le garçon le plus gentil de la terre. C'est inexplicable, quelqu'un d'aussi gentil. On essaierait de l'être qu'on ne pourrait pas. Toujours est-il qu'il a insisté pour s'occuper de la voiture, harceler le concessionnaire, faire les démarches officielles pour la régulariser et la vendre. Il s'en occupe encore, à l'heure qu'il est. Plus d'un an est passé et ça avance, tranquillement. On reçoit des nouvelles régulièrement entre deux vidéos tournées chez Paddy's. « Quelle est la différence entre une bonne bière et une mauvaise bière ? Celle-ci est une mauvaise bière, elle est vide. Celle-là est une bonne bière, elle est pleine. » La Honda est entre de bonnes mains.

***

Après la traversée du désert conservateur, rouge comme les nuques et les bouts de nez froids, Chicago nous offrait une bolée d'air moderne. Il y avait des bars stylés, de grandes avenues, des restaurants de tous les pays, des pauvres à tous les coins de rue, une expo Picasso, la bibliothèque Harold-Washington, le métro de *Batman*, des Noirs, des Blancs, des Latinos, des Juifs, des Chinois, des Palestiniens – parce que figurez-vous que ces derniers forment environ 60 % de la population arabe de cette ville. Habituellement, ce n'est pas mon genre de compter, classer, mais la société américaine pousse à emprunter ce regard d'obsédé de la race. En y repensant, les États-Unis du Centre ne sont ni le *melting-pot* ni le *salad bowl* qu'on nous vend à la télé. Ils sont un large corridor de Blancs plus ou moins latinisés, avec ici et là des groupes d'Indiens parqués dans leurs réserves et des familles asiates qui semblent avoir été mandatées pour couvrir tous les déserts de la restauration. On pourrait presque compter les Noirs qu'on a rencontrés sur la route pendant deux mois. Je me souviens du premier, croisé à Bandera, du second dans une station-service du Kansas, d'une poignée à Garden City et puis ainsi de suite, au gré des kilomètres, plus bien sûr dans les grandes villes comme Austin, Denver, Omaha, Williston et puis à Chicago. Voilà, en gros. Ce creuset des cultures et des origines, qui n'en n'est pas un, doit bien participer au décalage politique entre les côtes et l'intérieur des terres mais je ne suis pas sociologue. Il me semble en tout cas que les Blancs de l'Oklahoma voient plus de Noirs à la télé qu'au saloon du coin et qu'ils trouvent que 13 ou 14 ou 15 % d'Afro-Américains dans la population globale, ça fait bien du ramdam sur les chaînes d'info.

Je ne fais que rapporter mais ça choque l'aimable professeur de littérature française de la French American School de Chicago que nous rencontrons autour d'un cappuccino au Starbucks vitré du E. Jackson Boulevard. « C'est dramatique », il dit et on opine sincèrement du chef. André n'en revient pas de ce qu'on lui raconte de ces États où il n'a jamais mis les pieds. « Les classes populaires du Centre pensent vraiment que Trump les représente alors que c'est un homme d'affaires milliardaire et véreux ? C'est incompréhensible. » Nous, c'est pas pour dire, mais à force de parler aux réacs de tous les pays, on commence à bien les connaître et les comprendre. Ils trouvent que les villes sont sales, dangereuses, malsaines, qu'un homme va avec une femme, que chacun chez soi, que les « sachants » les méprisent et que le travail se paie. C'est une histoire de bulle sociale, on n'invente rien et André le sait bien. Il est tunisien, il est spécialiste de Victor Hugo et sa culture générale nous écrase tous les trois réunis. Mais voilà, il n'arrive pas à croire que des Américains puissent encore voter Trump avec toutes les casseroles qu'il se trimballe aux fesses. « Le problème, évidemment, c'est que Biden est trop vieux... Il faudrait quelqu'un d'autre. » André cherche des réponses où il peut. Dans quelques mois, des André de plateau télé diront de Kamala Harris qu'elle était trop femme, trop noire ou bien qu'elle est entrée en lice trop tard.

André a rencontré François Hollande à une dédicace de son livre, quelques jours plus tôt. Il en est encore tout émoustillé. « Il est très drôle ! » J'ai l'impression que des comiques du genre Donald Trump font plus marrer les Ricains que ceux dans le style de François Hollande, pas des Ricains comme André, bien sûr, mais ceux qu'on a croisés, les vrais bons gros Ricains. Peut-être que le sujet de l'humour est au cœur de la grande incompréhension politique. C'est de la philosophie de comptoir, je le reconnais humblement, mais il faut bien traîner les comptoirs pour cerner le type de blagues et d'histoires qui font rire ou pleurer ce monde de fous. Or, André ne traîne pas les bars, à peine les cafés. Il prépare ses cours, lit énormément, suit la politique assidûment, éduque son fils, anime une radio, va au cinéma et assiste à toutes sortes de conférences sur tous types de sujets avec toutes sortes de spécialistes très cultivés qui font plus ou moins la même chose lui.

***

Après nos deux dernières nuits passées dans la caisse, sur un parking de restaurant enneigé, on s'est réfugiés dans la maison qu'avait louée Dawn, l'amoureuse tatouée de Nicolas. Elle nous avait rejoints pour le Nouvel An, par un vol Rapid-Denver-Chicago. Elle était mère de deux enfants, elle était coiffeuse, elle ne disait pas grand-chose et ce pas grand-chose était toujours dit très finement, très intelligemment. Elle avait grandi à Rapid City, dans le Dakota du Sud où on l'avait rencontrée, et dont on découvrait au fil des jours qu'elle n'était jamais sortie. Elle s'ennuyait, pourtant. Elle se moquait des Républicains de sa ville, de leurs têtes dures, incultes et sans raffinement. Elle s'était attachée à nous parce qu'on représentait ce à quoi elle aspirait sans pouvoir y prétendre. Elle avait ses enfants, sa vie, son père raciste. Elle était coincée. Dawn nous rappelait les quelques jeunes femmes démocrates que nous avions croisées au cours du voyage et que nous surnommions les Kristen Stewart parce qu'elles ont la moue boudeuse et le regard incandescent de l'actrice dans *Into the Wild* ou *Welcome to the Rileys*, cette façon de montrer ostensiblement leur insatisfaction d'un milieu, le désir d'en échapper et le regret d'une fatalité qui les y englue.

Les Kristen Stewart peuplent les arrière-comptoirs de tous les États que nous avons traversés. Elles servent des boissons à des travailleurs rustauds qu'elles remettent en place avec de l'humour et du caractère, tout en rêvant d'une autre vie inaccessible. Dawn répondait aux messages entreprenants des clients mariés de son salon depuis les comptoirs de Chicago. Elle était toujours prête à faire quelque chose et haussait les épaules quand on lui demandait ce qu'elle voulait faire. Alors elle nous a suivis dans l'immense manifestation de soutien à Gaza sans nous dire que c'était la première fois de sa vie qu'elle prenait le métro, participait à une manif, marchait entre des gratte-ciel. Nicolas aimait beaucoup Dawn. Ils communiaient dans le silence. Ils ne se disaient pratiquement rien.

Maintenant, vous pourriez penser qu'on s'en fout pas mal de nos histoires de cœur. Effectivement, ça n'a rien à foutre là. Eh ben, j'en parle quand même, avec parcimonie, parce que ce métier ne se résume pas à rencontrer des activistes, des politiques, des grands-ci ou grands-ça. On tombe amoureux de coiffeuses mélancoliques, on se prend d'affection pour des cowboys sur la descente, on devient les groupies de folkmen qui peinent à monter et les amis de beaucoup de clients de bars qui n'ont plus rien de professionnel quand la nuit tombe et que la bière coule. Je refuse de gommer les noms, les accents, les pensées secrètes ou coupables des gens qui me « tuchent », comme dit Yu, un copain japonais, parce que les retranscrire, c'est une façon de les faire vivre et « d'humaniser » notre rapport au monde. Je reprends volontairement l'expression d'une militante ukrainienne installée à Paris qui m'a reproché « d'humaniser des criminels » parce que j'avais retranscrit la citation pleine de grossièretés d'un milicien Wagner.

Les criminels sont humains, trop humains, c'est tout le sujet, comme les racistes et puis les frustrés, les homophobes, les antisémites, les mascus, les milliardaires, Nietzsche, les Américains, tout un tas de gens peu recommandables. Le rapport au réel que nous imposent les « métiers de l'information », leurs biais de confirmation, leur ton froid et surplombant – qui parle comme le font les reporters à la radio ? – lissent notre vision du monde, notre rapport aux langages, aux pensées, aux actions, nous poussent à mythifier, à n'accepter du réel qu'il ne surgisse qu'épisodiquement, par fulgurances, la plupart du temps pour choquer plutôt que pour saisir. L'information est un marché. Il y a les choses qui se vendent, par exemple « une présidentielle américaine décisive dans la plus grande démocratie du monde », ou bien « machin réagit aux propos polémiques de truc », les « contenus » qui font cliquer, sourire, s'indigner, partager, et puis il y a le bric-à-brac de l'incontestable, les vieilleries qui se vendent mal, les trucs et machins emmêlés, les méandres de classes sociales, les vagues à l'âme de Dawn, coiffeuse de Rapid City, et ceux de Nancy, coiffeuse de Bandera, toute cette vie qui palpite, qui déborde, qui ne tient pas dans les journaux, invendable.

CALAIS
HÉNIN-BEAUMONT
FÉCAMP
GUISE
LONGWY
LANDUNVEZ
CRÉHEN
CERGY-PONTOISE
VILLERS-COTTERÊTS
PONT-À-MOUSSON
CARNOUËT
LORIENT
LA CHAPELLE-SAINT-MESMIN
PUY-DU-FOU
VICHY
OYONNAX
TARNAC
LYON
SAINTE-FOY-LA-GRANDE
CAUNA
UREPEL
LOURDES
BUGARACH
LA FRANQUI

MERDE IN FRANCE

UN ÉTÉ DANS LE BOURBIER GAULOIS

13 MAI 2024 – 11 AOÛT 2024

Avec Louis Borel

« Ce qui se passe vraiment, ce que nous vivons,
le reste, tout le reste, où est-il ? »

Georges Perec

« Le problème, c'est qu'en débarquant comme vous faites, sans rendez-vous, vous parlez pas aux personnes référentes, vous rencontrez n'importe qui. » C'est une néo-rurale du plateau de Millevaches qui nous a jeté ça au visage, un beau jour, avec un zeste de dédain, alors qu'on s'était quand même pointés bien civilement à un spectacle d'école primaire pas non plus foudroyant pour faire copain-copain sur notre temps libre avec les citoyens de Faux-la-Montagne. L'infatigable Louis, l'appareil photo en bandoulière, et moi, nous venions tendre une joue attentive pour que les gens puissent enfin s'exprimer, bordel, dans ce pays où on peut plus rien dire, merde, et où les quelques braves qui votent encore s'égosillent dans les urnes sans avoir la sensation d'être jamais entendus. Sans savoir ce que l'été nous réservait, nous nous étions donné la mission de parcourir ce territoire plus grand, plus nuancé, plus cultivé, plus politisé, plus informé qu'on ne pourrait l'imaginer, pour mettre le doigt sur le malaise puisque, visiblement, malaise il y a. Relisez les réactions dans la presse après la cérémonie d'ouverture des Jeux olympiques : « C'est comme si la France s'était mise en congé de ses névroses », « C'est pas complètement foutu, on peut être ensemble et être heureux ensemble. » Moi, si un pote me lâche ce genre de dingueries dans le train du retour après un week-end à la mer, très sympa, ensoleillé, tout ça, on ne va pas se mentir, ça me fait plaisir, bien sûr, mais ça m'inquiète pas mal aussi.

Si on cherchait quelque chose, dans cette France sens dessus dessous, cette France qui accueillait le plus grand événement sportif du monde sans gouvernement après trois élections en un mois, c'était justement, comme nous le reprochait une militante de Faux-la-Montagne, de faire parler des « n'importe qui », des déchargés de com, des irresponsables, ceux qu'on s'étonne chaque fois d'écouter penser par eux-mêmes et qui suivent tout de même d'assez près ce qu'il se passe « là-haut » tout en n'étant que d'humbles « gens d'en bas », selon l'expression d'un éphémère Premier ministre de ce temps-là. Avec Louis, on se proposait comme de modestes marche-soupirs vers les étages du dessus – « les vrais maîtres du monde », « ceux qui tirent les ficelles », « les pédo-satanistes », « l'État profond » ou, pour les plus sobres et syndiqués de nos interlocuteurs, « les grands patrons ».

Au PMU du coin, à la ferme, devant les bureaux de vote, on s'étonnait de voir les discussions sauter de l'ultra-local au giga-lointain, des distinctions socio-économiques entre le grand et le petit plateau de Sault, le Doubs Horloger et le Montbéliardais, à des considérations géostratégiques sur les BRICS ou l'OTAN, dans une gymnastique intellectuelle tout de même assez pointue et mordante pour des « sans-dents ». Nous constations de kilomètre en kilomètre qu'entre les fourrés de la *vida locale* et la jungle des affaires internationales, c'était souvent l'échelon intermédiaire qui tendait à disparaître, ce quelque chose qui devrait faire masse entre le pays de Caux et le pays du Mellois, ce surpays qu'il faut bien appeler la France, nom pompeux, plein de tout ce qu'il y a derrière, et dont la sonorité pousse naturellement la voix à une espèce d'emphase un brin nostalgique.

Par les départementales, entre les panneaux des villages retournés par les agriculteurs, dans ma minuscule Panda qui n'avait pas saisi dans quelle forêt de vieux chênes cerclés d'épines elle s'apprêtait à danser sa dernière danse, nous cherchions péniblement la nation que nous étions censés arpenter comme nous cherchions le peuple dont nous étions censés être des émanations, « ce "peuple qui manque" et qui manque d'abord au peuple », selon la jolie formule de Jean-Christophe Bailly dans *Le Dépaysement*[1]. Et je dis « la France » comme un souverainiste enragé mais c'est aussi l'Europe qui était invisible. Il y avait les aides de la PAC, oui, les panneaux pour les élections dont à peu près tout le monde se foutait avec la gueule de premier de la classe de Raphaël Glucksmann fendu d'un « Réveiller l'Europe » comme si c'était la Belle au bois dormant et lui le prince charmant, et puis cette espèce de dégoût pour des institutions lointaines « incapables de faire respecter le droit international », leurs « normes hors-sol » et les sommes versées à toutes sortes de causes en leur nom. À part ça et quelques échanges Erasmus, quelques voyages InterRail, quelques drapeaux, l'Europe apparaissait comme une fiction, un gros délire de riches urbains. « Pas palpable », dirait Numérobis.

Pour ce qui est du malaise, il était bel et bien palpable. « La France, tu connais, elle est saccagée », tranchaient des gars comme Redouane. Avec ses potes abonnés à la camionnette qui sert des cafés en bas des tours du quartier de la Plaine, à Oyonnax, le quarantenaire se disait « dégoûté » de ce pays qui n'a « jamais voulu de nous que quand il fallait de la main-d'œuvre pour le travail, tu connais ». Il en avait marre de « jouer les barragistes », assez d'être « un Français de papier, c'est ça maintenant, nan, qu'ils disent à la télé ? ». Ça

1 Jean-Christophe Bailly, *Le Dépaysement. Voyages en France*, Paris, Seuil, 2011.

lui cassait le moral de voir les petits du quartier choisir entre la Suisse et le shit sur le parking pour « faire un minimum de moula et aller faire un tour au soleil, tout ça ». « S'il y a une chose qui met tout le monde d'accord, c'est qu'on est dans la merde », acquiesçait Cathy, une électrice du Rassemblement national, en terrasse de Pont-de-Roide, quelques jours plus tard. « Rien ne fonctionne, ni les hôpitaux, ni l'école, ni la Poste. Tous les repères importants pour un citoyen lambda, ben y volent en éclats, voilà. » On jouait à domicile et on s'étonnait de ce que les Français vivent, comme dans les *Lettres Persanes*, étrangers à notre propre pays. C'était facile parce que, Louis comme moi, on est nés à Paris et que ce n'est pas peu dire que la capitale n'est pas la France. Pourtant, je l'aime cette ville. C'est juste que, sans démagogie, voilà, *confer* Bruno Salomone dans un Faux Débat mythique des Nous Ç Nous, et pardon si la référence est pointue, je trouve qu'elle parle un petit peu trop avec la bouche.

CHAPITRE 1

PSARTEK ROYA

Le problème de Candice, ce ne sont pas tellement les migrants qui remontent la vallée depuis les plages italiennes de Vintimille. L'immigration, « ça fout le bazar », ouais mais bon, voilà, « les Renois », s'ils fuient leur pays, s'ils tentent leur chance en France, ben on peut les comprendre parce que la vie elle est plus belle ici, hein, faut pas croire, malgré tout ce qu'on peut dire sur ce qui déconne en France et tout ça. « C'est normal limite, qu'ils viennent, vu comment on fout le bordel chez eux. Je connais hein, ma famille c'est des militaires. » La serveuse de La Bonne Auberge polit ses verres du côté du bar où trône la collection d'écussons des brigades mobiles. Les gendarmes sont abonnés à cet hôtel familial de Breil-sur-Roya, dans les Préalpes dominant le pays niçois et connues pour être une « porte d'entrée » de l'immigration clandestine. Nous, on est de l'autre côté du bar, face à Candice et sa collection de fanions, juste sous Pascal Praud qui a pris l'antenne à 9 heures pile et qui a déjà lâché pas mal de conneries, à 9 heures 01, en direct sur CNews et Europe 1.

Candice n'est pas une fanatique de la chaîne. Elle regarde distraitement *L'Heure des Pros* parce que son père a allumé la télé et que c'est tombé sur CNews, ouais, voilà, par hasard. Elle préfère RTL, par exemple *Les Grosses têtes* avec Laurent Ruquier. « Ce qui me plaît dans cette émission, c'est que les gens ils parlent sans tabou ni parti pris politique, vous voyez, pas comme sur France Inter où tout le monde veut montrer qu'il est de gauche et ça, désolé, mais ça casse les couilles. » Elle est marrante Candice, elle se tient bien droite à son poste, elle est attentionnée, polie, professionnelle et puis, par à-coups, elle lâche des grossièretés. Elle se fout de la politique mais elle trouve que « globalement, tout part en sucette ». On hoche la tête vaguement en mordillant nos tartines au beurre tandis que le bandeau du journal télé passe de « Nouvelle-Calédonie : pillages, émeutes et incendies » à « Attaque de la synagogue de Rouen ». Effectivement, ça a l'air de bien partir en sucette, comme elle dit.

Les migrants, répète Candice, c'est pas son problème. Celui qui « casse vraiment bien les couilles », c'est Cédric Herrou. « Alors lui ! Allez le voir, hein, je vous conseille. Faites une enquête ou quoi. Faudrait qu'Élise Lucet, elle vienne parce que son exploitation à Cédric Herrou, nan, franchement, son exploitation c'est les champs de coton ! » On doit avoir l'air surpris parce qu'elle hoche la tête plusieurs fois en riant. L'agriculteur héberge et emploie huit sans-papiers sur la rive d'en face, dans la structure qu'il a créée avec une certaine Marion, un certain Loïc et quelques bénévoles. On va s'y pointer le jour même, naturellement, on va même passer une journée les pieds dans la merde de poule avec l'équipe de Soudanais, de Sénégalais et de Maliens protégés des mesures d'expulsion par le statut de travailleurs Emmaüs. On va porter des trucs lourds, débroussailler des terrains en pente, déjeuner dans la grande maison collective, boire des bières au bar avec la petite équipe et dormir au dortoir. On va taper dans le dos d'Alexandrou, le Roumain qui ne fout pas grand-chose à part se rouler des clopes, raconter des blagues et s'employer avec succès à dérider fugitivement Idriss, un jeune Soudanais chétif qui parle peu et qui doit porter son lot de mauvais souvenirs dans le crâne, derrière son discret sourire de façade. Bref, nous aussi on va se faire exploiter et je peux témoigner que ça ne ressemble pas exactement à de l'esclavage. Peu importe, au fond, ce n'est pas le problème.

Le problème, c'est que pour Candice et son père qui sort de la cuisine juste à ce moment-là, ben oui, « les anars » foutent le bordel et exploitent des migrants pour vendre des framboises sur leur dos. Ce matin, c'est bien Franck qui a choisi CNews, parce que c'est la seule chaîne à donner la parole aux gens de gauche « comme Julien Dray ou Michel Onfray » et aux gens de droite dont il ne ressent pas le besoin de citer les noms. Adossé à son bar, Franck croise les bras pour causer histoire et géopolitique. Il adore ça. Il s'y connaît pas mal, en dates, en noms, en événements. Il est plutôt mesuré, il cite Camus, ce qui est un gage d'esprit sain selon mes standards. Franck trouve que « le communisme est une bonne chose sur le papier » mais il tape sur Sartre, Deleuze et les chroniqueurs de France Inter qui « ne savent que se marrer dans leur petit entre-soi de gens de gauche privilégiés avec l'argent de nos impôts au service de leur idéologie américaine woke débile ».

Ça ne l'énerve pas, Franck, il est du genre force tranquille. Ça le fait plutôt doucement rigoler. « Le problème, bon, c'est qu'on nous vend partout le multiculturalisme, vous comprenez ? Mais si on détruit la nation, hein, qu'est-ce qu'il reste ? » Alors là, il nous pose une colle, on ne l'avait pas vue venir, sa question à Franck. Mine de rien, elle annonce les futures envolées du très centriste et très en-quête-de-majorité François Bayrou qui pense que « les apports étrangers sont positifs pour un peuple à condition qu'ils ne dépassent pas une proportion » et que « la rencontre des cultures est positive mais, dès l'instant que vous avez le sentiment d'une submersion, de ne plus reconnaître votre pays, de ne plus reconnaître les modes de vie ou la culture, dès cet instant-là, vous avez du rejet » et que « c'est dans cette zone qu'on se trouve ». Avec sa drôle de question, Franck tape joliment en plein dans notre sujet mal dégrossi. Non pas qu'on espère esquisser un semblant de réponse à son angoisse nationale, mais parce qu'on pressent précisément que c'est ça, le vrai problème de Franck et Candice, pas les migrants, pas « Cédric Herrou et compagnie », pas l'esclavage moderne, mais le « Pourquoi cette question se pose ? », un vendredi ensoleillé, de si bon matin, devant la télé, dans à peu près tous les cafés de ces vertes vallées.

***

Chez les fous, là-haut, à Saorge, Marc se gratte le crâne entre ses beaux cheveux blancs. S'y bousculent à peu près les mêmes questions sans issue que dans les caboches de Breil ou de Fontan, au pied du village perché, ces « bleds de fachos » où Marine Le Pen et Éric Zemmour ont rassemblé 35 % et 50 % des suffrages au premier tour de la dernière présidentielle. Au-dessus des droitards avec qui il faut bien cohabiter, depuis sa terrasse à la vue dégagée, Marc est le gérant du bar d'un village d'irréductibles gauchos. Saorge est connu pour attirer les marginaux de la zone, du genre dreadlocks et border collie mais pas seulement, ceux qui aiment les plantes médicinales ou bien le gros rock tout simplement. En 2022, le village a voté à 46 % pour Mélenchon au premier tour de la présidentielle. Marc lève le poing. « On est de gauche, ici, c'est la culture. Mon grand-père à moi, il était communiste. Moi, dans l'euphorie du 1er mai par exemple, voyez, ben j'écoute Mélenchon et je savoure, quoi. »

Eh bien, ce même Marc, avec son grand-père communiste et son euphorie du 1er mai, il trouve que la France insoumise et France Inter sont devenus un tel cirque qu'à titre personnel il ne se revendique plus « ni de gauche ni de droite, bien au contraire, comme Coluche, ouais, exactement ». À la table où il s'est assis parce qu'on a des têtes sympas, il s'emploie à détricoter le merdier qui fait que les gens en France ne sont plus capables de se causer correctement les uns aux autres. L'autre jour, il a découvert Apolline de Malherbe, journaliste sur RMC et BFMTV. « Je la connaissais pas mais je voyais tout le temps son nom sur les blogs, les trucs de Mediapart, du *Monde diplomatique* tout ça, alors j'ai regardé. Mais... elle est horrible cette femme ! C'est quoi ce truc d'agresser les invités sans écouter la fin de leurs phrases ? Faut laisser le temps aux gens de développer leurs idées ! On écoute les arguments, on change d'avis, c'est ça le débat. »

Il nous plaît bien, le Marc, avec sa façon de s'asseoir en travers de la chaise et son doux regard derrière ses lunettes rectangulaires. « Zemmour, par exemple, on peut dire ce qu'on veut mais Zemmour, ben il peut être très intéressant parfois. Il est cultivé et faut lui reconnaître une chose, c'est qu'il a une sacrée paire de couilles ! Parce qu'avec tout ce qu'il raconte, quand tout le monde s'applique à toujours mettre la merde sous le tapis, notamment sur l'immigration tout ça, ben il doit être en danger de mort constant le type. » Louis se râcle le fond de la gorge. « Mais enfin voilà, quand tu l'écoutes, au fond, tu vois qu'il n'a pas beaucoup de propositions parce que l'immigration, aujourd'hui c'est une impasse, c'est fait, et on les a fait venir, maintenant les gens ils sont là. Alors oui, il faut trouver un moyen de vivre ensemble, avec toutes les complications culturelles que ça peut poser mais aussi tous les avantages. Zemmour, c'est un gars brillant mais tu le sens, quand il parle, qu'il a le trouillomètre à zéro. Il a peur et il parle à des millions de gens qui ont peur. C'est un type agressif, d'abord, et puis il est petit. Ça joue, ça aussi. C'est un juif d'Algérie, tu sens qu'il a quelque chose à prouver. Il draine des gens violents, il choque à la télé, pour les journalistes c'est parfait. Comment on appelle ça, déjà ? Ouais, voilà, il fait de bonnes séquences médiatiques. »

On laisse Marc développer comme ça une bonne partie de l'après-midi, à propos de sa difficulté à penser en nuances dans un monde où « tout est noir et blanc », sa difficulté à critiquer autant l'hégémonie médiatique du catho ultra-conservateur Vincent Bolloré que la « bien-pensance naïve et nombriliste » des radios publiques parisiennes, sa difficulté à faire reconnaître une « certaine forme de haine anti-blanc » tout en la déconstruisant au prisme d'une « logique décoloniale », sa difficulté à faire remarquer que la présidente de la

Commission européenne Ursula von der Leyen soit maquée avec le patron des laboratoires Pfizer sans passer pour un complotiste à la fois obscur et illuminé. Au bout d'un moment, il faut couper court parce qu'on a rendez-vous avec Cédric Herrou mais, de toute façon, on retrouve Marc le soir dans son bar enfumé. Il nous a gentiment invités à crécher à côté, dans un petit appartement que sa femme Patricia vient de lui faire acheter. Patricia, quand elle apprend ça, pendant la soirée, elle fait un peu la gueule parce que l'appartement c'est pas pour héberger gratuitement des Parisiens, c'est un business. Elle le prépare pour des locations Airbnb. Patricia est une Sicilienne avec des cheveux épais et un petit air de Mado la Niçoise. Entre deux gin to, elle voit qu'on a l'air un peu paumés au milieu du karaoké improvisé alors elle se met soudainement à nous présenter sa vision de la vie à elle, où il faut enculer tout le monde sinon c'est nous, on se fait enculer. Ils formaient un drôle de couple, Marc et Patricia, mais ils étaient mignons tout plein, enlacés derrière le bar à chanter Joe Dassin.

***

De retour en bas, chez « Cédric Herrou et compagnie », dans l'alignement des douches et des cabanes qui ont vu défiler la grande vague migratoire de 2017, l'application de l'agriculteur poursuivi pour « délit de solidarité » à représenter la France contre elle-même, à défendre sa réputation de pays des droits de l'Homme, sa détermination à se placer volontairement sous le feu des critiques, il faut bien le dire, force le respect. Attablés dans la grande maison que l'organisation met à disposition des personnes de passage, on a observé ce fameux Cédric plutôt austère et mutique faire rire à pleines dents les gosses qu'il héberge et nourrit avec leurs parents. Au milieu de ses terres agricoles, on l'a vu farfouiller dans la cabane pour trouver l'une des pales de débroussailleuse mal rangée par un bénévole, et bricoler une pince de fortune tout en jonglant entre les coups de fil jusqu'à trouver un logement temporaire à une mère et ses deux enfants. Sous un plafond couvert de dessins et de mots de remerciements écrits en arabe, en anglais ou dans un français hésitant, ça nous a sauté aux yeux, à quel point le drapeau bleu-blanc-rouge est célébré ici par des gens venus de loin et comme il retrouve soudainement des couleurs, colorié aux feutres usés par des mômes d'ailleurs.

Quand on a posé nos drôles de questions identitaires à la copine de Cédric, Marion, qui dirige Emmaüs Roya avec lui, elle a très naturellement fait le pont vers la révolution de 1789 et les luttes sociales. « C'est ça la France : la liberté, l'égalité, la fraternité, le droit du sol, les syndicats, les acquis sociaux, c'est pour tout ça que les étrangers reconnaissent notre pays. Aujourd'hui, c'est le maillage associatif qui maintient nos principes debout. Si les assos disparaissent, c'est quoi, aujourd'hui, la nation française ? Les flics et les impôts. Dans tous les domaines, l'État se décharge sur le citoyen, même pour la médecine ou l'enseignement. On est devenus son substitut et, ouais, d'une certaine manière, indirectement, nous les associatifs, on est presque complices de son désengagement, malgré nous. »

En mission humanitaire à Calais, l'an passé, Marion et Cédric ont entendu quelqu'un crier leur nom dans leur dos. Ils ont mis un certain temps à reconnaître le type en question. C'était un gars qu'ils avaient hébergé trois ans plus tôt. Depuis, le mec errait comme un chien entre La Chapelle et les camps de Calais, en attente d'un bateau qui réussirait à lui faire gagner l'Angleterre. Son visage de jeune homme avait disparu, bouffé par la rue, en trois ans. Pendant qu'elle nous racontait ce genre d'histoires, brinquebalée sur la banquette arrière de la Panda, entre nos sacs qui débordaient du coffre et le plafond bas, Marion perdait son regard dans la vallée, derrière la fenêtre. Elle a haussé les épaules en demandant ce qu'elle pourrait faire de plus, à son échelle.

Son regard par la vitre de la Panda, c'est aussi la Roya. Pour les tendus du string qui s'en inquièteraient, les élans de compassion et d'engagement de quelques-uns n'effacent pas les fêtes royasques, la culture pantaï, le parler nissard, les *« Viva qui ballo ! »*, les polkas, les farandoles, la jourgina, la vielle et la zampogna, pas plus que la tempête de 2020 n'a effacé l'histoire de la vallée. Elle est française depuis 1947, ce n'est pas énorme à l'échelle des temps géologiques. Après la Seconde Guerre mondiale, Charles de Gaulle avait essayé d'annexer toute une partie de l'Italie du Nord mais, freiné par les Américains et les populations locales qui s'y opposaient, la France n'a enlevé qu'une partie de la bella Roya. Depuis, aux fêtes de village, les gens du coin, plutôt blancs, continuent de cultiver leur patois occitan. Les babos font la bise aux réacs et vice versa. Ça se mélange, ça s'échange les partenaires, ça se tient par le petit doigt en lançant des *« Issa ! »*.

Tous ces gens se font une certaine idée de leur pays royasque d'abord, du pays nissard ensuite, et puis du pays occitan, et puis de la France, leur pays depuis moins d'un siècle, cette nation dont les uns se demandent déjà ce qu'il restera si, par malheur, elle venait à être détruite et dont les autres s'inquiètent en voyant ce qu'il en reste. Chacun cultive sa vision dans le périmètre étroit du cadre de vie commun et ces visions, au fond, ne sont pas si éloignées les unes des autres, pas plus que Saorge et Fontan, séparés par deux kilomètres et demi de virages en épingle à cheveux. En y songeant, télés éteintes, urnes fermées, il n'y a rien de fondamentalement incompatible entre les « anars » de Saorge, là-haut, et les « fachos » de Fontan, en bas ; rien de fondamentalement incohérent entre Franck de la Bonne Auberge de Breil et Marion d'Emmaüs Roya ; rien de bien plus baroque, en tout cas, que le joli couple formé par Marc et Patricia.

CHAPITRE 2
NOMADES LAND

De la frontière italienne à la Camargue, si on a tracé comme des jansénistes le long de la Côte d'Azur ensoleillée puis à travers les somptueux marais de Camargue, c'est qu'on avait un rendez-vous à ne manquer sous aucun prétexte dans un monde parallèle qui s'appelle Saintes-Maries-de-la-Mer. Pour ceux qui ne connaissent pas les célébrations annuelles de sainte Sara, je peux déjà vous dire qu'elles valent le détour où que vous soyez, où que vous alliez, à la fin mai. En ce qui nous concerne, on n'avait jamais vu autant de guitares, autant de tatouages de roulottes, autant de femmes gouailleuses et dansantes, autant de mecs trapus à sacoche surgir des foules pour taper dans leurs grosses paluches et chialer tour à tour, à pleins poumons, sur des troupeaux d'accords de guitares aux trois quarts pétées. Sur la période du pèlerinage, il vaut mieux ne pas être en cure de sommeil dans un hôtel du centre. Les pèlerins ont du coffre et ils en ont gros sur le *corazón*. Pour les couche-tôt, il vaut mieux se loger près du rond-point où se dresse la statue de Crin-Blanc, figé dans sa course, à l'entrée de ce village que les gens du voyage retournent une fois par an.

À toute heure du jour ou de la nuit, dans les rues autour de l'église jusque sur la plage et puis dans la mer, allez, de l'eau à mi-cuisses, des milliers de pèlerins aux vêtements chamarrés se gueulent des trucs comme s'ils étaient loin, s'alpaguent à coups de « Eh, mon copain ! Dis-donc eh la tante ! Eh, ôte-toi de là, eh ramollo ! », escortés par les gardians, espèces de cowboys provençaux montés sur chevaux d'albâtre, qui n'ouvrent la bouche que pour dire « Attention aux pattes ! »

à des grappes de touristes un peu stones au milieu du bordel. C'est un pays d'initiés qui se déploie dans la foule compacte, une France où des Camarguais accompagnent les fêtes de lointains descendants de l'Inde, une France où l'espagnol dispute sa place à un français teinté de langue d'oc, une France du Sud et de l'Est mêlés, tressée d'accords tziganes, de reprises de Piaf et de plaintes improvisées de flamenco. « À chaque estancot, on danse la sévillane. » Je pioche ce genre de titres ébouriffants dans *La Provence*, en m'enfilant une rondelle de saucisson, assis sur un bloc de béton.

Oui parce que, malgré la fête, cette fois, c'est un peu la guéguerre à Saintes-Maries. On pourrait se dire que ça ne nous regarde pas mais on est du genre à mettre notre nez dans le linge sale qui se lave en famille, alors on se demande pourquoi il y a ces blocs de béton disséminés un peu partout dans les rues. On se pointe donc au marché forain, sur la place des Gitans qui porte bien son nom parce que, pendant toute la durée des festivités, les Gitans y déballent leurs stands pour vendre des trucs qui ne sont pas spécialement marketés pour s'adresser à la cible touristes cramés en manque de paréos ou de savons gravés. Il y a des bidons de lessive, des brosses à chiottes, des seaux, des crocs. C'est pas particulièrement sexy, le marché forain, ni pensé pour ça. Chaque année, des milliers de gens du voyage arpentent ce bazar à ciel ouvert pour des achats du quotidien. Cette fois, c'est toute une affaire parce que la maire voulait remplacer le marché historique par « un programme d'animations culturelles ». Le nom était bof mais ça aurait sûrement fait joli, des stands d'artisanat local, des rempailleurs, des vanniers, des vacanciers qui se promènent, des familles de sandales entre les travées. Les nomades n'ont pas apprécié. Ils ont dû gueuler pour qu'on leur rende leur place des Gitans qui est bien à eux puisqu'il y a même leur nom écrit dessus.

« Sors devant-là, eh mon copain, t'y caches le stand aux couteaux ! » Entre les robes, les tatouages de croix dans le cou et les gourmettes dorées, l'oreille se fait vite au rythme des exclamations saccadées. « Avec çui-là eh, t'y peux aller tondre un niglo hein, c'est pas du ninox ! » Je l'achète direct le couteau qui coupe bien, convaincu, même s'il y a marqué « inox » sur la lame à côté de la caravane gravée tractée par une famille de hérissons. Ça ira très bien avec ma nouvelle bague dorée Jésus-Christ et puis avec la chaîne hérisson qu'a achetée Louis. On a déjà presque oublié pourquoi on était là mais l'un des couteliers nous rappelle à nos devoirs par un détour biographique spontané, ce qui ne fait jamais de mal. « Ma famille, elle vit en France depuis 1750. J'ai les papiers, c'est l'aïeul qui l'a remonté l'arbre généalogique et tout ça pis c'était des saltimbanques, ma famille, des montreurs d'ours. Alors, c'est pour ça, hein, ceux qui croient qu'on n'y est pas chez nous ici, eh ! De toute façon, on y est tous des mélanges, nan ? Z'êtes pas des de vous ? Z'êtes pas des de ? » Des « de » quoi ? On capte rien, nous, on est des Parisiens. « Beh, z'y avez pas de particule à vot' nom, ou ben si ? Z'êtes pas un de, z'êtes pas châtelain, non ? Z'y avez pas un château quelqu' part ? Ben alors, z'y êtes pas d'un lieu, z'avez des origines, eh ouais, c'est la vie. » Eh ouais, on dit. Et au fait, alors, ces blocs de béton ? « Oh bah, c'est madame la maire ça, hein ! Qu'elle veut pas qu'on y mette les caravanes dans la ville et tout ça alors qu'on l'a toujours fait. Ça y gênait personne dans le temps, mais maintenant ben si apparemment. Le problème, mon copain, c'est qu'il y a des gens qu'ils ont pas compris qu'on est français nous aussi et depuis longtemps. »

Il se trouve que le grand-père du vendeur en question a été appelé pour servir sous les drapeaux pendant la Seconde Guerre mondiale avant d'entrer en résistance dans le maquis, comme celui de Nelly qui soupire sous le barnum du stand où elle vend ses chapeaux. « Nos ancêtres se sont battus pour la France mais il y a des gens qui ont l'air de pas comprendre qu'on est chez nous ici, qu'on paye nos stationnements, notre eau, notre électricité, nos taxes comme tout le monde et que ça n'existe pas, "le pays des Gitans". » Aujourd'hui, Nelly préside l'Association nationale des gens du voyage citoyens, elle accompagne les démarches juridiques des membres de la communauté. Ça la fait marrer parce que, à ce titre, on lui a proposé de rejoindre un certain « Groupe d'études : gens du voyage » à l'Assemblée nationale. « Désolé hein, mais ça me rappelle un peu trop le Jardin des Plantes. J'peux pas. » Quelques mois plus tôt, quand il y a eu « l'affaire Kendji Girac », des journalistes ont essayé de la faire réagir alors qu'elle n'en savait rien, elle, de ce qu'il s'était passé, qu'elle ne le connaît pas personnellement, Kendji, qu'elle ne sait pas s'il a bu ou quoi avant de se tirer dans la poitrine avec un Colt 45 pour une raison qu'elle ignore. « Mais voilà, c'est un fait-divers et c'est un chanteur, alors là, tout le monde s'est mis à parler des Gitans. C'est tout ce qui intéresse les médias, les gens connus et les faits-divers. »

On est interrompus par un couple d'Italiens. Ils cherchent un chapeau pour le crâne petit calibre du mari. Nelly s'empare d'un panama trop grand et hop, avec un bout de carton ici et là, elle le rétrécit pour que ça tombe bien. « On n'a pas de pétrole mais on a des idées, comme qu'il aurait dit Sardou. » C'est son truc, la chanson française. Elle connaît les airs de Ginette Reno, Annie Cordy, Hervé Vilard, Sacha Distel ou Jean-Jacques Goldman, « le top du top », ses enfants aussi, et puis les enfants de ses enfants. « Il n'y a pas de décalage des générations, chez nous. C'est une éducation, c'est comme ça. On fait la fête en famille, les jeunes, les vieux, tout le monde a le même répertoire. » À Saintes-Maries ça saute aux yeux, ce côté conservatoire d'une culture éponge qui ne s'effrite pas, ne sature pas, qui gonfle. Les roulements de guitare accompagnent aussi bien Aznavour que Jul ou Céline Dion, dans des versions chantées indifféremment en espagnol ou en français. Il y a les classiques des Gipsy Kings ou de Manitas de Plata et puis tout le reste, le gloubi-boulga des cultures entremêlées et indémêlables.

Je ne suis pas spécialiste des différentes communautés qui composent cette intrigante catégorie des « gens du voyage » et ça n'est pas le sujet. Qu'ils voyagent une bonne partie de l'année ou qu'ils se soient sédentarisés à Strasbourg, Lille ou Montpellier, ils entretiennent un rapport indéterminé au chez-soi, aux langues, aux origines. On peut toujours essayer de délimiter l'espace géographiquement, faire illusion, suivre la courbe d'un fleuve, pointer le sommet d'une montagne, ériger un mur le temps qu'il s'érode et retombe mais les Gitans ont l'air de globalement s'en foutre. Pour les peuples aussi, certains se sont attelés à la tâche de définir des caractéristiques, des catégories, comme celle de « nomade », terme institué par une loi de 1912 pour encadrer le fichage anthropométrique des gens du voyage entamé quelques années plus tôt.

C'était dans un contexte d'avant-guerre où l'exacerbation des sentiments patriotiques et de revanche renforçait les marginalisations et fabriquait la figure de l'étranger hostile, mettant en péril l'ordre et la sécurité des campagnes. C'était une période où les couvertures illustrées des principaux quotidiens de France profitaient de la peur pour gonfler les ventes grâce à des fermières attaquées par des Bohémiennes, des voleurs d'enfants en caravane et des titrailles dans le style « Un péril errant, Bohémiens et Romanichels, la terreur des campagnes[1] ». C'était l'époque où un élu et membre de la Ligue des droits de l'Homme pouvait déclarer à la Chambre des députés : « Tous sont des pillards et des voleurs, et malheur à la région qu'ils traversent », « Ils vivent sur notre sol comme en terrain conquis », « Quant aux prescriptions de l'hygiène, ils ne s'en doutent même pas et, souvent, leur passage est accompagné de maladies endémiques et contagieuses qu'ils véhiculent dans leurs infectes voitures[2] » ; une décennie où un ancien chef de la Sûreté parisienne écrivait : « Les étrangers

1 *Le Matin*, édition du lundi 4 mars 1907.

2 Marc Réville, député du Doubs, à la Chambre des députés, séance du 7 juillet 1908, *Journal Officiel*.

se sont, comme avant 1870, sournoisement re-glissés partout[1] ». C'était il y a un siècle.

Quelques années plus tard, soupçonnés d'être des traîtres des deux côtés du front, fichés en Allemagne comme en France, les familles nomades sont interdites de circulation un peu partout, assignées à résidence un peu partout, mais aussi expulsées d'un peu partout, notamment d'Alsace après la débâcle, hop, vers la zone sud. La France voulait aussi se prémunir des « forces de l'anti-France », les « ennemis intérieurs » dont elle avait déjà enfermé 45 000 suspects à l'automne 1940. Au nord de Saintes-Maries, sur la D37, une stèle commémore l'existence du camp de Saliers et le système d'internement « raciste car il regroupe des personnes selon un critère racial : les Gitans ou Nomades. La majorité des internés sont de nationalité française, ce qui démontre que, pour le régime de Vichy, la race prime sur la nationalité et abolit la citoyenneté. » Au nord de Perpignan, on a aussi visité le camp de Rivesaltes au sujet duquel notre copain Nico nous bassinait depuis longtemps parce que son grand-père y a été enfermé.

En février 1939, près de 500 000 républicains espagnols franchissent les Pyrénées pour se réfugier en France après la prise de Barcelone par l'armée de Franco. Dans ce « Sahara du Midi » sec et venteux, en plein hiver, ils participent à la construction d'une série de bâtiments destinés à devenir un lieu de transit pour les troupes indigènes coloniales, notamment sénégalaises. La guerre en transforme rapidement l'usage, destinant au camp ceux que le régime de Vichy tient pour responsables de la défaite contre l'Allemagne nazie, les étrangers, les Juifs, les communistes, les francs-maçons, avant que la république rétablie n'y envoie les indépendantistes algériens et puis les harkis. Le musée du camp balaie cette histoire du siècle dernier à travers le prisme des réfugiés et des internés et met en lumière le rôle déterminant et constant des

1 Gustave Macé, *La police parisienne : aventuriers de génie*, Paris, Bibliothèque Charpentier, 1902.

œuvres de secours pour pallier les manquements de l'État sur le volet sanitaire. Pour la Cimade, la Croix-Rouge, les YMCA, le Secours suisse et des infirmières comme Friedel Bohny-Reiter, le dilemme de Marion, à Breil-sur-Roya, se posait déjà : comblant les vides laissés par le pouvoir en place, ces femmes – car c'étaient pour beaucoup des femmes – rendaient plus supportable une politique qu'elles combattaient. Déjà, l'urgence et l'initiative citoyenne face à l'État, à l'aube d'un après-guerre où 40 millions de déplacés allaient arpenter l'Europe, d'une période de décolonisation où 5 millions d'Européens allaient affluer vers le continent.

Les gens du voyage ont traversé cette histoire traumatisante et le Porajmos, le Samudaripen, termes dont, soyons sincères, peu d'entre nous savent qu'ils sont les équivalents de la Shoah pour les Tsiganes. Entre 250 000 et 500 000 d'entre eux ont été exterminés pendant la Seconde Guerre mondiale pour une population de l'époque difficile à quantifier mais qui devait tourner autour de 700 000 personnes. Leur libre circulation n'a été autorisée qu'en 1946 et, en 1969, la catégorie des « gens du voyage » a été créée, accompagnée d'un système de livrets et de carnets de circulation qui a perduré jusqu'en 2017 malgré la loi sur « l'interdiction de collecter ou de traiter des données à caractère personnel qui font apparaître, directement ou indirectement, les origines raciales ou ethniques ». Nelly se marrait à Saintes-Maries, avec ses deux yeux bleu opale et ses dents blanches. « Les préjugés sur nous, ils restent hein, oulah, faut pas croire ! Et chez les gens de droite comme de gauche, y a pas de différence. Tout ce qu'on peut dire encore sur les Gitans, si on le rapportait aux Juifs ou aux Arabes, ça serait des hauts cris, mais les Gitans, c'est jamais grave. Malgré qu'on a toujours été là, on a un mode de vie qui échappe à la norme alors on n'est pas considérés comme des Français à part entière. » Son père hochait la tête, à côté de nous. Ces histoires de stigmatisation, ça le faisait marrer, lui aussi, avec ses poils dans les oreilles et son nez pas discret qu'il avait proposé de retirer pour la séance photo parce que « ça y ferait gagner de la place ». Il est né à Cazères. On ne savait pas où c'était, ça, Cazères. Il a eu beau nous citer tous les bleds autour, on n'était pas plus renseignés. Alors, en plissant les yeux, il a continué la balade pour nous instruire. Il a déroulé sa carte mentale et enchaîné sur Carcassonne, la route de Mirepoix, Ax-les-Thermes, « qui est pas vilaine », il a remonté les sentiers buissonniers par la France des marchés, en évoquant le moindre patelin paumé où il aura finalement déployé toute sa vie en même temps que ses étals de bric-à-brac. Ça nous a emmenés jusqu'à Wasquehal, dans le Nord, et puis Aubervilliers, la rue Sedaine à Paris « où y a de bons rideaux », enfin, il nous a fait parcourir tous les recoins de France sur le ton de l'évidence, comme si les Parisiens qu'on était savaient situer la Chalosse ou Saint-Dizier. Toute la France ou presque, à l'exception de l'Alsace, il a précisé parce que l'Alsace, ah non, il n'a jamais fait, pas l'Alsace. « Ah non, là-bas, c'est des Boches ! » Il a dit ça sur le même ton de l'évidence, pas très sérieux mais disons catégorique.

***

À cause d'une chanson de Brassens, d'autres que moi ont peut-être un jour confondu la Camargue et la Camarde, la mort, à qui Georges s'amusait à planter des fleurs dans les trous de nez. Pour moi, le nom de cette région se teintait aussi de la silhouette blanche d'un petit garçon monté sur un cheval dans le film d'Albert Lamorisse et puis de ces boîtes rouges de riz qu'on trouve sur les rayons des supermarchés. De passage, j'ai réappris que ceux qui avaient semé le riz de Camargue étaient, en grande partie, des Indochinois que le gouvernement avait fait venir au début de la Seconde Guerre mondiale pour remplacer la main-d'œuvre française envoyée se faire flinguer par la main-d'œuvre allemande. C'est l'histoire des Linh Tho, les ouvriers sans spécialité, dont on aurait aimé rencontrer les descendants. Le temps manquait malheureusement, alors on a tracé par les routes pyrénéennes en se disant que, tout de même, c'est sacrément dense, la France.

Sur la carte, pourtant, c'est petit comme chez la mère à Titi. Pas minuscule mais enfin, comparé à la Russie ou aux États-Unis, à l'échelle du monde, en termes de superficie, ben voilà, c'est pas grand-chose. Pourtant, comme chez la mère à Titi, il y a tout ce qu'on vous dit : des Tsiganes, des Kalés, des Sintés et puis des descendants d'Indochine, du Maghreb, d'Europe de l'Est, du Sud ou d'on ne sait pas où. Parfois, à Montpeul ou Narbônneu, ça se fout sur la gueule entre groupes de pas-descendants-pareils. C'est ce que nous ont souvent raconté les copains Anas et Nico, les embrouilles sur le terrain de foot ou dans la cour de l'internat. Parfois, aussi, ça arrive, à Montpeul ou Narbônneu, les gens sont juste là quoi, posés, tranquilles, chez eux. Et c'est vrai qu'en écoutant le père de Nelly on se dit que ce chez-eux dont on parle est aussi ce chez-nous dont on ne sait pas grand-chose, malgré que c'est petit, qu'on a voyagé et qu'on a même suivi les cours de cartographie en hypokhâgne, alors.

Vous avez peut-être déjà entendu cette théorie de Korzybski sur la carte et le territoire. Il y a le terrain vivant, mouvant, et la représentation plate et figée qu'on s'en fait. Eh bien, sur les deux plans, je ne me trouve pas hyper calé au final. Avec Google Maps, Waze et les différents outils GPS, c'est comme si nos représentations du monde s'étaient homogénéisées et abstraites. Nous sommes d'une génération qui ne fait plus de plan à la va-vite sur un coin de table, ou des listes de bifurcations, tiret après tiret, pour expliquer à un copain comment se rendre au métro le plus proche, trouver une boulangerie ou une maison à la campagne. Nous entrons le nom d'un lieu dans la barre de recherche et nous suivons le chemin virtuel sans lire les panneaux. La carte a effacé le territoire avant d'elle-même se désincarner dans l'adresse, comme les numéros de téléphone qu'on ne compose plus parce qu'ils sont dans le répertoire. En voiture, on a la sensation de se déplacer virtuellement dans une sorte de répertoire géographique et on sourit poliment sans écouter à ceux qui nous conseillent, avant le départ, d'emprunter telle sortie ou de tourner à tel rond-point, parce qu'on sait qu'on verra bien.

À leur façon, l'avion ou le train grande vitesse participent de cette désincarnation en multipliant les lieux neutres et lissés – la zone d'embarquement, le Starbucks, le Relay, la zone commerciale –, équivalents des stations-services autoroutières, des panneaux « patrimoine de l'Unesco » et des aires de repos. Le voyage se réduit à sa plus simple expression du déplacement : une ville de départ, une ville d'arrivée, des lieux intermédiaires, le silence de courtoisie. Le territoire se change en un paysage traversé, intangible, hermétique, comme un immense *crossing state* discontinu. Nous sommes géolocalisables mais nous sommes perdus, contrairement au père de Nelly qui a de trop gros doigts pour zoomer sur un écran mais qui débite le nom des lieux-dits à toute vitesse en les ponctuant de « Beh oui et pis après ça c'est Cases-de-Pène ». Il me rappelle ce manuel de lecture courante qui faisait partie des classiques scolaires de la IIIe République, *Le Tour de la France par deux enfants*. C'était après la défaite de 1871, un livre diffusé pour alimenter l'esprit patriotique, l'idéologie du redressement et le désir de vengeance contre le peuple allemand. Pas terrible de ce côté-là, c'est sûr. Le récit présente aussi la France à elle-même, ses habitants, leurs métiers, leurs histoires. Comme lui, le papa de Nelly faisait vivre la carte, peuplait le territoire.

CHAPITRE 3

COLLÉS AUX BASQUES

Trois têtes blanches qui ne sont pas d'ici, ça ne fait plus réagir grand monde dans la France des congés payés. Avec une Panda flambant vieille comme la nôtre, on s'assure encore de faire lever quelques sourcils, quelques autres en préférant aux attractions touristiques du coin un PMU déglingué ou la terrasse d'une boulangerie pas magnifique. Alors oui, aux tables en non-mixité des cantines de routiers, entre les alignements d'ouvriers à gros bras, avec nos appareils photos à faire charger et nos gueules de dispensés de bricolage, on ne peut pas dire qu'on ne se fait pas remarquer mais, voilà, on n'est nulle part des extraterrestres. Jusqu'à ce qu'on débarque au Pays basque, notre projet de « tour de France » ne faisait vraiment écarquiller les yeux de personne. C'est banal, des désœuvrés qui ont du temps à perdre à vélo, à pied, en van, à moto. Les Basques en voient passer chez eux à la pelle. Il suffit pourtant de tenir ses distances avec la côte pour saisir qu'une phrase de présentation sommaire comme « On fait un tour de France » peut rendre pas mal de visages sceptiques. Le menton rentre dans le cou, le front se lisse, les yeux prennent un reflet comique, mi-surpris, mi-ironique : « Ah oui, un tour de France ? Mais alors, qu'est-ce que vous faites là, au Pays basque ? »

Nos copains d'Hasparren nous posent la question rituelle, bien calés dans le fond de leur chaise plastique. Youlen et Julien ont un sourire narquois. Ils ont la vingtaine et ils ne se sentent absolument pas en France mais en Iparralde – littéralement la « Partie nord » –, pas français mais *euskaldunak*, « ceux qui possèdent la langue ». Ils la possèdent tellement bien qu'ils cherchent plusieurs fois leurs mots en français et c'est drôle parce que ça fait des échanges du genre : « *Badakizu nola esaten den "bahitu"* ? – Kidnapper. – Voilà, ouais, kidnapper. » Dans notre « langue de colons », avec une sorte d'accent belge improbable, ils nous parlent de la lutte des générations passées dont ils revendiquent la légitimité. Ils ne nourrissent pas de fascination pour la violence, ils ne présentent pas le conflit armé avec romantisme, ils constatent simplement que les Basques sont un peuple à part entière, ce que personne ne nie, un peuple d'environ trois millions de personnes réparti d'un côté et de l'autre des Pyrénées, avec sa langue qui est une anomalie en Europe et son histoire qui est un accroc dans les récits nationaux espagnol et français. Ils écoutent Odei, Xiberoots, Neomak, Ken Zazpi, Berri Txarrak. Les sons viennent des deux côtés des Pyrénées. La montagne n'est pas une frontière puisque les études et les sorties au stade se font plutôt du côté de Bilbao que du côté de Bordeaux, plus éloignée à tous points de vue.

Ce n'est pas qu'une histoire de bûche de bois autour du cou pour humilier les grands-parents quand ils parlaient leur langue maternelle à l'école, ni de prisonniers politiques, ni de sang versé. C'est une histoire de « "Sud-Ouest" qui est une invention de la République française pour nous homogénéiser avec des Béarnais ou des Landais et intégrer cette soi-disant "culture Sud-Ouest" à la soi-disant "culture française" qui n'existe pas plus que l'autre ». C'est une histoire « d'identité coloniale », de « violence de l'État centralisateur », de « droit des peuples à disposer d'eux-mêmes », de modification de l'article 2 de la Constitution qui ne reconnaît qu'une langue à la République, de ratification de la Charte européenne des langues régionales ou minoritaires de 1992 que la France a toujours remises aux calendes grecques. C'est tout ça et bien d'autres choses encore, une histoire de Parisiens et de « colonisation des côtes par les surfeurs qui font grimper les prix de l'immobilier », autrement dit une histoire de classes, un vocabulaire qui n'est pas un gros mot dans ces terres d'anars. « Les jeunes comme nous, ils ne peuvent plus se loger, les Parisiens et les Bordelais rachètent tout ce qu'ils veulent. » Récemment, il y a même un Américain qui aurait essayé de vendre une vieille ferme du coin à deux millions d'euros. Ça agace d'autant plus Youlen que les vieilles maisons ont une âme en Iparralde, qu'elles sont des repères géographiques à part entière qu'on utilise pour indiquer le chemin. Elle s'appelle Etxexuria, la ferme en question – « la Maison Blanche ». « Elle a une valeur symbolique pour les gens d'ici parce qu'elle appartenait à un vieux que tout le monde connaissait et qui s'est pendu dedans. » Apparemment, l'Américain s'en tapait du pendu, il voulait juste revendre la baraque et voilà, c'est toujours comme ça.

C'est une question de sens, au fond, de revendication d'une appartenance par des gens qui ne sont pas plus chauvins qu'ailleurs, franchement, même plutôt internationalistes. Sur les panneaux dégarnis des élections européennes, aux fenêtres, aux murs, il y a des drapeaux de la Palestine, des messages de solidarité à la Kanaky et des slogans *« Sozialismoa ala basakeria kapitalista »*, *« Askatu borrokatu »*, « Non à l'OTAN et à l'UE », « Contre la guerre et l'austérité : abstention ». Tout ça dans cette drôle de langue incompréhensible, avec ses « x », ses « k », ses « u », avec des coups de peinture sur les panneaux routiers écrits en français et des étoiles rouges peintes au pochoir. Au pied des frontons de pelote, on entend *« Segi ! Utzi ! Kasu ! »*, les joueurs s'appellent Patxi, Laia, Kemen, Teixa, il y a des réf' obscures à des noms de montagnes et des classes de basque qui se remplissent de « Rosée-du-matin » et de « Vigueur » à chaque rentrée. Les prénoms basques et les écoles d'immersion sont devenues cools, avec leurs méthodes alternatives et leurs profs du cru. Dans l'imaginaire commun, les ikastolak ne sont plus les écoles des terroristes nationalistes qui effrayaient les Français à l'époque où le Pays basque était réputé comme dangereux, il y a quelques années, avant que ça ne devienne « Ibiza bis, surf, foulard rouge, fêtes de Bayonne, la grande java où on vient faire n'importe quoi », comme dit Peyo, directeur d'une de ces écoles à Saint-Jean-de-Luz. Depuis le Covid, les nouveaux venus se sont multipliés et ils s'y inscrivent de plus en plus alors c'est bien, ça veut dire qu'ils s'intéressent à la vie locale. En même temps, il y a cette peur que « le niveau de basque baisse, que la culture se folklorise, se dilue dans l'immigration », l'immigration blanche, urbaine, riche – l'immigration des Français.

Attention, je ne dis pas que tous les Basques, etc. ou quoi que ce soit. Je dis qu'il y a ça, ce discours, ce point de vue ancré, et pas que chez deux ou trois illuminés, radicaux ou grandes gueules marginales. Le projet n'est pas de rencontrer tous les imbéciles heureux qui sont nés quelque part. Peyo qui nous reçoit sans rendez-vous dans son école n'est pas le plus grand fou furieux de la terre. Il est même tout à fait mesuré, contrairement à sa paire d'avant-bras épais comme quatre, et il nous reprend quand on s'emporte un peu à dire, en substance, ouais, l'identité française tout ça, en fait, selon vous, c'est de la merde quoi. « Mais non, justement, c'est ça qu'on appelle l'identité française aujourd'hui, ce mélange de pays, d'identités. Le problème, c'est quand l'une d'elles prétend gommer les autres. Pour nous, ça a été longtemps le français, maintenant je dirais que c'est plutôt l'anglais, le danger, parce qu'on devient tous un peu des Ricains. » Il nous a soufflés sur ce coup-là, Peyo. « Il y a de magnifiques chansons picardes, parisiennes ou basques mais nos jeunes, ils sont incapables de les chanter. Ils n'écoutent plus que de la musique américaine. Même en ikastola, les parents choisissent l'anglais plutôt que l'espagnol comme deuxième langue pour leurs enfants, alors qu'on est une zone frontalière et qu'on a toujours entretenu ce lien avec l'espagnol dans le coin. On le voit jusque dans les codes vestimentaires, les façons de se mouvoir, et puis cette ultraviolence dans les rapports humains : on devient des Ricains. »

Comme l'écrasante majorité des types qu'on croise, Peyo n'attend rien d'aucun parti politique et se fout bien des élections européennes qui approchent. Près de vingt ans après le traité de Lisbonne, la rancœur du référendum sur la Constitution européenne bafoué revient systématiquement dans la bouche de ceux qui estiment en quelque sorte être pris plutôt pour des cons. Peyo a été trop déçu, il se rabat sur les initiatives locales. Il cite la fédération éducative Seaska, la chambre d'agriculture paysanne Euskal Herriko Laborantza Ganbara, les systèmes d'Amap en circuit court et puis les journaux *Mediabask* ou *Berria* comme on nous avait cité plus tôt *L'Empaillé* ou *L'Arlésienne* en Occitanie, *Mouais* dans le pays niçois, comme on nous citera *Mediacités* à Lyon, *Calais la Sociale* sur la Côte d'Opale, *Splann !* dans le Finistère. Ce sont des médias locaux mais pas n'importe lesquels, « des trucs comme Mediapart ou "Envoyé spécial", qui font des enquêtes et tout, pas comme France Bleu ou France 3 qui sont dans le folklore », dixit Marilyse à Saint-Jean-Pied-de-Port. Ça revient partout, ce goût de l'enquête par « des vrais journalistes comme Élise Lucet » et cette préférence pour les « sujets qui nous concernent parce que, franchement, le cirque politique à Paris, on s'en tape ». Dans le creux des montagnes du Labourd, de Basse-Navarre et de la Soule, les vieux disent « Ducon-de-la-Joie » pour parler de Macron et même l'intouchable Catherine Laborde, paix à son âme, n'a pas trop intérêt à traîner par-là si on l'attrape parce qu'elle a décrit les fêtes basques comme « la plus grande beuverie de France », alors que c'est plutôt « l'invasion des gens qu'on déteste qui se mettent torse nu, le foulard sur la tête et qui ne comprennent rien à ce que ça représente, pour nous, les fêtes de village », dixit Marilyse, toujours, qui en a des bonnes.

Au-delà du folklore, de l'axoa, du béret et des volets rouges, le Pays basque n'est pas exactement la France, quoi qu'on en dise. Les jeunes des villages se réunissent dans des gaztetxeas hérités du mouvement punk et on se dit qu'un certain nombre de Français doivent ignorer comme nous que ça existe, le mouvement punk basque et ces espèces de maisons de la culture un peu anars, un peu squats, financées par les communes. On ignore ça comme on ignore que certains grands-parents alsaciens désignent toujours leurs compatriotes avec cette étrange expression de « Français de l'intérieur », à la mode des Sioux lakotas qui disent « les descendants d'Européens » pour parler des Américains. Les Basques disent « les Français » et d'accord, on s'en fout de qui est qui, mais ce n'est pas une coquetterie puisqu'il y a toujours les gens du coin et les autres. Ce n'est pas une question politique, c'est une question de ruisseaux, de lieux-dits et de plateaux, une question de sens du fief, de vie au 25 millième des cartes IGN, d'expérience du microterritoire, de goût du terroir, d'occupation de l'espace, ce qui, sans le nationalisme, pourrait s'appeler l'amour du pays.

***

Il y a toutes sortes de gens et puis il y a Richard Milian. « Aujourd'hui, on veut te mettre dans des cases, on te jette au visage que t'es d'extrême droite, complotiste ou je sais pas quoi. Mais si t'as la couronne des salopards, vas-y, tu peux me la mettre sur la tête, j'm'en fous, je sais ce que je suis, je sais ce que j'ai au fond du cœur, il n'y a pas de problème. » Dans la campagne de Cauna, en Chalosse landaise, la peau tannée, ruisselant sous le soleil, il va et vient, torse nu, cornes en main, soufflant avec des élancées et des retenues bovines, prêt à charger la muleta d'un apprenti toréro planté devant lui, cambré dans l'arène. « T'es distrait, oh ! T'as une fiancée ou quoi ? Non ? C'est pas ça qu'il faut répondre, putain ! Faut dire : "Jamais de ma vie j'aurai une fiancée, Richard !" Ta fiancée, c'est moi ! » Et puis c'est reparti jusqu'à la pause, quand on suit Richard chez lui avec un Espagnol de Pampelune qui fait l'aller-retour chaque semaine pour que son gamin Pablo suive les enseignements du « plus grand maestro à des kilomètres à la ronde ». Pour les aficionados de France et de Navarre, Richard Milian est une petite légende vivante. Il paraît qu'il a deux mètres de cicatrices sur le corps. Ça doit être sur les jambes parce qu'il est souvent torse-poil et on n'a rien vu. Il vit dans une magnifique demeure où il a fait creuser un immense lac artificiel, aux alentours de Mont-de-Marsan, la contrée des champions d'Intervilles. Dans le coin, la culture taurine, c'est du sérieux, n'en déplaise aux « casse-couilles d'on sait pas où, qui parlent sans connaître toute la beauté, toute la poésie, toute la sagesse de cette *escuela de la vida* qu'est la tauromachie, pas l'école de la mort, attention, de la vie ! » C'est Richard qui parle et il n'est pas tellement « 2025 », je vous préviens.

À une époque pas si lointaine, les casse-couilles de Parisiens défilaient dans les arènes parce que c'était la mode grâce à Picasso, Hemingway, Cocteau. Et puis la mode est un peu passée. « Aujourd'hui, on vit à l'époque des tarlouzes ! Alors les toréros... Pourtant, tu nous as vus ? Avec nos bas roses et nos dorures, on est des tarlouzes aussi, mais des tarlouzes magnifiques ! » Richard pourrait parler des heures de son *arte*, sur le sable entre ses apprentis fascinés ou bien chez lui, sous un trophée de taureau, dos à la cheminée, près d'un fauteuil où il y a trois chiens, trois carlins, vautrés. « Je sais que ma façon de parler, ma *vida*, ma passion, aujourd'hui, ça dérange. Et les gens qui dérangent, bizarrement, Coluche, Balavoine, Bérégovoy, vous voyez, ils disparaissent. C'est bizarre, hein ? Le monde extérieur, il me conforte chaque jour un peu plus dans ma vérité, voilà, *la verdad del camino que sigo, me entendéis* ? Les wokes tout ça, oh là là ! Putain, il y a une mode ou quoi ? Merde, plus tu pars en couille, plus t'es bien vu maintenant ! C'est pas sérieux ! À force de cracher les uns sur les autres, sur les traditions, les machins, la France elle décline, elle perd ses cultures une par une, elle se coupe de ses racines, de la nature, de tous les petits plaisirs de la vie parce qu'il y a des gens qui se décrètent les juges de tout le monde. Vous connaissez la phrase de Giscard, là : “Vous n'avez pas le monopole du cœur” ? Ça m'a marqué, ça ! C'est con, hein ? Mais il avait raison. Moi, je vais te dire, je suis de gauche, j'ai toujours été de gauche, mais la vraie, celle des corons, les ouvriers qui protestaient contre les patrons et compagnie, ça, ça m'a touché mais pas la gauche des pédales là, Aymeric Caron ou *no sé qué*. Parce que ces politiques aujourd'hui, tous, à gauche, à droite, eh beh c'est une belle brochette de merdes. Ils m'intéressent pas, je les sens intéressés. Et puis, au bout du compte, c'est toujours des Parisiens qui nous expliquent comment se torcher, tu m'as compris ? *Los Parisinos te dicen como limpiarte el culo ! O no ?* Ah ! J'ai raison ou j'ai pas raison ? » Le père de Pablo valide la saillie sans problème, d'un hochement de tête complaisant.

« Tiens, si t'en veux une qui est encore plus facho que moi, il y a ma femme ! Hein, Chantal, parle-leur un peu pendant que je mange, j'ai pas le temps de bouffer à force de raconter mes conneries. Qui reprend du rouge ? » Sa femme Chantal dépose une quesadilla sur la table. Elle a le débit tranquille. « Moi, j'aime les traditions, l'esprit de clocher, voir des Andalouses avec des jupes à pois, des fleurs dans les cheveux, vous voyez. Ça fait partie des identités qu'on perpétue. Quand je voyage dans un pays, c'est ça que j'aime, ses spécificités, sinon à quoi bon voyager ? En France, on a un certain nombre de coutumes qui sont pas plus mal ou pas mieux qu'ailleurs, juste voilà, il faut respecter. Mettre le voile au pays de Brigitte Bardot, par exemple, ça me... » Chantal s'arrête parce que ça la... Elle n'aime pas les politiques mais si on insiste pour qu'elle cite un nom qu'elle déteste moins qu'un autre, elle cite Bardella, « même s'il a souvent piscine quand il faut voter ». Chantal nous explique qu'elle a vécu en HLM avec Richard, dans les quartiers nord de Perpignan et dans le centre de Béziers. L'expérience ne leur a pas plu. « La société française... Oui, c'est indéniable, elle a changé. On le voit dans la région, même ici où la culture locale est quand même préservée mieux qu'ailleurs. » Elle précise qu'elle n'est pas de Cauna mais de Saint-Sever, à 8 kilomètres, et qu'en arrivant ici, elle s'est adaptée à la culture locale. Je lui fais remarquer que 8 kilomètres, ce n'est pas très loin. Elle me répond que ça change vite, les lieux et les gens. Par exemple, à Hagetmau, 20 kilomètres par-là, eh bien elle n'aime pas du tout les habitants et je m'étonne encore de ce relativisme du lointain. « Oh mais ça se voit même au niveau des taureaux, d'un élevage à l'autre, même proches, ils n'ont pas le même caractère ! »

Chantal est une immense aficionada de corrida. « Si on n'avait pas le taureau, on aurait parlé de quoi avec Richard, hein ? On aurait parlé de quoi ? » Elle répète la question pour bien la faire entrer dans nos têtes et ça marche. « La plupart des gamins qui viennent ici, ils ne comprennent pas ce que c'est le taureau. Les parents les inscrivent au taureau comme au violon. Mais le taureau, si tu aimes ça, si vraiment tu le portes en toi, ça doit devenir ta vie. À un moment, ça doit te consumer, ça te bouffe, c'est irrationnel. » Elle a les yeux qui brillent, Chantal, en disant « Morante de la Puebla » suivi de « artiste à l'extrême » et puis « c'est de l'élixir » et je pense aux éclats similaires dans les yeux des surfeurs croisés sur la côte. Sauf que le surf, selon pas mal de gens du cru, c'est une culture de « colons de la mondialisation » qui s'implantent, un sport de Ricains, de citadins individualistes qui auraient tout aussi bien pu faire du yoga, un passe-temps creux comme le creux des vagues, lisses comme des murs en résine poncés, sans ancrage, sans âme, sans transcendance. Alors que le taureau...

À cette époque de l'année, on croise des cortèges de voitures familiales allant de village en village, de week-end en week-end, d'une course landaise à l'autre, pour boire de la bière, retrouver des potes et admirer de jeunes mecs du coin faire des pirouettes au-dessus des taureaux ou bien les éviter, les coller, arracher des cocardes suspendues entre leurs cornes, sous les exclamations de la foule, les marches cuivrées des fanfares locales et les commentaires diffusés par des enceintes grésillantes. « Oh le joli saut ! Bien serré, bien rond ! Avec une pensée pour la maman décédée dernièrement. » Il y a le sens du collectif et de la fête, de l'empègue, de l'emplâtre, du bourrage de gueule entre nuques épaisses qui se marrent, les mecs et les meufs pareil, en blaguant qu'il faut choisir, « la paire de cornes ou bien la paire de seins ? Pour les deux, il te faut la paire de couilles ! ». Richard sent bien que son monde « est en décalage avec la société des végans que vous avez à Paris », mais il s'en fout. « Je vais te dire : petit, j'avais honte d'être un fils de berger. Honte ! Aujourd'hui, j'en suis fier, je suis *orgulloso* d'avoir été élevé au milieu des moutons. »

Il y a la question à résoudre de cette fierté bizarre d'être « né quelque part », cette fierté comme pour se démarquer des bourgeois sans attaches, cette revendication d'être « un abruti noble » – comme le maestro le proclame avec orgueil –. Mais derrière cette fierté, il y a une blessure injustifiée à prendre en compte, cette honte dont la fierté vindicative émane, cette honte à reconnaître. Le matin même de notre visite à Richard, dans un *Semaine du Pays basque* périmé, après un billet sur « La guerre civile qui vient », j'étais tombé sur l'éloge posthume d'un chroniqueur à l'ancien maire de Marseille, Jean-Claude Gaudin. « Notre univers, notre monde à nous, s'efface inexorablement. Moi, figurez-vous, Jean-Claude m'enchantait car il était l'un des tout derniers vestiges de l'univers pagnolesque de Marseille. » Quelque chose dans l'excès des gasconnades d'antan tient de la poétique, de l'alliance des normes et du déviant. Ce quelque chose nourrit l'incompréhension entre Richard Milian et tout un tas de gens.

CHAPITRE 4

TARNAC MANIACS

La dernière fois que j'avais garé la Panda devant la terrasse du Magasin général de Tarnac, j'avais passé l'après-midi à m'envoyer des « fonds de culotte » avec un couple d'amis, le Toinou en salopette de travail, Alain l'accordéoniste et une paire d'agriculteurs pas tous hyper amicaux, d'autant moins quand l'un des amis en question avait fini par gagner contre l'un d'eux au bras de fer, ce qui, partout dans le monde, flatte l'ego mais pourrit l'ambiance. Ça avait été une journée mémorable improvisée au milieu d'un road trip ensoleillé. J'avais terminé une guitare sur les genoux dans un tracteur en marche avec un chien entre les pieds et des vaches à rentrer dans l'enclos. Cette fois, il fait moche, Toinou n'est pas là, Alain débarque tardivement sans me reconnaître et la bénévole qui tient le comptoir ne sait pas qu'un « fond de culotte », c'est cassis-gentiane. Elle est étudiante en socio, en anthropo ou en psycho, l'un des trois, enfin quelque chose qui serait assez original en dehors du plateau de Millevaches et du centre des grandes villes mais qui passe relativement inaperçu ici. Elle écrit un mémoire sur les pratiques médicales en communauté et elle a choisi de faire son terrain à Tarnac. Louis répond que nous aussi, on compte faire notre terrain ici, pour quelques jours. Ça ne la fait pas rire à gorge déployée mais tout de même, elle esquisse un sourire sympa, ce qui, sur le plateau de Millevaches, est assez original pour ne pas passer inaperçu.

Je suis vache. Les habitants de Tarnac sont des camarades alors je me permets et puis, il faut reconnaître, c'est drôle comme certains lieux militants sont une parodie d'eux-mêmes.

« Ils tirent la gueule, hein ? » Ma tante était un peu honteuse quand je lui ai confirmé plus tard ce qu'elle savait déjà. Elle a participé à la création du Goutailloux, la ferme communautaire qui est devenue célèbre en 2008 lors du déclenchement de « l'affaire », quand la police antiterroriste a arrêté Julien Coupat et quelques-uns de ses amis décrits comme des « terroristes anarcho-autonomes ». Il n'y avait pas mort d'homme, des caténaires avaient été posées sur des lignes de la SNCF, paralysant le trafic une journée. La ministre de l'Intérieur s'appelait Michèle Alliot-Marie, le président s'appelait Nicolas Sarkozy, ensemble ils venaient de refondre la police antiterroriste et le coup de filet spectaculaire contre « l'ultragauche » devait en être la consécration. Les premières déclarations tonitruantes à la presse se sont dégonflées progressivement, les accusations se sont révélées invérifiables et l'affaire a duré dix ans et s'est transformée en scandale judiciaire, politique et policier. Michèle Alliot-Marie ne s'est plus jamais exprimée sur le sujet et on n'a jamais su si « la bande à Coupat » était responsable du fameux sabotage.

Depuis, les habitants du plateau peuvent difficilement regarder un journal télévisé sans imaginer le niveau de distorsion. Il ne reste plus que deux des anciens présumés terroristes dans le village, Manon et Benjamin, deux quarantenaires. Manon retape une maison pour ouvrir un centre d'accueil Emmaüs pour les migrants. Benjamin développe un syndicat agricole sur le plateau de Millevaches. Les deux fichés S complotent pour la réouverture de l'école communale. « Ce sont des individus qui se caractérisent par un rejet de tout dialogue démocratique et par un discours extrêmement violent », avait déclaré Michèle Alliot-Marie, à l'époque. Seize ans plus tard, Benjamin nous reçoit dans son salon, à la nuit tombée, visage émacié, yeux de loup sous une casquette John Deere délavée. À notre demande, il est allé chercher l'une des premières éditions de l'*Appel*, un texte affilié au mouvement Tiqqun, antérieur aux trois publications du Comité invisible et à la création du site

Lundimatin. L'*Appel* est posé sur la table, dans le clair-obscur d'une lampe. L'atmosphère est crépusculaire.

Et puis, rapidement, on se rend compte que ce qui anime davantage Benjamin que ces vieilles histoires de terrorisme, c'est la montée du vote Rassemblement national dans le village qu'il habite depuis vingt ans et cette division débile entre les « néos », tendance retour à la terre, et les « anciens », tendance gens-du-cru-venez-pas-nous-faire-chier. C'est la deuxième fois que le RN est en première position à Tarnac, avec presque 27 % des voix, neuf points de plus que la France insoumise. Les partisans de la gauche constatent, impuissants, l'essor d'un vote « antigauchiste ». « Ici comme ailleurs, CNews bouffe les cerveaux », soupirait François qui préfère ne pas être cité en son nom « parce que les médias déforment tout ». Attablée à côté de lui, en terrasse du Magasin général, Juliette – dont je change aussi le prénom « parce que les journalistes ont une vision naïve ou caricaturale » – opinait du chef. « Au moment de l'affaire, les médias ont laissé croire que les "néos" avaient amené la gauche sur le plateau. Croyez-moi, les familles du coin n'ont attendu personne pour être résistantes et communistes. »

Dans sa tanière, à la nuit tombée, Benjamin confirme. « Il faut lutter pour que Tarnac reste rouge sur la carte, préserver l'héritage de Jean. » Jean, c'est le maire historique de Tarnac, Plazanet de son nom, « l'Empereur », un communiste, un vrai de vrai, de père en fils, une famille de maires rouges de 1945 à sa mort, en 2015. « Quand on s'est installés, ici, pour Jean, on était des enfants prodigues. On venait de l'activisme politique de squat, des mouvements antiglobalisation et anticarcéraux, on cherchait un lieu où implanter nos luttes et s'ancrer territorialement. » Un ancien maquisard avait parlé à Benjamin et ses copains, des communistes du plateau de Millevaches, et ils se sont ramenés en 2004. Ils ont mis toute leur thune dans l'achat des terres et des murs. Au début, les habitants les voyaient comme des types louches mais grâce à Jean, la greffe a pris. Et puis, ils ont racheté l'épicerie, ils se sont investis dans la vie locale, il y a eu l'affaire Tarnac et puis ils ont continué de militer à l'échelle du plateau, notamment contre la fermeture de l'école, leur grand combat des dernières années avec la construction du Syndicat de la Montagne limousine. « L'école, ça a mille fois plus de conséquences pour nous que le procès Tarnac. » Jean aurait dit à l'inspectrice : « Madame, même s'il n'y a plus d'enfants dans l'école, elle restera ouverte », et ça rend Benjamin fier comme tout. « Ça touche à des trucs profonds, la mythologie villageoise : si l'école ferme, le village meurt. »

Après une série de rebondissements dont une élection municipale perdue, l'école a fermé par manque d'élèves. « La plupart des enfants de "néos" sont partis pour Faux-la-Montagne. L'instit est une pote qui enseigne avec la méthode Freinet. Les parents qui ne sont pas dans le délire ont envoyé leurs enfants à Bugeat, un autre village au sud. » La question ne porte pas sur le choix des parents entre deux types de pédagogie, ni sur l'affiliation politique de Bugeat (30 % pour le RN aux européennes) et celle de Faux-la-Montagne (27 % pour LFI aux européennes), elle n'est pas non plus une affaire de « réalités » puisque toutes ces familles travaillent globalement dans l'agriculture ou l'élevage sur le même territoire. La question porte tout simplement sur une école de village qui a fermé, éparpillant ses élèves.

***

« C'est une question d'hétéronomie, tu deviens l'autre et l'autre c'est l'espace. Il faut arrêter de penser archipel et commencer à penser lisière, à planter des forêts. » Avec Kamel, il vaut mieux avoir quelques masters en sciences humaines et un bon sens de l'abstraction pour s'accrocher aux discussions. Ça fume là-haut, autant que le vieux PC sur lequel il regarde un match de l'Euro dans la cuisine d'une maison partagée où il nous a invités à passer la nuit. Il ne s'appelle pas Kamel mais quand on l'a rencontré, en terrasse du Magasin général, en pleine mission intégration pas facile-facile, il nous a demandé explicitement qu'on ne cite pas son nom parce que les médias pour lesquels je travaille « ne sont pas des amis ». C'est *L'Obs* et *Society*, il y a plus ennemi sur le papier mais il est méfiant, comme pas mal de militants. Il vient d'apprendre que François Hollande est le candidat Nouveau Front populaire de Corrèze alors il inspire profondément, il se passe les paumes sur le visage et il lâche : « Oh là là, je vais devoir voter pour ce connard... » Louis se marre et rejoint Bart, notre coloc DJ, un Flamand de 50 ans, qui passe des vinyles sur les platines du salon. Il y a de la fumée dans l'air, ça sent les épices. Entre une ode au génie footballistique de N'Golo Kanté et une tirade sur le philosophe Ivan Illich – « déjà, le mec est dans une lisière entre anarchisme et christianisme, ça commence bien » –, Kamel nous explique qu'il chasse et qu'il joue au foot parce que « toute amitié est politique » et que l'une des clefs pour combattre les deux extrêmes droites – les le-peno-zemmouristes et les islamistes –, c'est « d'ouvrir nos espaces militants au prolétariat blanc du plateau ».

Ces derniers mois, après une concertation lors d'une « assemblée des communs », des drapeaux palestiniens et kanaks ont essaimé aux fenêtres du village. On n'en avait plus vu autant depuis notre passage dans le Pays basque. « Est-ce qu'on doit ou non identifier nos lieux idéologiquement, entrer dans la culture gauchiste ou pas ? C'est un vrai débat, de la politique concrète. Parce que, entrer là-dedans, c'est poser des marqueurs qui contribuent aussi à fragmenter le territoire. » Pour lui, le foot ou la chasse doivent devenir ces espaces « lisières » qui fluidifient le dialogue « entre les névroses des uns et des autres » et qu'il faut s'échiner à planter.

Le lendemain, on retourne au Magasin général, et on se dit que tout le monde n'est pas hyper raccord avec la stratégie des lisières parce que les participants à la rencontre-débat du jour maîtrisent un verbiage ésotérique à base de « la masse critique en fait, euh, bon, c'est un projet sur l'avenir hein » ou de « oh putain ouais, *Ornement et Crime* d'Adolf Loos, tu connais pas ? ». Entre les silences abyssaux, les gorgées de gourde d'une immigrée de Montreuil et les grattages de gorge des uns et des autres, ça se triture les méninges sur l'aporie du four à bois collectif à l'heure où chacun dispose de fours modernes « qui sont comme une triche ». Louis sort se griller une clope et revient sans louper grand-chose. Derrière ces discours brumeux, les participants déploient dans tous les domaines de leur vie une gamme d'actions concrètes mais il n'empêche que ça paraît légèrement trop conceptuel pour des gens moins torturés du ciboulot. On en rencontre quelques-uns, notamment un gars, longs cheveux blancs, bouc et grosses bagouses, ancien syndiqué chez Sud Spectacle, pas vraiment un facho et plutôt habitué des causeries politiques à rallonge. Il a été trahi par Mitterrand, il a milité en son temps contre les réformes de Juppé et il ne voterait « jamais pour un Glucksmann ou tous ces cons-là ». Pendant le mouvement des Gilets jaunes, il s'est rendu à des débats organisés à Tarnac. « Ben, franchement, je suis peut-être con mais c'était pas facile à biter grand-chose ou à prendre la parole. Les militants, ils mettent tout de suite une distance. »

Il raconte ça, chez lui, derrière son bar en bois massif, planté sur ses pieds écartés comme s'il avait une Harley entre les jambes. « Bon, je suis un boomer mâle blanc cisgenre hétéro, hein, donc je cumule les handicaps. Mais quand même, chez certains, je ressens parfois un truc de posture et ça, la posture, ça m'emmerde parce que ça cache une forme d'intolérance. Je comprends que des natifs du coin se sentent exclus de débats hermétiques sur le genre ou l'écriture inclusive. » Lui-même qui n'est pas d'ici, il a failli se tailler d'un spectacle un jour, un one-woman-show qui s'appelait « PPO », pour « Préliminaires, pénétration, orgasme ». Ça se foutait des vieilles branches comme lui qui sortent des phrases dans le genre : « Quand un type m'explique qu'il n'est ni "il" ni "elle", non binaire tout ça, OK, d'accord hein, mais je fais part de mon étonnement. » Alors, le Patrick, à force que « des vingtenaires aux cheveux bleus qui ont tout compris sur tout » lui disent pas bonjour et qu'il se fasse téj d'un stage de tronçonneuse parce que c'est que pour les femmes, ben il se sent plus à l'aise avec les droitards qui organisent des balades en forêt. Il ne parle pas politique et tout se passe bien. C'est « la paix des campagnes », comme nous disait Quentin, dans son appart d'Ax-les-Thermes. « T'as pas dix mille potes ici, c'est pas la ville. Alors tu laisses passer plus de choses, t'es plus conciliant, t'es obligé sinon tu t'embrouilles avec tout le monde. » C'est l'espace lisière de Kamel, cet espace qui s'amenuise, cet espace qui, dirait-il, « réduit au sens chimique » et qu'il s'agit de reforester en vitesse parce que les élections approchent à grands pas.

CHAPITRE 5

GÉNÉRATION LYON-LYON

On s'est retrouvés, Louis et moi, par un beau dimanche matin ensoleillé, devant les portes de l'église Saint-Georges, dans le Vieux-Lyon, assis en terrasse d'un café cool et branché, à la sortie d'une messe en latin à laquelle on avait assisté en partie mais qu'on avait quittée avant les prolongations, par impatience, il faut bien avouer. Pendant que les enfants de Marie chantaient, s'agenouillaient, faisaient les cent pas pour endormir des bébés, se confessaient en scred dans une sorte de grand placard d'où dépassaient les chevilles d'un mec en robe, enfin tout le bazar, Louis et moi qui avions peu dormi, on se creusait les méninges autour de nos cafés allongés pour trouver la meilleure manière d'accoster ce beau monde en polo, robe, mantille, serre-tête, raie sur le côté ou crâne rasé, avec nos dégaines d'ivrognes, nos barbes de trois jours au carré et notre athéisme mal repassé, mal rentré dans le pantalon. Il se trouve qu'un miracle est advenu et qu'il s'en est fallu de peu qu'on ne demande à se faire baptiser dans le ruisseau parce que c'était vraiment prodigieux. Figurez-vous que c'est le curé en personne qui a fait un move de champion pour lier discussion avec nos âmes pécheresses. « Vous êtes jumeaux ? » C'est pas la première fois qu'on nous faisait le coup mais les représentants du Seigneur sont exemptés du devoir d'originalité.

En moins d'une minute, on comptait parmi les invités du déjeuner paroissial, en compagnie d'une trentaine d'habitués des plus fidèles de ce saint lieu où quatre messes sont prononcées chaque dimanche matin tellement il y a de fervents adeptes. C'est pas peu dire parce que ceux qui s'y connaissent en Vieux-Lyon savent que l'église Saint-Georges est l'une des plus traditionalistes de France et qu'on y suit les rites pré-Vatican II, ce qui n'est pas commun et qui signifie, pour les ignares, qu'on s'inscrit dans une lignée catholique qui n'est plus celle des papes depuis les années 1960. Il fallait donc pas s'étonner que nos voisins de table soient des membres de l'Action française, des sympathisants ou des clients réguliers de La Traboule, l'un des QG de l'extrême droite lyonnaise devant lequel on était passés dans la nuit et qui paraissait d'autant plus fermé que Gérald Darmanin s'apprêtait à dissoudre le groupe le surlendemain.

À la table du déjeuner, devant une généreuse portion de pâtes aux aubergines et un beau cubi de vin rouge, il y a Corentin, la vingtaine, chevelure de roi carolingien, mâchoire carrée, carrure sculptée, une jolie croix suspendue entre les pectoraux. C'est un « réapprenant », ça veut dire qu'il n'était pas abonné à l'Église mais qu'il s'est fanatisé récemment, tout plein de fièvre de réapprendre. Quand je lui demande les raisons de ce retour, il répond très simplement « Parce que je suis patriote ». Comment ça ? « Eh ben, j'aime la France, quoi, je suis français. Seulement, je me suis rendu compte qu'on oublie nos racines. J'avais besoin de me reconnecter, tu vois. Les musulmans, ils pratiquent, ils suivent leurs coutumes, ils ont raison. À nous de faire pareil. » S'il en est arrivé là, explique-t-il, c'est grâce à l'abbé Raffray. Vous ne savez pas qui c'est ? Moi je ne savais pas non plus mais grâce à Corentin, je me mets à le stalker sur Instagram puisqu'il se trouve que ce monsieur n'est pas seulement abbé mais aussi influenceur.

Dans sa soutane noire, il se met en scène dans toutes sortes de vidéos instructives où il répond à des questions du genre « L'islam, est-ce une fausse religion ? » ou bien explique des banalités comme « Ressusciter l'âme chrétienne est la seule voie de salut pour la civilisation occidentale ». Corentin s'est laissé séduire par ce discours. Il aime la stabilité des rois et les Vietnamiens « qui ne détestent pas la France à cause de son histoire comme certains Maghrébins alors qu'ils auraient les mêmes raisons de le faire ». Il n'aime pas la République, « l'hypocrisie des élections », « l'extrême gauche anti-France » et « les minorités qui se sont mises à dicter leur loi à la majorité blanche et catholique ». Corentin veut que les Français célèbrent leurs racines, comme lui, qu'ils retrouvent « les vraies valeurs de la chevalerie », qu'ils soient fiers parce qu'avant, quand il faisait moins de muscu et de messes en latin, il avait « presque honte d'être français dans la rue ». Il ne veut plus baisser la tête.

Sa voisine acquiesce. Élise travaille dans une épicerie bio avec une collègue tunisienne qu'elle adore, tiens, la preuve, parce que d'autres diront qu'elle est raciste juste à cause de ses sympathies pour l'Action française. Il paraît même qu'avec sa collègue, elles sont les plus écolos de l'équipe. Entre deux tournées de pinard servi par un des curés pour qui « c'est pas conseillé, c'est obligatoire », Élise nous explique qu'elle est choquée par les attentats à répétition, les émeutes en banlieue et le nombre de boucheries halals qui ouvrent à côté des kebabs pendant que les boulangeries et les boucheries normales, ben, maintenant, il faut les chercher. Elle est très sincère Élise, dans sa peur de l'islam qui est « une religion en expansion » et dans son angoisse du « grand remplacement des Français de souche par les Arabes ». Élise s'inquiète. « Le problème, ce ne sont pas les Arabes, c'est qu'ils vont finir par être aussi nombreux que les Français en France et qu'il y en a de plus en plus qui ne s'adaptent pas à notre mode de vie, à nos valeurs, nos coutumes, notre culture. » Élise s'agace des gens de gauche qui font genre qu'il ne se passe rien dans les mosquées salafistes ou qui parlent d'une France multiculturelle alors que d'accord, s'ils veulent, c'est pas le problème, mais il faut respecter la majorité et l'histoire du pays où il y a des églises dans chaque village et c'est pas un hasard. Et puis, il y a un problème avec le respect des lois et des forces de l'ordre, en France. Nahel là, le jeune que les flics ont tué l'an passé pendant un contrôle routier, il ne serait pas mort s'il avait obéi aux flics, c'est aussi simple que ça. Même la pote tunisienne d'Élise est d'accord avec elle, alors. « Ça ne vous fait pas peur, à vous, tout ça ? »

Élise a retourné la discussion entre deux bouchées de pâtes et je prends bien le temps de mâcher mes mots pleins de courgettes avant de lui répondre. La position du curieux est confortable comme tout. Il suffit de poser des questions, de hocher la tête ou de s'étonner, de relancer en tournant sa fourchette distraitement dans l'assiette et le tour est joué. On est au-dessus de la mêlée. Quand une Élise vous inclut soudainement dans l'équation du monde, vous pouvez répondre que vous vous en foutez mais alors Élise pensera que vous êtes bien curieux pour quelqu'un qui s'en fout. Répondre avec honnêteté et un brin de détachement peut vous tirer d'affaire. Alors je dis que ben, ce qui me préoccupe, moi, disons que c'est plutôt toutes ces crispations identitaires, d'où qu'elles viennent, et, ahem, je cite Kamel de Tarnac et sa formule des « deux extrêmes droites ». Ma réponse laisse Élise songeuse. Elle bat deux fois de ses cils lourds de mascara. Elle scrute Corentin qui me fixe avec son regard gentil-surpris de prince Charmant, vous savez, dans *Shrek*. Ils n'ont pas l'air de trop savoir si c'est une bonne réponse. Moi, je reprends une bouchée pour gagner du temps sur la prochaine question. Elle porte sur mes propres opinions politiques et mon vote aux élections. Je mâche et je me dis, tant qu'à faire, autant répondre très sincèrement, ça peut créer une situation.

Effectivement, ma réponse fait son effet. Élise ouvre très très grand ses yeux très maquillés. S'ensuit une discussion sur les positions politiques de tel ou tel parti dont je vous passe les détails mais qui, en résumé, fait apparaître un certain nombre de désaccords structurants entre nos nouveaux amis et moi sans que ça altère l'ambiance chaleureuse et l'appétit de chacun de comprendre, yeux écarquillés, ce que pense l'autre. Je suis tiré d'affaire momentanément parce qu'il faut se lever pour une deuxième session de chants en hommage à Celui qui veille sur notre tablée de tout là-haut. Le débat se prolonge dans la cuisine, pendant la session vaisselle collective. Thibault, l'un des aimables cuisiniers volontaires, et son ami au crâne rasé, Lenny, essuyeur de couverts hors pair, assistent aux échanges avec une bienveillance toute conservatrice puis participent au débat. Ils considèrent que l'avortement est un péché. Bon, c'était pas trop le sujet et encore une fois, on n'est pas exactement sur la même longueur d'onde mais le dialogue se poursuit. Ces bons droitards sont vraiment à l'écoute de mes objections de bon gaucho, faut le dire, et quand j'admets qu'ils aient besoin de s'enraciner s'ils sont un peu dupers et inquiets pour l'état de leur pays tout en objectant que c'est une dinguerie d'être contre l'avortement par principe, ils hochent la tête, sans forcément changer d'avis mais voilà, ça soulage.

Il y en a un, tout de même, qui n'est pas hyper à son aise même s'il a fait bonne figure tout au long du repas, c'est mon copain Éloi. Il nous accompagne, Louis et moi, en bon Lyonnais curieux de voir comment ça travaille, des reporters. S'il n'est pas totalement à son aise, lui par nature si joyeux, c'est qu'il est catholique mais plutôt post-Vatican II, et même plutôt post-*Laudato si'* du pape François pour ceux à qui ça parle, ce genre de références obscures. Éloi préside à l'époque un mouvement de dialogue interconvictionnel qui s'appelle Coexister, plutôt libéral dans son rapport au sacré. « C'est la honte », il dit, en sortant de ce déjeuner qui nous a enchantés, nous autres, incorrigibles profanes. Il veut prêcher pour sa paroisse et il le fait d'une façon exquise en nous organisant un entretien avec Christian Delorme, le célèbre « curé des Minguettes ». Puisqu'il faut tout expliquer, rappelons en deux mots que le « curé des Minguettes » a été l'un des initiateurs du plus grand mouvement antiraciste français de la fin du XXe siècle, la Marche des Beurs. La Marche pour l'Égalité et contre le Racisme, corrigerait Christian Delorme d'emblée, parce que la Marche des Beurs, c'est le nom sexy/précis/concis qu'avaient trouvé les journalistes pour la désigner. Je vais y revenir dans quelques lignes mais d'abord, laissez-moi planter un peu mieux le décor avec le père Delorme.

Cet escogriffe au poil blanc nous reçoit près d'un lit en hauteur, dans le petit appartement où il vit en coloc avec deux sans-papiers d'Afrique subsaharienne. Papa Delorme, je m'accorde la liberté d'écrire ce surnom qu'on lui a donné entre nous, nous conforte dans notre intuition que le catholicisme est une clef de lecture pour comprendre ce qu'il se passe à Lyon, davantage que l'activité sordide des groupuscules d'extrême droite, spectaculaires, inquiétants, « problématiques » comme on dit, mais marginaux. Lyon a une place toute particulière dans l'histoire chrétienne française. C'est dans cette ville que le premier groupe de chrétiens s'est fait martyriser en Gaule, en 177. C'est là aussi que s'est implantée une tradition du christianisme social à partir du XIXe siècle, similaire à celle du nord de la France. Lyon, nous explique papa Delorme, s'est affirmée au fil de l'histoire comme une ville de consensus entre la chrétienté et la République. « En 1793, pendant la Révolution française, la ville s'est soulevée contre Paris parce que l'élite locale jugeait les Montagnards trop radicaux. L'opposition a été massacrée mais Lyon a persévéré dans cette culture politique de la modération, centriste et sociale, tout en conservant son fort enracinement chrétien. Jusqu'aux dernières années, les deux figures de Lyon étaient encore le maire Gérard Collomb, de l'aile droite socialiste, et le cardinal Barbarin. »

En 1983, Christian Delorme était actif dans le quartier des Minguettes de Vénissieux. C'est là que vivait la famille de Rachid Taha, le chanteur franco-algérien du groupe Carte de séjour. Il avait repris la chanson « Douce France » en raï, quarante ans après Charles Trenet. Quarante années sont encore passées depuis 1983 et le curé des Minguettes observe que le vivre-ensemble de la France « black-blanc-beur » a pris un bon coup sur la gueule, que le rejet de l'ancienne puissance coloniale se fait sentir et que les voiles se multiplient à Vénissieux, Vaulx-en-Velin, Saint-Fons, parce qu'on a continué de ghettoïser les Maghrébins dans les grands ensembles et qu'on les a exclus de fait, « géographiquement, c'est-à-dire politiquement et culturellement », du reste de la ville. « Rachid Taha s'était pris une avalanche de critiques de tous les côtés quand il avait adapté "Douce France" alors que c'était un beau geste, sincère. Il est l'un des exemples malheureux d'une jeunesse issue de notre histoire coloniale à qui la France n'a pas su donner sa place, une jeunesse qui se définissait comme française et maghrébine mais que les gouvernements successifs n'ont pas su ou voulu accompagner. » Papa Delorme secoue la tête, dépité.

***

On retrouve Djida Tazdaït le lendemain, dans le joli jardin de l'institut Lumière. La militante arrive avec sa classe internationale, ses 67 ans et sa gouaille indémodable. Elle pose autant de questions que nous. Elle veut savoir pour quel média on bosse « parce que les médias attention, ils ont participé à la montée des idées racistes depuis quarante ans, faut pas croire ». Elle trouve que la violence est plus visible aujourd'hui que dans les années 1980, plus assumée et justifiée par des discours xénophobes et racistes sur les plateaux télé. Elle est née « à l'ombre du contentieux algérien et des premières tours HLM », enfant d'une génération qui rasait les murs, qui n'osait pas revendiquer ses droits parce que « c'était déjà une chance, pour nos parents, d'être en France ». Sa génération à elle a tenté d'élever la voix pour sortir des ghettos, accéder à une pleine part de citoyenneté, tout changer. Aujourd'hui, elle fait le constat amer d'un échec. « À notre époque, on était encore mélangés avec les Portugais, les Espagnols, les Français. Aujourd'hui, vous allez aux Minguettes, c'est 80 % de Noirs et d'Arabes dans les lycées. » Elle est une déçue du mitterrandisme, c'est d'un banal. « La gauche a été au pouvoir pendant vingt ans. Elle aurait pu éviter la ghettoïsation, la montée du racisme et de l'antisémitisme. On était une jeunesse très politisée et organisée, on décrivait les problèmes et on proposait des solutions mais le Parti socialiste s'en foutait. Quelques politiciens ont capitalisé sur la Marche pour l'Égalité de 1983, et puis ils ont vite abandonné les quartiers et les militants de terrain. »

Si l'idée de la marche a germé aux Minguettes, c'est parce que le quartier de Vénissieux abritait une importante population issue de l'immigration maghrébine. En 1983, le Front national venait de remporter ses premières élections municipales à Dreux en s'unissant à la droite et un cortège inspiré par Gandhi et Martin Luther King s'élançait vers Paris, rassemblant 100 000 personnes pour les derniers mètres. Avec son collectif Zaâma d'banlieue, Djida Tazdaït en était l'une des instigatrices. Elle aurait pu devenir une étoile montante de la gauche. Mais la mobilisation a déçu ses attentes parce qu'elle a été récupérée politiquement, modérant la portée du discours politique, invisibilisant le rôle des femmes et oubliant les objectifs initiaux de changement. Ignorée par le Parti socialiste, Djida Tazdaït a mené sa carrière politique avec Jean-Louis Borloo et Gérard Collomb. Ça surprend quand on l'entend parler de « violences policières », de « double peine » et de « décolonisation des esprits ». On dirait que l'ancienne députée européenne a fait tout ce qu'elle a pu mais qu'elle a toujours été déçue. « Macron avait commandé un rapport à Borloo sur les banlieues, vous vous souvenez ? Ben, il l'a jeté à la poubelle. Pour les quarante ans de la Marche, il nous avait reçus aussi, avec son conseiller mémoire, Roger-Petit-Machin là, pour travailler sur des événements autour de notre mouvement citoyen né dans les quartiers, transmettre ce sens de l'engagement, tout ça. » Il paraît que Macron avait promis « un grand chantier présidentiel », qu'il a dit avoir « personnellement la main dessus ». « Après ça, on n'a plus jamais eu de nouvelles. » Djida Tazdaït désespère du « cynisme de la caste technocratique du gouvernement », de « l'entre-soi », de « l'absence de diversité sociale, culturelle, ethnique des personnes qui nous dirigent ». Quelques jours plus tôt, Mélenchon a fait un discours où il a tenu ces mots : « La nouvelle France est née. C'est celle où un Français sur quatre a un grand-parent étranger. En 1950, c'était un sur dix. (...) Ce pays est à nous ! Nous l'avons créé, nous l'avons fait, nous l'aimons ! Dites-le à vos enfants et vos petits-enfants ! » Ça fait quarante ans que la militante répète ça presque mot pour mot, pour peu de résultats. « Il y a eu tellement de déceptions, en quarante ans... Les politiques se sont détournés des banlieues et les banlieusards se sont détournés de la politique. Alors, on va où ? »

CHAPITRE 6
PAX OYONNAX

Parfois, pas besoin de se casser la tête. En tapant « bar Oyonnax » sur un fucking moteur de recherche américain, Les 5 Passages sortent en tête avec 4,4 / 5 étoiles et des avis dans le style « Le meilleur bar d'Oyo », « À ce soir l'équipe », « Tu sais pas où aller ? Bah cherche plus t'as trouvé ». La pluie nous attaquait le moral et on ne connaissait personne à Oyo, alors on a décidé de faire confiance à cette bande d'inconnus virtuels pour se pointer aux 5 Passages en chair et en os et polir un peu le comptoir. Bonne pioche, il y avait là Quentin, tout disposé à nous dévoiler ses plus secrets projets de ferronnerie, Dominique, polisseur de son métier, prêt à nous faire l'historique de la Vallée du plastique et des gloires du jouet Ecoiffier, Smoby ou Berchet, et puis Chloé, directrice d'école, souriante même quand il s'agissait de nous raconter que « le beau-frère de machin voulait planter la belle-sœur de truc devant le portail de l'établissement » et qu'elle n'a pas porté plainte « parce que c'était à l'extérieur des murs et que l'inspecteur met la pression pour pas faire de vagues ». Voilà pourquoi je me tue à répéter que les bars du coin sont des mines d'or et que les journalistes gagnent toujours à commander une pinte où que ce soit.

« Il y a quelques mois, des petits se sont mis à tirer au mortier sur un mur du collège. C'était un défi TikTok. » Chloé en a tout plein des comme ça, des trucs qui ne sont jamais sortis dans *Le Progrès* « parce qu'on écrase ». Il y a quelques années, des images du syndicat de police Alliance ont quand même fuité sur BFMTV. Elles montraient une bande occupée à scier à la disqueuse les nouveaux poteaux de caméras de surveillance d'Oyonnax. C'était pas la pire. Un jour, ses enfants lui ont montré un clip de rap où on voyait des mômes de 9 ans avec des flingues dans la rue Courteline du quartier de La Plaine. Le maire a pété un câble, il a réussi à faire supprimer la vidéo de YouTube. Ça tirait en l'air sur le refrain « Courteline c'est Medellín ». Oh vinzou, on s'est dit, faut qu'on y aille traîner à la Courteline. C'est Dominique qui nous avait appris à dire « vinzou » comme les Aindinois. Il est d'origine portugaise et il nous assure en chœur avec Chloé que, malgré tous ces attrape-journalistes, il fait bon vivre à Oyonnax, il y a de l'emploi dans les usines, pas de problèmes d'insécurité, des gens de toutes les origines qui sont arrivés pour le travail à l'époque et qui cohabitent plutôt bien.

Je le crois d'autant mieux qu'en débarquant rue Courteline, le lendemain, c'est ce que répètent tous les types qu'on rencontre sur le parking de la cité. La Panda stationnée sur ses petites roues nous regarde approcher la camionnette à boissons, carrefour masculin de la traîne où gravitent les notables locaux. Chaque nouveau venu claque les pinces poliment. « Bien ? Tranquille ? » Ça fait deux, trois pas nonchalants dans le vide, ça regarde au loin comme s'il y avait la mer, ça discute vaguement en mâchonnant une touillette à café, ça scrolle, ça s'absente, ça revient. Nous, on est au milieu du manège avec la petite voix dans la tête qui nous dit d'ouvrir la discussion. Les moments d'approche sont toujours délicats. Il faut se fondre au paysage, à trois, l'air de rien, alors qu'on n'a clairement rien à faire là. Pour se donner une contenance, on commande aussi des Coca, on gratte un feu, on se plante avec comme principal atout de ne pas avoir des dégaines de flics. Certains avaient remballé rapidement leurs chaises pliantes à notre approche. Ils reviennent les uns après les autres comme des mouettes dérangées qui ne sentent pas de danger.

« Ah naaan, vous êtes en voyage en France, carrément ? Genre vous faites le tour des quartiers, tout ça ? » Ça aurait pu mais nan. Si on parle des quartiers au sens où l'entend Redouane, c'est le premier qu'on ausculte pour de bon pendant ce tour de France, non pas que les quartiers ne nous intéressent pas, la preuve, mais c'est pas le seul endroit où traîner pour ausculter le pays et comprendre ce qui cloche. Ce quartier-ci ressemble à un autre, c'est calme, il y a des barres d'immeubles, des jeunes femmes voilées qui ne font que passer, des jeunes hommes en jogging moins pressés et puis des heures à tuer. « Ah nan, crari vous êtes journaliiistes ? Vous travaillez pour BFM ? Pourquoi vous êtes ici ? Vous allez encore raconter des dingueries sur La Plaine, comment c'est dangereux, tout ça ? » On explique en deux mots notre méthode peu conventionnelle qui consiste à se pointer au hasard pour voir ce qu'il se passe et de quoi les habitants veulent causer. On travaille sur l'identité française et les médias, ça vous parle ? Redouane se marre. « Bien sûr mais les médias, c'est simple, ils font que créer des problèmes là où y en a pas. L'identité française, tout ça, les grands mots, j'vais t'dire la vérité : on s'en fout. Les télés elles vont faire : Ouais, nanani, dans les quartiers c'est tendu tout ça, avec les Français. Tous les jours ils cherchent des nouveaux conflits. Ils montent les peuples les uns contre les autres. Mais t'as l'impression c'est tendu, toi ? Ici, tout le monde il vit tranquille, à l'usine tout le monde travaille mélangé, les Algériens, les Portugais, les Marocains, les Français, les Sénégalais. Après les médias, ils viennent et ils commencent à créer les problèmes en disant, ouais, tout ça, les musulmans j'sais pas quoi. » Il rigole Redouane mais n'empêche, toutes les têtes autour opinent. « C'est vrai ou c'est pas vrai ? En France, les politiques et les journalistes ils aiment trop les problèmes. Mais j'vais t'dire, en vrai hein, la France, ce pays il est saccagé, voilà. »

Oh bah là, c'est contradictoire. Comment ça peut bien aller si le pays est saccagé, comme il dit. « Tu connais, les politiiiques tout ça, les problèèèmes. » C'est pas hyper clair quand Redouane parle et en même temps, si, on capte que tout va bien alors que rien ne va, que ça l'emmerde et qu'en même temps, c'est comme ça, il s'est résolu, affaire classée. Il n'y a pas de perspectives, les petits comme Bryan, ils veulent se casser. Où ça ? on demande à Bryan. « Au soleil, où la vie elle est tranquille, tu connais, là où tu peux faire de l'argent et en même temps profiter. Ouais, voilà, le Maroc, Dubaï, n'importe où mais pas en France, la France c'est mort, t'as capté. » Bryan fait tous les jours l'aller-retour en Suisse pour le travail. Il y a du travail en usine dans la région plutôt épargnée par la désindustrialisation, mais le travail paie mieux de l'autre côté des montagnes que dans les plus grandes usines de plastique d'Europe. « En contrat pro, tu touches 800 perles par mois. Si tu passes en Suisse, c'est minimum 3 600. Sinon, tu fais ta journée en bas de l'immeuble et tu tournes à 3 000. Alors ouais, tu vends du shit ou j'sais pas quoi, mais tu fais tes comptes et le calcul, on va pas se mentir, il est vite fait. »

Omna nous explique ça avec son ton d'ancien. Il s'en est tiré, lui, de la cité, c'est derrière lui. Aujourd'hui, il travaille dans le social. Il trouve des logements pour les réfugiés. Au début de la guerre d'Ukraine, il a constaté de près que tous les réfugiés n'étaient pas logés à la même enseigne. « Ça veut dire, les Ukrainiens, ils avaient des chambres tout de suite, ils passaient devant tout le monde dans la liste d'attente. T'as capté ? Il fallait les loger tu vois, mais les Renois, les Afghans, tous les pas Blancs beh naaan, t'as compris ? » Ça fait partie de ces injustices qui le frappent, avec les crimes de guerre impunis des Américains en Irak, le sort des Palestiniens à Gaza ou le Congo. « Le Congo frère, le Congooo ! Mais pour moi c'est la Palestine fois trente ! Comment ça se fait : ils ont toute la richesse du monde mais ils sont dans les cinq pays les plus pauvres ? » On ne sait pas quoi répondre. Il a l'air bien lancé. « Quand tu vois l'injustice de ce qui se passe à Gaza... Comme c'est des Arabes qui meurent, on s'en bat les couilles. Mais pour les Reubeus ici, ça donne envie de tout casser frérot ! Le Hamas, il a carrément été créé par

Netanyahou pour contrer Yasser Arafat. Quand tu joues avec le feu, tu t'brûles, nan ? Mais si tu dis ça, t'es un antisémite. Toute notre vie, on nous a appris à avoir l'esprit critique et quand tu l'exerces on te dit "Nah, t'es un antisémite". Les journalistes, ils roulent pour des médias qui sont achetés par des milliardaires alors que ça rapporte rien les journaux, tout ça. Tiens, c'est bizarre non ? Comment ça se fait ? Tu crois les petits au quartier, ils captent pas tout ça ? Tu crois les grands qui connaissent un peu, ils leur expliquent pas ? Ça favorise pas le complotisme, quand tu vois comment on s'indigne de certaines choses et pas d'autres ?

« Nous, on la constate tous les jours l'injustice. Tous les jours, on voit sur Snap des lascars, ils font rien, ils sont posés en bas du bat' et les flics débarquent et ils les défoncent, tranquille. Les violences policières, quand il n'y a pas de justice, ça rend fou, cousin ! Zyed et Bouna, Adama Traoré, Théo... Il y a un petit au quartier, il s'est fait courser pour rien, il a glissé sur une plaque de verglas, il s'est relevé, bam, coup de tête. Le père il est allé chercher son fils au comico, son fils c'est pas il avait un œuf sur la tête ? Le flic il a dit : le petit il a glissé. L'autre il a dit : "C'est pas vrai papa !" Mais comment tu veux prouver ? Même quand t'as les vidéos, ils sont protégés. Et puis Nahel, Naheeel ! Mais moi j'suis le père de Nahel, je prends perpète pour mon enfant. Ils ont d'la chance, ils sont pas tombés encore sur des parents vraiment barjos. Mon gamin à moi, il avait 14 ans, ils l'ont embarqué avec ses potes et après les flics ils ont dit "Non en fait, c'était pas eux qu'on cherchait". Mais il va penser quoi d'eux mon enfant ? Tu sais ce que je fais ? Je l'envoie en pension l'an prochain, pour protéger le gamin. Il va aller qu'avec des Blancs parce que sa quatrième année dans le public, c'était n'importe quoi. Les profs, t'as l'impression ils s'en battaient les couilles, mais c'est juste qu'ils sont complètement épuisés. C'est plein de dysfonctionnements qui s'enchaînent, qui se greffent, de la merde, de la merde, de la merde, comment tu veux qu'on s'en sorte ? »

On en est là quand on est interrompus par une voiture équipée d'un mégaphone. « Dimanche, votez pour le Nouveau Front populaire ! » Les chaises pliantes prennent à nouveau leur distance. Deux femmes s'avancent, des enseignantes à la retraite. Elles viennent tracter pour les législatives et inviter les jeunes du quartier à un meeting au milieu de la cité, sur la pelouse du parc, en fin d'après-midi. Bien sûr, on n'était pas au courant et bien sûr, ça tombe très bien pour nous. « Naaan, madame, vous étiez prof au collège ? Pourquoi vous nous avez pas parlé d'ce texte à l'école ? » Bryan tend son téléphone. Il montre « L'an neuf de l'Hégire », un poème de Victor Hugo. « C'est sur l'histoire de Mahomet. » La dame est un peu confuse. C'était pas vraiment l'objet de sa visite. Redouane se marre. « Nan, mais madame, ce que vous faites je respecte mais, vous savez, c'est pas la peine de venir ici. On vote pas nous. Y en a marre, faire les barragistes ! » Les femmes s'efforcent de convaincre, leurs tracts à la main. Elles citent le retour de l'impôt sur la fortune, l'abrogation de la réforme chômage, l'augmentation du Smic. Personne ne les écoute sauf un jeune qui est dans le BTP. « Pour les petites entreprises, vous proposez quoi ? » Les dames se mettent à farfouiller dans leur liste de propositions. « Alors pour les petites entreprises... »

Redouane sourit. « Nan, elles sont belles vos mesures madame, mais vous savez comme nous : vos politiques ils pourront rien faire. C'est pas eux ils ont la main sur les affaires, c'est ceux-là qu'ont la maille là-haut, ceux-là qu'on voit pas, Bernard Arnauuult, Bollorééé, tout ça. » La militante répond que la France est une démocratie. Ça ne convainc pas Redouane. Il a retrouvé une archive de Mélenchon. « Lui, il nous a toujours baladés. Un jour, il est contre le voile, un jour il est pour. C'est juste pour les voix en vrai, il s'en fout de nous. Vous venez nous voir à chaque élection pour qu'on vote et après, vous nous laissez tomber. Comme sur la Palestine, vous êtes des opportunistes. » Alors là, la dame n'est vraiment pas contente parce qu'elle était prof dans le quartier, qu'elle s'engage dans des assos, qu'elle passe tous ses samedis à défiler pour dénoncer les crimes commis à Gaza et qu'elle n'a jamais vu les gars aux manifs. « Et alors, ça a changé quelque chose pour Gaza vos marches à Oyonnax, madame ? Franchement ? » La madame reconnaît que non avec une mine de daronne contrariée. « Au moins on se bouge, on essaie, pour que ça change mais ça va, j'ai bien compris de toute façon, vous vous en foutez, je perds mon temps avec vous. » Redouane hoche la tête. « Mais oui madame. Allez vous reposer, occupez-vous de vos petits-enfants, vous voyez bien que ça changera rien. »

La madame a un sursaut d'orgueil. « Dites-donc vous monsieur, vous savez que j'ai passé la journée à préparer des gâteaux pour le meeting qu'on organise pour vous ? » Redouane rigole et c'est désespérant comme on les comprend, elle et lui, en même temps. « Mais madame, c'est super gentil, j'ai envie de vous offrir un café, prenez un café, vraiment ! » La madame décline parce qu'elle en a déjà beaucoup bu et qu'il est tard. « Ça m'énerve de vous entendre dire qu'on ne fait rien. Vous vous rendez compte que je pourrais être au bord de la mer, profiter. » Et l'autre répond encore qu'elle devrait aller au bord de la mer, que ça lui ferait du bien, c'est sûr, il faut qu'elle se détende. Il ne dit pas ça méchamment. Les deux ont l'air préoccupés l'un pour l'autre. La militante a peur que le RN passe au pouvoir et que ça tourne en guerre civile. Le barragiste répond qu'il ne faut pas s'inquiéter, ça va bien se passer. Les dames bataillent encore puis tournent les talons, vaincues. Ça fait de la peine à Bryan. « Le maire là, il était venu aussi nous faire un barbecue dans le parc, j'sais pas quoi. On a voté pour lui et il a fait quoi après ? Il a mis des caméras et des flics partout, c'est tout. Ça a rien changé. Nous on est toujours là, à galérer. J'te dis, la France c'est flingué. »

Je regarde Bryan et j'entends Santa Fe, ses yeux éclatés à moitié fermés, en terrasse d'un PMU de Sainte-Foy-la-Grande, quelques semaines plus tôt, en Gironde. Il avait dit pareil, le frérot de 21 ans. « Nan, la France j'ai juré, c'est terminé, t'as capté ? » Les mêmes expressions dans sa bouche et dans son regard, railleuses et catégoriques. On venait de le rencontrer dans l'alignement de la rue Victor-Hugo qui coupe le cœur de sa ville en deux. Il roulait son joint à la bien, tout en écoutant d'une oreille distraite le monologue d'une jeune fille de 25 ans qui venait d'avorter alors qu'elle le voulait, cet enfant, mais que financièrement, entre les dettes de son mec, EDF qui augmente, son Smic qui stagne, et puis le prix de la vie, tout ça, c'était pas possible. « Ceux qui foutent rien, ils ont toutes les aides du monde », elle disait la meuf, mais pour elle, il paraît qu'il n'y avait rien. Elle était un peu bourrée. Aux européennes, elle avait voté Bardella. « Même s'il est contre l'avortement, j'm'en fous. » Elle disait qu'elle recommencerait aux législatives.

Santa Fe, lui, n'avait pas voté. On l'avait surnommé Santa Fe parce que c'est le surnom qu'il donnait lui-même à sa ville de Sainte-Foy. Ça leur donnait une aura toute particulière, à la ville et à lui. « La France, t'as compris, c'est fini, y a plus rien à faire ici. » Lui aussi, il parlait du soleil, de Dubaï, de la Thaïlande, du Coran, mais surtout de faire « de la maille » et « du roro », pour se payer des carrés VIP dans des boîtes de flambeurs, et puis « mettre la daronne à l'abri, petite maison, petit terrain, tu connais »... Il assumait sans contradiction morale apparente les aspirations mêlées du saint et du gangsta, mi-moine, mi-Scarface, comme pas mal de jeunes galériens de notre époque que le rappeur Hugo TSR a cernés d'une phrase limpide. « Ils critiquent les capitalistes, on est les mêmes mais en pauvres. » Santa Fe ne connaissait pas Hugo TSR mais il avait hoché sa tête de doux rêveur tout en dévissant le bouchon d'une petite bouteille Cristaline où il n'y avait pas que de l'eau de source. Dans les alignements de patelins environnants, nichés entre les vignes et les grands châteaux, le trafic aspire pas mal de petits gars dans son genre qui « se débrouillent » et assurent qu'ils peuvent se faire 10 000 euros en trois jours, des descendants d'une main-d'œuvre saisonnière fixée, déclassée par la mécanisation, engluée dans le chômage, l'apathie, l'isolement.

À Sainte-Foy, ils vivent du mauvais côté de la rue Victor-Hugo, pas celui de la jolie bastide où se promènent des Anglais en goguette, quelques rares fidèles de l'Église et « les Français français », comme les désigne Santa Fe, les Blancs, les supporters de rugby. Ils sont du côté des « cassos », comme disait la jeune électrice RN en terrasse, « les tongs-chaussettes, les voilées, les barbus, les footeux ». Ces vies se croisent peu ou bien au marché du samedi, dans ce bar-tabac et, en périphérie, dans l'immense Leclerc qui a vidé de ses commerces la rue Victor-Hugo, désormais silencieuse entre les mondes. L'une des portes de cette rue mène à un club privé, avec un mot de passe pour filtrer les entrées – le soir de notre passage, la date d'une bataille napoléonienne. « Les seules fois où il y a eu des histoires ici, c'est bête hein, mais c'est qu'on avait laissé entrer un Arabe. » Un habitué rugbyman nous a donné cette explication éclairante sans qu'on puisse en conclure si c'était l'Arabe en question qui était particulièrement bagarreur, si c'étaient les habitués bagarreurs qui l'étaient particulièrement avec l'Arabe en question ou si cette situation était la conséquence d'un savant mélange des deux. « Je vais finir dans un fait-divers, moi. » Une vendeuse de jouets nous avait répété trois fois cette phrase, un peu plus tôt, dans sa boutique depuis laquelle elle scrutait les allers-retours de la rue d'un œil mauvais. Son mari entraîneur « fait du social » dans le club de foot, des papiers pour les petits, des démarches, c'est dire qu'elle n'est pas raciste, sa femme. Seulement, les Reubeus qui parlent arabe, qui mangent des kebabs, qui crachent par terre, qui traînent sur le pas de sa porte toute la journée et qui se croient tout permis, ça la gonfle, Tika. « Il le disait mon père, à l'époque, un jour ils baiseront vos filles ! » Bah voilà, on y est, elle dit, la vendeuse de jouets, et nous on est face à elle, à se demander qui baise qui, comme des cons.

CHAPITRE 7

GRAND TEST

« Grangier, Grangier... Grangier... » Il y a des noms qui ne sonnent plus pareil, prononcés pour la quarantième fois par un monsieur occupé à déplier des morceaux de papier floqués d'une flamme, dans la salle des fêtes de la mairie d'Audincourt, un soir d'élection. On s'est retrouvés dans la quatrième circonscription du Doubs, aux premières loges du dépouillement qui a failli acter le triomphe du Rassemblement national dès le premier tour. L'atmosphère n'était pas joyeuse, après ça, au quartier général de la candidate unique de la gauche, quand le maire Martial Bourquin a observé gravement que la situation était grave. Jusqu'ici, vous l'aurez remarqué, j'ai plutôt esquivé la thématique électorale, non pas que ça ne m'intéresse pas mais parce qu'il n'y avait pas grand-chose à en dire. Les élections, c'est comme la neige à Paris, si vous me permettez cet aphorisme vaseux. Ça tombe plus ou moins tous les cinq ans, tout le monde s'excite et puis les bonshommes fondent vite. Il ne reste que la carotte. Pas mal hein ? C'est venu comme ça, comme toutes les généralités pas hyper profondes que je m'amuserais à enfiler si on me demandait de commenter la vie politique sur les plateaux.

Dieu merci, j'ai encore ma dignité, je tiens mes distances avec le monde virtuel et je m'intéresse moins à la télé qu'à ce qui jaillit de la bouche des types comme Fabrice, le président de Planète Sochaux, le site de supporters du club mythique des usines Peugeot. Il nous a fait visiter le stade historique, le lendemain du premier tour, plein de sa passion innocente de footeux. Il hausse les épaules quand on lui parle des résultats électoraux mais à propos de la vente de son institution sportive ouvrière à des Chinois puis à des Espagnols qui se foutaient du club comme d'une guigne, il sourit amèrement. Sa plus grande joie des dernières années, c'est quand ses copains ultras ont réussi à racheter le club aux Espagnols grâce à une grande cagnotte participative. Le jardinier du stade a le même sourire béat quand il en parle. Il est rentré à la *casa*, il a remis en usage les robinets d'arrosage, il a débroussaillé le terrain d'entraînement qui avait été laissé à l'abandon parce que c'était des frais pour rien alors que non, « c'est symbolique aussi ».

« Le patron de Peugeot qui nous a vendus à n'importe qui, c'est un *anywhere*, il lâche, Fab. Il n'a pas de patrie, lui, sa patrie c'est l'argent. Nous, on est des *somewhere*, v'voyez. Les familles, elles travaillent dans les usines autour du stade, ils vivent là les gens, ils connaissent les joueurs, ils vibrent ensemble quoi. Moi, quand j'y suis v'nu ici la première fois, c'était avec mon oncle. J'm'en rappelle encore, ah oui, la clameur et puis l'odeur des frites et, v'savez, du métal. Ça y sentait l'acier des usines autour. Ah ouais, ça s'oublie pas. » Il a un sourire de con, cela dit tendrement. « Ils comprennent pas, ça, là-haut. » C'est comme le musée Peugeot, « notre trésor, où c'est qu'on y peut louer des salles pour fêter les mariages, tout ça, au milieu de la collection de voitures. » Quand Tavares a racheté Peugeot à la famille Peugeot, dix ans plus tôt, il semblerait qu'il ait divisé par deux les subventions versées par l'entreprise au musée. « Il s'y est mis à vendre les bijoux de famille qui sont exposés, des 205 Turbo 16, v'voyez, tout ça. » Nous, on ne voit pas exactement mais on hoche la tête parce qu'on est allés au musée. On en a vu des modèles de voitures exposés, mais la seule dont on se souvienne avec certitude c'est la 406 de Samy Naceri dans *Taxi*. « Avec ses 18 milliards de bénéfices, Tavares il pinaille sur des 3 millions ? Ben pour les gens d'ici, c'est important le nom de Peugeot, l'histoire... J'sais pas, c'est comme Saint-É ou Lens, v'voyez, c'est pas que des clubs, v'voyez, et puis ça y fait venir des journalistes comme vous. » Il est vraiment ravi qu'on ait pris contact avec lui, nous, des journalistes de Paris. « On n'y est peut-être pas la région la plus glamour, hein, la Franche-Comté, mais grâce à l'usine, grâce au club, on existe sur la carte de France. »

***

Une autre région que l'industrie a fait exister sur la carte de France, c'est la vallée de la Fensch, en Moselle, aka « la vallée des anges » parce que c'est là qu'on trouve les joyaux de l'histoire industrielle lorraine que sont Florange, Hayange ou Nilvange. On a roulé par ses petites routes avec un couple de retraités pas avares en commentaires avant de s'enfiler chez eux des verres de gris de Moselle. Ils nous ont raconté les hauts fourneaux de Gandrange, près de Rombas dont est originaire Monique, les jours où on y voyait pas clair tant il y avait de poussière d'usine, la sidérose, les marches d'escalier, les murs et le sol qui étaient bruns, comme au pays du charbon dont est originaire Gino, plus à l'est, vers Forbach dans la vallée de la Merle, où c'est qu'il y avait les houillères de Lorraine et où la famille italienne ne parlait pas un mot de français mais l'allemand parce que c'était la langue en usage et que dans ces coins-là encore, le rapport aux nations était plus mouvant que les programmes scolaires de la IIIe République ne voulaient le faire croire. Ils ont fait resurgir d'entre les arbres et les ruines de bâtiments industriels les quartiers résidentiels des inspecteurs, des contremaîtres et des ouvriers lambda, les cheminées, le linge qui sèche couvert de suie sur l'horizon tout gris, les rails, les fantômes d'une région qui est l'ombre de ce qu'elle fut. En 2012, Hollande avait promis de faire de son mieux pour sauver les derniers hauts fourneaux de Florange. Un an après l'élection du président socialiste, les cheminées ne crachaient plus de fumée.

Florange a quand même fondu les torches pour les Jeux olympiques. C'est quelque chose dont les habitants sont pas mal fiers, comme des plaques d'égout de l'usine de Pont-à-Mousson d'où sortent tout un tas d'ouvriers en trois-huit comme Abdel-Ahmed qui est au vernis de midi à 20 heures. Umits et Arim, les deux frères qui tiennent le kebab de leur père, sur le rond-point du haut Longwy, nous en ont parlé, des torches fondues pour les JO et des plaques d'égout de Pont-à-Mousson qu'on retrouve partout, avec leur sigle « PAM », vous n'aviez jamais remarqué ? Ils avaient un grand sourire en racontant, le même que celui de Fabrice et du jardinier à Sochaux, le même qu'ils ont dégainé pour l'histoire de leur rencontre avec Platini un beau jour, par hasard. « Mais oui, il est du coin Platini, vous saviez pas ? Mais si, sa famille, c'est des Italiens de Jœuf ! C'est une petite ville pas loin. Ils étaient venus dans la région pour le travail comme tout le monde, et puis ils ont ouvert un restaurant. C'est la même histoire pour nous, en vrai, sauf qu'on est turcs et que, ouais, on n'a pas percé dans le foot. » Ils nous lâchent des « La gauche, ici, elle a abandonné les ouvriers pour un truc, là, comment on dit ? Tu sais... Mais si, les bisounours là... Ouais voilà, les wokes ! » C'est récurrent.

Le syndicaliste Édouard Martin, héros de la lutte à Florange, a disparu des radars depuis qu'il s'est présenté aux élections européennes sous l'étiquette socialiste. Certains disent que c'est un traître, on n'en sait rien mais on sait que le candidat du RN Frédéric Weber, un autre ancien syndiqué de Florange, joue de cette mauvaise réputation pour se faire élire député dans la circonscription. Impossible de le rencontrer, celui-là, il ne tracte pas, il ne fait pas campagne. C'est la méthode infaillible des candidats RN de toutes les circonscriptions qu'on traverse, de Montbéliard à ici. On ne les croise pas sur les marchés, on ne voit même pas leurs têtes sur les affiches, juste leurs noms, écrits en petit sous les jolis minois de Marine et Jordan. La patronne du restaurant asiatique Le Pacifique, à Longwy, se plaint qu'il ne se passe rien à Longwy, c'est mort. Autrefois, il y avait la vie avec les usines mais, maintenant, les gens sont dispersés en journée parce qu'ils travaillent au Luxembourg où il y a de l'emploi et de l'argent. « Tous les commerces ont fermé dans le centre-ville, vous avez vu ? Il y a deux ou trois banques, deux cafés, mais il n'y a personne. » Nous, on ne peut pas comparer avec la grande époque, on n'a pas connu. Pour cette époque-ci, je confirme que c'est pas la grosse ambiance.

Même pour se trouver un coin à peu près potable pour pioncer dans la voiture, on doit passer la triple frontière du côté de la Belgique. Longwy, franchement, c'est pas pour dire, mais à part la place Darche et son bar L'Appartement qui se remplissent d'une faune gouailleuse les jours de marché, on n'y a pas senti une énergie démentielle. Le haut Longwy comme le bas Longwy, je n'ai pas de préférence, c'est joyeux comme un album de Damien Saez, désolé d'appeler un chat un chat. Pourtant, on l'a saignée du mieux qu'on a pu, la ville, dans la Panda et puis à pied, au rythme chaloupé de la Martine, la députée sortante de la France insoumise. Son QG de campagne grand comme un grand placard à balais faisait face au majestueux hôtel de ville. Sur Google Maps, on peut encore voir la vitrine photographiée en mai 2023. Entre un local de pizzeria à louer et un kebab Cappadoce, c'était écrit « Un autre monde est possible ».

Dans les derniers jours de cette nouvelle campagne électorale, Martine Étienne cherchait à renverser la vapeur. Elle était entourée d'une équipe de jeunes gens dynamiques venus en renfort de Paris, pour la plupart, des assistants parlementaires fraîchement diplômés de Sciences Po et puis Nadège Abomangoli, députée de Seine-Saint-Denis réélue dès le premier tour et future vice-présidente de l'Assemblée nationale, ou même Mathilde Panot, députée du Val-de-Marne réélue dès le premier tour aussi et présidente du groupe Insoumis à l'Assemblée. Il y avait aussi des membres du Parti des travailleurs belges venus en voisins et puis ceux des « Convois de la victoire », des jeunes militants pas forcément expérimentés mais convoyés vers une poignée de « circonscriptions décisives » triées sur le volet. Malgré les soutiens de poids, ça sentait le sapin parce que le RN avait rassemblé plus de 43 % des voix au premier tour et que Martine était un peu enrhumée, fatiguée, pas mal essoufflée dans les montées. Bien sûr, dans la commune elle-même, elle était en tête, et largement. C'était dans le reste de la circonscription que ça péchait.

***

Plus tôt, dans la vallée du Doubs, on était déjà allés se perdre à Pont-de-Roide, dans le sud de Montbéliard en direction du Haut-Doubs parce qu'un militant insoumis nous avait dit que la région avait été sinistrée par les fermetures d'usine et que le vote RN grimpait loin des villes. Au petit-déjeuner, après une nuit à la belle étoile, il a suffi de lancer la conversation avec notre voisine de terrasse au PMU O Moon'Aster pour faire parler un peu la « France des bourgs » autrement qu'en pourcentage sur le tableau de chasse des partis politiques. La dame s'appelait Cathy et je vais la laisser parler puisqu'elle a longuement insisté sur le fait que le problème des journalistes, c'est qu'ils coupent toujours ce qu'on dit pour garder que ce qu'ils veulent et faire passer les gens pour ce qu'ils sont pas. En l'occurrence, avec elle, ç'aurait été facile de dire qu'elle a voté RN au premier tour et que donc, voilà, elle est raciste. « Le RN, c'est pas un programme, en fait. C'est un instinct, ouais, je sais pas... Faut balayer tout ce monde politique, après on verra. Moi ? Je travaille dans une usine spécialisée dans la découpe de ressorts. J'ai 60 ans, ça fait trente ans que je suis dans la boîte, je gagne 1 800 euros par mois pour 35 heures par semaine. Attention, hein, c'est mon choix de travailler sur la commune pour éviter les frais de déplacement et puis la nounou, à l'époque, pour mes enfants. Je ne me voyais pas travailler à Montbéliard, faire l'aller-retour tous les jours, voilà. Dans le coin, on est plein à être dégoûtés. Les Gilets jaunes, allez pas croire, ils sont encore là. C'est pas, voilà, "On sort quelques millions et c'est réglé". Les gens, ils galèrent encore. Ça, les Gilets jaunes, ça oui, ça m'avait... Ça m'avait fendu le cœur ! »

Un sanglot lui monte à la gorge à la Cathy. Elle en reparle plusieurs fois, des Gilets jaunes et vraiment, on le sent, à quel point ça lui fend le cœur, comme elle dit. Elle y revient, elle insiste, elle ne comprend pas comment « les gens là-haut » ils ont pu autant les mépriser, ces gens qu'elle connaît très bien et dont, malgré tout, elle s'échine à se distinguer malgré ses propres galères à elle, comme si, ouais, comme si elle, finalement, ça allait, comme si elle ne voulait pas leur voler leur douleur, leur place dans la classe des misérables qu'elle met à distance d'elle-même, alors que ça se voit que c'est la sienne, aussi, de douleur.

« Vraiment, des pauvres gens comme ça... Faut rendre la dignité... Vous avez vu le prix de l'électricité ? Ça fait qu'augmenter. Pendant ce temps, ils distribuent des milliards d'euros d'aides en Ukraine ou j'sais pas où, pour les migrants... Attention, hein ! Les racistes et compagnie, ça me sort par les trous de nez ! Mon père c'était un pied-noir du Maroc, mon mari c'est un Portugais. Je sais que l'immigration, ça a construit la France et tout ça. Mais une maison avec un budget pour six personnes, elle peut pas en accueillir douze, voilà. Alors, les Africains, les Pakistanais, tous ceux qui sont sous-payés dans les sous-sols de restaurant, dans le nettoyage, les livraisons et tout, il faut les régulariser, d'accord, qu'ils aient une place dans les HLM, etc. Mais après, faut fermer les frontières. Quand on dit ça, on est racistes, j'sais pas quoi, soi-disant qu'on les côtoie pas les migrants tout ça. Ils vivent dans quel monde là-haut ?

« Le RN, ils font beaucoup de points ici parce qu'ils ramassent les votes des gens comme moi qui sont dégoûtés de la France qui s'appauvrit, qui n'a plus rien à voir avec ce qu'elle était il y a quarante ans. Vous avez vu les Gilets jaunes et tout ça ? Nan mais regardez ma fille, ma fille ! Elle était coiffeuse, maintenant elle fait une formation pour devenir secrétaire médicale. Entre les problèmes de CAF, le loyer, EDF, l'inflation, les enfants, ça va pas long, en deux mois vous êtes dans la merde. Alors après, ils vous disent oui, le RN il y a des gens d'extrême droite et tout ça mais ce qui me dérange moi, c'est de voir ma fille dans une merde noire ! Qu'est-ce que je lui dis à ma fille ? Ce que je veux, c'est un parti qui nous sorte de cette merde, qui rende de la dignité aux gens. Y a trop de besoins et y a plus rien qui marche, ni les hôpitaux, ni la Poste, ni l'école. Tous les points importants pour un citoyen, eh bah ils volent en éclats. Tenez, y a pas longtemps je me suis fait hospitaliser. Eh bah, j'étais dans le couloir. Dans le couloir ! Y avait pas assez de lits dans les chambres. Et puis, la maison de retraite de ma mère, faut la voir, c'est un massacre.

« On doit rendre la dignité aux gens, voilà, c'est tout. Comme Hanouna, dans son émission. Lui, je l'aime bien. Il montre des handicapés, il parle comme nous, il donne la parole à ceux qui galèrent, vous voyez. Ouais, il gagne de l'argent, il vit pas comme nous, il roule en Ferrari ou j'sais pas quoi, OK mais j'm'en fous de ça. Lui, il nous donne la parole, il nous écoute, il aide ses fans. J'aime bien aussi le marrant là, Jean Lassalle voilà, et puis Poutou. Moi, je suis d'une génération où on n'aime pas qu'on nous impose des choses, quoi faire, quoi penser. La bien-pensance et pis les nantis. Il faut des jeunes en politique mais pas des types comme Boyard, l'insoumis là, oulah, sortez-moi ce machin de là ! Moi j'aime bien Bardella, et l'autre là, le jeune... Ouais, voilà, Attal ! Lui, voilà, c'est un jeune sincère. » On s'étonne. Attal ? « Beh oui, je suis pas forcément d'accord avec tout ce qu'il dit, hein ! Il est avec Macron, tout ça, mais faut reconnaître : il a été bon Attal, face à Bardella. L'autre, il disait "Je veux exonérer d'impôt les moins de 30 ans". Pourquoi il veut exonérer les riches de moins de 30 ans, Bardella ? Il faut redistribuer l'argent.

« Moi, Bolloré, Hanouna, j'm'en fous qu'ils gagnent de l'argent mais par contre il faut redistribuer, que l'argent aille pas toujours aux actionnaires pendant que les usines se cassent aux quatre coins de la planète. Il faut relocaliser, c'est la base. Le début de la fin, ici, c'est quand c'est que Peugeot a commencé à fermer les usines, y a une trentaine d'années. Mon oncle, il avait commencé à Sochaux. C'était une fierté, l'usine, tandis que mon fils, il a un master de biologie marine, eh bah il a aucun débouché. Il est devenu prof de SVT, mon fils, mais c'est pas sa passion. Et puis l'Éducation nationale hein... Oh là là, c'est une catastrophe ça aussi. "Putain maman, il me dit mon fils, on est dans la merde en France." Il travaille dans le public, où c'est qu'il y a ceux qui ont pas les moyens d'être ailleurs. Les collégiens qu'il a, ils savent même pas lire. Mais ces petits-là, ils vont être adultes bientôt ! Comment on va faire ? C'est pas seulement les immigrés, hein ! Alors lui et tous ceux qui voient cette misère sociale, mais pour eux c'est une détresse psychologique ! Les conditions d'enseignement, ça se détériore partout, et après ça chaque point dans la vie, l'accès au travail, à la santé, tout devient difficile. »

Ça la remuait sincèrement, Cathy, et moi j'étais remué aussi, faut l'avouer, parce que je m'échinais naïvement à comprendre pourquoi Cathy s'était détournée de la gauche pour voter Jordan Bardella. Elle était contre la retraite à 64 ans, elle était pour le retour de l'ISF, elle voulait des investissements dans les services publics, elle trouvait que les LBD et les grenades qui éborgnent « les pauvres gens qui manifestent » c'est choquant. Cathy nous répondait un peu gênée qu'elle n'y croyait plus, à la gauche, parce qu'on avait essayé et que ça n'avait rien changé. Le RN au moins, c'est peut-être des affabulateurs, mais elle n'a pas encore essayé. La dernière fois qu'elle a voté en espérant vaguement quelque chose, c'était pour François Hollande. « Avec son ennemie la finance, soi-disant. Eh bah, avec des ennemis comme ça, elle est tranquille la finance. » Elle n'aimait pas non plus l'hypocrisie des partis de gauche sur l'immigration, « comme quoi ça serait pas du tout un problème, qu'on peut accueillir tout le monde » alors que non, et puis les – « comment on dit déjà ? » –, ouais, voilà, les wokes, les bobos qui vivent dans leur réalité parallèle, ceux-là qui soutiennent toutes les cultures, les religions et les drapeaux du monde tant que c'est pas les leurs, ceux-là qui font que les enfants ils savent plus s'ils sont des filles ou des garçons alors qu'on s'en fout et qui soutiennent les islamistes et tous les extrêmes. Elle trouvait que Mélenchon avait un ton agressif et, surtout, elle avait entendu dire qu'il était antisémite même si elle ne savait pas, au juste, ce qu'il avait fait, exactement, d'antisémite. Elle n'avait pas trop suivi les histoires mais ça ne lui plaisait vraiment pas du tout à Cathy, cette rumeur d'antisémitisme, vu qu'elle déteste les racistes et les haineux et tout le bazar. À la télé, elle en voit partout de la haine et ça lui sort par les yeux, comme elle dit.

« Ce qui me dégoûte avec la politique et les journalistes, vous voyez, c'est qu'ils s'en foutent des gens. Ce qui compte, c'est la petite polémique à la télé. En attendant, c'est toujours les pauvres qui trinquent. Tenez, l'autre jour, j'ai vu une émission sur un Soudanais qui a payé un bateau pour lui, sa femme et leurs trois enfants. Ils ont coulé. Tout le monde est mort, sauf le type. Il est rentré chez lui, il n'avait plus de famille et plus de maison parce qu'il l'avait vendue pour payer la traversée. Donc, il n'avait plus rien, en fait. Voilà. Alors moi, je pourrais jamais repousser un bateau qui arrive en France, vous comprenez. Mais... » Les sanglots réprimés sont revenus. Cathy était prise au piège. Elle avait comme des crises d'angoisse pour le pays. Son téléphone n'arrêtait pas de sonner parce que l'aide-soignante qui s'occupe de sa mère malade avait des galères et c'était pas de sa faute mais c'était embêtant quand même. Cathy était préoccupée, il fallait qu'elle aille régler ça.

On lui avait payé les cafés mais c'était absolument impossible de refuser le billet de 20 balles qu'elle avait posé avec ses gros doigts sous la coupelle de l'addition. « Pour votre voyage les jeunes, c'est bien ce que vous faites. »

***

Une fois qu'on est corrompu du cœur et du porte-monnaie par des femmes aussi touchantes que la Cathy, on ne le regarde plus pareil, Fabien Engelmann, assis derrière son grand bureau de la mairie d'Hayange. En 2014, à seulement 34 ans, il a été élu maire de cette ville de Moselle, voisine de sa petite ville de naissance. Il a été réélu une seconde fois, avec 63 % des voix dès le premier tour. Il est tout propre sur lui dans sa chemise cintrée. Il aime nos amis les z'animaux, il a un portrait de Brigitte Bardot sur ses étagères et un chien au poil blanc permanenté sur sa moquette bien aspirée. Il est passé par le NPA et la CGT, il était comme Alain Souchon, il ne jurait que par Arlette Laguiller et puis un beau jour, le NPA a présenté une musulmane voilée à une élection alors il s'est encarté au RN et il s'est fait jeter par son syndicat. Ensuite, il a buzzé de différentes façons. Il s'est pointé à l'anniversaire d'une ex-star du porno gay, et puis, il a institué une nouvelle tradition dans sa ville, la Fête du cochon. C'était dans son programme, il a tenu la promesse dès sa première année de mandat, la preuve qu'il dit ce qu'il fait et aussi l'inverse. La teuf de viandards est un succès depuis dix ans. Elle a l'immense atout de rassembler du monde, de faire parler d'elle autant que de lui et de donner l'occasion annuelle à ce chevalier blanc moderne de servir au *Journal du Dimanche* des punchlines du type « Le problème, c'est que le terme "cochon" est devenu un gros mot en France ».

Il nous reçoit dans son bureau, tout frais, tout beau. Après une poignée de main vigoureuse, il nous annonce qu'il a très peu de temps à nous accorder, surarticulant chaque mot avec un large sourire et un ton d'extrême politesse. En résumé, sa ville est propre, les Hayangeois et Hayangeoises sont heureux et heureuses, les salaires des employés municipaux ont augmenté, le local municipal du Secours populaire a été récupéré parce qu'il devenait « une succursale du Parti communiste » et de « la propagande pro-migrants ». Il ne se considère pas d'extrême droite parce que « l'extrême droite c'est la prise de pouvoir par la force » et que « si on avait gardé une gauche laïque qui défend les classes populaires alors je serais de gauche ». Il apprécie le discours souverainiste d'un Ruffin ou d'un Mélenchon mais il regrette « le virage communautariste des islamo-gauchistes » et puis « l'antisémitisme de LFI qui est un fléau ». Il n'a pas d'exemple en tête des « propos qui l'ont choqué » mais il est certain que Raphaël Glucksmann est marginalisé « parce que juif ». Il dit « le conflit judéo-palestinien » au lieu de dire « israélo-palestinien » et quand on lui fait part de notre étonnement, il répond un peu à côté. « Vous pensez qu'il y a des Gay Prides à Gaza ? » On répond qu'on ne croit pas, non. « Voilà. » Et on ne voit toujours pas le rapport avec notre question.

Entre deux remarques sur « les Tondelier et les autres pleurnicheuses » ou « les Boyard qui ne pensent qu'à leur shit et à leurs subventions », il fait la distinction entre l'immigration subie et l'immigration choisie. « La différence, c'est qu'il y a une nouvelle immigration qui ne veut plus s'intégrer. Les gouvernements précédents ont laissé se développer des ghettos de pauvres immigrés qui se radicalisent dans leur haine de la France. » Il regrette qu'on place des familles dans des chambres de neuf mètres carrés et qu'on les laisse là, sans les assimiler alors que c'est le minimum pour vivre ensemble. Il y a vingt ou trente ans, il dit que les cours d'histoire se passaient très bien, alors qu'aujourd'hui on a des Samuel Paty. « Certains ont ouvert les yeux il y a longtemps sur l'islamisation rampante du pays, mais dans nos milieux trotskistes on ne sait plus porter de jugement sur le port du voile. » Le problème, il dit, c'est que l'argent des Français finance des médias publics comme France Inter pour « promouvoir le multiculturalisme et dire des horreurs sur les électeurs du RN » et que les institutions publiques tapent sur CNews alors que le Pascal Praud, lui, « dit tout haut ce que tout le monde pense tout bas ».

« Les électeurs RN paient leurs impôts comme tout le monde, non ? » On confirme que oui, on croit bien, mais qu'il ne répond pas à nos questions sur les faits-divers montés en épingle ni sur les profils détonnants de certains candidats de son parti, celle de Caen qui porte une casquette nazie sur une photo par exemple ou bien l'autre en Meurthe-et-Moselle qui disait « Juif qui parle, bouche qui ment » et celui de Belfort qui ne savait pas citer dix communes de sa circonscription. « Au début de mon mandat, la presse nationale ne m'a pas lâché. Je sais ce que c'est, les médias. » Ça ne répond toujours pas à nos questions mais il enchaîne sur son dégoût pour « ces pseudo-journalistes qui n'essaient pas de venir sur nos terrains sans dire "Ouais, les fachos !" », ceux qui « n'essaient pas de comprendre pourquoi leurs petits quartiers parisiens privilégiés votent si différemment ». Il ne répond plus à *Libération*, par exemple. « Ce ne sont pas nos amis. Vous dites blanc, ils écrivent noir. » Ça nous rappelle étrangement ce que disaient nos copains de Tarnac, Kamel notamment. « Vous ne citez pas mon nom dans *L'Obs*, hein ? C'est pas des amis. » Dans ce monde de brutes, les gens ont un minimum d'exigences affectives. Ils veulent des journalistes qui soient aussi leurs amis.

Wikipédia nous avait appris que Fabien Engelmann était d'ascendance pied-noir et le concerné nous a confirmé que sa mère était née en Algérie. « Ses grands-parents sont des rapatriés installés dans la vallée de la Fensch dans les années 1960 pour travailler dans la sidérurgie. Son père est comptable, sa mère auxiliaire de vie ». Il y a tout plein de choses à analyser dans une bête notule Wikipédia. Vous pouvez aussi vous informer un peu plus en détail sur les coulisses du mandat de ce monsieur sur le site Les Jours, qui lui a consacré une enquête en plusieurs volets. De notre côté, on n'était pas dans son bureau pour gratter le vernis avec une enquête chiadée. C'est très bien les enquêtes chiadées mais c'est juste pas notre domaine. Nous, on se pointait parce que le rendez-vous qu'il nous accordait nous offrait une rare occasion de nous entretenir avec un élu RN vu qu'à ce moment-là, à quelques heures du second tour des élections, avec toutes les casseroles qu'ils se trimballent les uns les autres, ils ne couraient pas les rues pour ouvrir la bouche, encore moins devant des journalistes.

Le soir du second tour, on a bien essayé de faire parler Frédéric Weber, le candidat de Longwy-Briey qui nous snobait allègrement depuis plusieurs jours. Il était dans la salle municipale de sa petite ville, il surveillait le dépouillement, seul, debout au milieu de la pièce. C'est la première fois qu'on voyait l'ancien syndicaliste FO chez ArcelorMittal, le coauteur de *Qui a tué Florange ?*, un livre qui dénonce la responsabilité des socialistes dans la fermeture des hauts fourneaux emblématiques. Près de douze ans après la fin de la sidérurgie lorraine, Frédéric Weber était là, pâle, les épaules un peu voûtées, dans la mairie de Briey où il assistait au décompte des voix. Sur les marchés environnants, dans les cités ouvrières, à la sortie des écoles, on avait vu des insoumis tenter péniblement de convaincre les électeurs hostiles ou désabusés de voter pour leur députée sortante. Aucun des habitants à qui on avait posé la question n'avait croisé le candidat du RN, nulle part, à aucun moment, ni lui ni ses militants. Pourtant, ce soir-là, il était là et il avait gagné. Il est sorti victorieux du bureau de vote, comme un fantôme sur le parvis désert.

***

Sur la route de Verdun, en pleine nuit électorale, tandis que Louis et moi recevions les vidéos des feux d'artifice tirés depuis la place de la République, à Paris, tandis que nos familles et nos amis se réjouissaient de l'échec du Rassemblement national à remporter la majorité des sièges à l'Assemblée, je pensais à tous ces électeurs déçus que nous avions rencontrés et pour qui plus de 120 députés du RN, c'était historique, bien sûr, mais pas suffisant, encore, pour faire tomber le gouvernement. Je pensais à tous ces gens pour qui Macron n'était pas légitime et pour qui le « front républicain », qui avait plus ou moins tenu, était un front des élites antidémocratiques dressé entre la volonté populaire et le pouvoir. Je pensais à toutes ces circonscriptions qu'on venait de traverser et qui étaient passées en brun sur la carte électorale de France Bleu alors que Paris et toutes les grandes villes en étaient préservées. Je pensais aussi, évidemment, à la libération du flot de haine et de bêtise dans l'Assemblée et sur les chaînes de télé. Je ne voyais rien à fêter, honnêtement, rabat-joie que je suis, de quelque côté qu'on regarde.

Le pays que nous traversions depuis plus de deux mois n'était ni l'Amérique de Trump ni la Russie de Poutine mais il était aussi malade de lui-même, aussi braqué, aussi méfiant, peut-être plus démoralisé, et c'était le nôtre. En France comme ailleurs, des gens écœurés d'un monde qui tourne trop vite pour tous sauf pour une poignée de privilégiés, cherchent un peu de réconfort dans la stabilité. Ils se rebiffent contre ceux pour qui tout ne va pas si mal et qui ne les entendent pas malgré le raffut qu'ils font. Les perdants de ce monde ne sont pas forcément les plus pauvres ni les plus silencieux, mais ils sont démunis jusque dans le vocabulaire. Hommes ou femmes, ils disent « les nanas », ce qui « ne se dit plus » alors ils disent au moins qu'ils ne peuvent « plus rien dire » et cette phrase qui les soulage les enterre à jamais dans la catégorie des losers. Ils sont les perdants d'un système de valeurs.

Ceux qui sont du mauvais côté de la bourgeoisie, comme dit Renaud dans « Adieu Minette », ou de la vitre teintée, comme dit Nekfeu qu'on ne peut plus citer, ne supportent plus qu'on leur dise « comment baiser, comment se torcher », ni les ricanements de France Inter, ni les leçons de morale des militants de gauche, ni leurs débats à la mode sur la fluidité de genre, le véganisme et les micro-agressions dont ils se foutent, ni les accusations qu'on leur fait d'être des « racistes », des « fachos », des « frustrés ». C'est à un autre sujet qu'ils hochent la tête devant CNews. Le fond du problème, c'est que la mondialisation et l'individualisme ont déstructuré la conscience du « nous » collectif pour l'éclater. Les morceaux se recollent grossièrement autour de l'identité que le *padre* Delorme définit comme « ce qui nous relie à l'autre et à une histoire, ce qui ne nous fait plus sentir seuls au monde, ce qui inscrit notre trajectoire dans ce qui nous précède et nous dépasse ».

Dans son livre *Ceux qui restent* qui n'a pas juste un joli titre et qu'on trimballait dans le vide-poche de la Panda décidément bien plein, Benoît Coquard parle de la disparition de « tout ce qui produit le groupe et la réciprocité » associée à la raréfaction des ressources, qui « attise les rivalités concrètes et les jalousies latentes »[1]. Autrefois, les classes populaires voyaient se pavaner les riches locaux qu'il fallait saluer bien bas du chapeau. Aujourd'hui, les distances ont explosé, les riches ont disparu de la vie réelle. Ils se pavanent en jet entre Dubaï, Londres et New York. Les notables ont disparu avec leurs grandes usines, leurs grandes voitures, leurs grandes maisons, leurs grandes fêtes, leurs grands sépulcres. François Ruffin le décrit bien dans *Je vous écris du front de la Somme*. On ne croise pas Bernard Arnault dans les rues de Roubaix, où il est né. Il est virtuel, on le croise au hasard des réseaux où aux *surprise parties* du couple Macron. Dans les rues de Roubaix, on croise un Roubaisien blanc en claquettes-short qui se plaint des boucheries halals et puis des femmes voilées qui s'échangent des *« salam »* devant les étals. Les classes populaires se font face. Elles se disputent les aides sociales auxquelles elles ont droit, les emplois qui restent, leurs identités entremêlées.

1 Benoît Coquard, *Ceux qui restent. Faire sa vie dans les campagnes en déclin*, Paris, La Découverte, 2019.

CHAPITRE 8

ÉTALON CH'NORD

Alors que, depuis quelques semaines, la vieille radio de la Fiat Panda n'en avait que pour « l'élection de tous les dangers », à l'approche de son Douaisis natal, elle s'est prise soudainement de passion pour la plouf géante au sujet des potentiels Premiers ministres ou présidents de l'Assemblée. Ça forçait Louis à se redresser de la banquette arrière pour passer sur FIP parce qu'on avait déjà entendu trois fois telle ou telle brillante analyse. Je vous épargne deux semaines d'avis éclairés et de suspense insoutenable pour vous annoncer que le 19 juillet 2024, Yaël Braun-Pivet a été réélue à son poste, à l'Assemblée, et que Gabriel Attal a été maintenu au sien, à Matignon. Pendant deux semaines, ces grands bouleversements politiques ne défrayaient pas la chronique de notre quotidien. Tel couple d'Avesnes-sur-Helpe nous parlait plutôt de comment le travail leur avait fait « oublier de vivre, comme Johnny Hallyday », tel autre de Renescure qui aimait discuter – « Oh bah parce qu'on n'a plus ça qu'à faire, hein ! » – retraçait l'histoire glorieuse de monsieur à l'usine Bonduelle – « Où c'est qu'moi, ben j'conduisais la beule » – et celle non moins glorieuse de madame dans ses tournées de la Poste – « Où c'est qu'j'allais saluer même les gens qu'avaient pas de courrier, hein, ça faisait du lien et pis on y buvait un p'tit coup alors que maintenant non, y a plus le temps, faut qu'ils courent les jeunes. »

Dans la jolie ville de Guise, l'actualité nous a tout de même rattrapés puisque nous y sommes arrivés le jour du passage de la flamme olympique. On s'est mêlés à la foule en s'étonnant de l'effervescence. Les familles s'étaient rameutées des quatre coins de l'Aisne et du Nord, de Marly-Gomont, qui nous avait surpris sur le chemin, ou de Fourmies où on avait passé la nuit. Elles se tenaient en rangs serrés sur le seuil des corons. La fête était organisée sur le parvis du Familistère, vous savez, cet immense ensemble architectural dessiné par Godin, le créateur des poêles à bois du même nom. C'était un illuminé qui voulait que son usine appartienne aux ouvriers. Ça porte un nom, cette espèce à laquelle appartiennent aussi Charles Fourier, Robert Owen ou Claude-Henri de Rouvroy de Saint-Simon – en toute simplicité –, c'est les socialistes utopiques, pas le genre de types avec qui former un gouvernement. Pour les affaires, ça marchait pas si mal. Les poêles Godin sont encore une référence plus de 130 ans après la mort du saint patron paternaliste. Entre la bibliothèque populaire, l'école gratuite, les logements gratuits et la piscine gratuite qui utilisait l'eau de l'usine pour chauffer le bassin, l'immense parvis accueille encore les grands événements de la ville, le 1er mai pour la fête des Travailleurs et la journée de huit heures, en juin pour le festival La Ronde des Briques ou encore ce jour-là pour la cérémonie de la flamme olympique.

Entre les jeunes en survêt' et maillot de foot bien serré sur les pecs et les éclats de rire des meufs en robe moulante, on a appris que l'usine Godin n'avait pas su anticiper le virage à prendre dans les frigidaires ni dans les machines à laver en tôle, ni les tirages dans les pattes des ouvriers-actionnaires, enfin tout un tas de trucs qui ont fait que l'usine s'est vautrée à la mort du directeur. Sur le mausolée du camarade en chef, dans le jardin, il est écrit : « La prospérité vous suivra tant que l'accord régnera parmi vous. » L'accord n'a pas l'air de régner tant que ça vu que le taux de chômage approche les 30 % et que les drames industriels se répètent, dans l'Aisne. Le dernier en date a frappé plus au sud, du côté de Château-Thierry où l'usine LU du centre-ville s'apprête à fermer. Les biscuits Pépito se rapatrient autour de Nantes, pour une partie, et s'expatrient, pour une autre, en République tchèque. C'est la multinationale Mondelez qui l'a voulu ainsi. Elle contrôle Oreo, LU, Toblerone, Côte d'Or, Finger, Milka. Quelques mois avant l'annonce de la fermeture, le groupe se félicitait d'une croissance des ventes de 14,4 % et d'un bénéfice net de près de 5 milliards de dollars. Son directeur, Dirk Van de Put n'a pas trop l'air dans le délire de Godin. Il s'en fout du symbole de cette grande usine implantée sur l'île du cœur de Château-Thierry, où est né La Fontaine et tout. Dirk Van de Put, il s'en tamponne le coquillard à coups de truelle, comme dirait mon père, de Pépito et de La Fontaine, Il n'est pas « d'ici », c'est un *nowhere*, comme aurait dit Fabrice de Planète Sochaux. Il gère des affaires.

***

À Hénin-Beaumont, un peu plus haut, dans le ch'nord, on en a croisé des gens qui n'étaient pas « d'ici » et qui pourtant l'aimaient à la folie, leur ville. C'était au café Ô Dream Tea, chez Nordine qui lâche des « Hénin-Beaumont c'est pas le laboratoire du RN, c'est la vitrine comme ils disent » et puis des « Ah vous allez à Roubaix ensuite ? Vous allez voir le Maghreb ». Son client qui aime Hénin-Beaumont plus que tous les autres, c'est Mohamed Zaoui, ancien boxeur olympique algérien, médaille de bronze des moins de 75 kilos à Los Angeles en 1984. Il traîne en terrasse avec son thé à la menthe, sa gueule cassée, sa langue qui cherche à bien viser les mots dans sa bouche et ses gros poings. « Hénin, c'est le plus beau pays du monde ! » Il nous répète ça à tout bout de champ, en terrasse et puis les deux fois qu'on le croise dans la rue. Il est très fier de la propreté des trottoirs. Il le souligne d'un geste du pouce et de l'index joints. Les fachos, il leur claque la bise parce qu'il connaît tout le monde et que tout le monde le connaît et qu'il faut pas le faire chier. Il a été videur d'une grande boîte du coin alors les flics, il les connaît aussi. Tiens, il se lève pour une bise à deux agents municipaux. C'est des fachos, ceux-là ? Il se marre. « Nan, eux ils sont très sympas. Ils votent RN, hein, mais c'est pas des fachos. »

Il nous montre une blonde qui passe d'un geste du menton. « Elle est belle, hein ? Eh bah c'est un homme ! » Il se marre encore. Et puis, une jeune fille en hijab. « C'est un effet de mode, le voile, ici comme partout. Les filles de cet âge, elles trouvent qu'elles sont plus belles comme ça, avec un beau rouge à lèvres. Qu'est-ce que tu veux faire ? Y a rien de grave, c'est des ados, faut pas s'exciter. » Il répète comme Nordine que Hénin ne ressemble pas à ce qu'imaginent les Parisiens. « Ici, les racistes, faut pas qu'ils parlent trop fort s'ils veulent pas se faire exploser. » Mohamed Zaoui est né à Zaouea El Yakoubi en 1960. Il a suivi ses parents à Évin-Malmaison parce qu'il n'avait pas trop le choix, à cinq mois. Son père s'était battu pour l'indépendance de l'Algérie avant d'émigrer en France pour devenir mineur. Il est mort jeune, il aimait le Nord. Mohamed Zaoui nous raconte son épopée familiale entre deux tractions sur les bras de sa chaise, une distinction entre l'islam malikite et salafiste, un soupir contre les racistes qui ne connaissent rien à l'histoire et un autre pour le massacre à Gaza dont tout le monde se fout « parce que c'est des Arabes ».

Au comptoir, Abdel nique le game de la gouaille avec son accent ch'ti à fendre à la rivelaine. Son père est arrivé d'Algérie à 17 ans pour travailler comme fondeur. « Il vit comme un pacha mo'père, mais il a bossé comme un chien ! » Il a perdu un pouce chez Metaleurop Nord, dans l'usine de la ville voisine, Noyelles-Godault, qui a été liquidée en 2003, dispersant 830 salariés. « V'la connaissiez pas l'histoire ? Mais c'est connu comme Barabbas ! » Et on ne connaît même pas l'expression biblique. Il est choqué Abdel, il secoue la tête et puis il nous retrace toute l'histoire de sa région. Il se souvient de quand il était enfant, avec ses tantes et sa mère, quand ils avaient jeté des tomates sur le père Le Pen à l'entrée du

Auchan. Il lâche des « Boumédiène, c'tait quelqu'un ! De Gaulle, nah, j'connais pas... » et puis des « Hollande il est leeent, il est lent ! C'est ça son problème. Tu prends le premier wagon, lui il est dans le troisième. Celle qui est forte même si elle est raciste, c'est la fille Le Pen. Alors elle... Quand elle f'sait sa campagne électorale à Hénin, moi j'y allais à ses apéros ! Ouaiiis, tous ses apéros ! Avec les petits-fours, tout ça, pour les habitants ! Naaan, je l'ai jamais aimée bien sûr ! J'aime pas les racistes mais c'est pas ça : moi j'suis un gourmand ! »

Un jour, quand même, entre deux petits fours, il lui a dit ses quatre vérités à Marine parce que le racisme, c'est pas possible. « Je lui ai dit, faut laisser tout le monde vivre tranquille. Ici, on a fait venir la main-d'œuvre de partout, des Polonais, des Italiens, des Reubeus, on a toujours vécu mélangés, on a tous contribué pour les usines et les mines de la région, t'as compris ? C'est quoi ces histoires maintenant, pointer du doigt les Reubeus ? Moi j'suis un vrai Ch'ti, j'suis né ici, j'suis musulman, on m'a jamais empêché de prier et j'ai jamais emmerdé personne ! Après, les dégénérés qui font des attentats tout ça, c'est pas des musulmans ça, c'est des gens paumés, faut les soigner ! Faut les mettre à l'école ! Les gens, ils ont peur des musulmans maintenant mais c'est normal quand tu vois tous les barbus qui se font sauter, faut que tout le monde se calme, faut que les gens respectent la République. C'est des fous les gens ! » Il parle comme ça Abdel, sans détours, avec ses formules de dégarni qui pense, du genre « Dieu nous a pas créés avec des cheveux, il nous a créés avec un cerveau ».

Kamel déboule, polo bleu, grosse montre. Il était au lycée avec le maire Steeve Briois qui « était déjà un trou du cul, à l'époque ». Kamel se rappelle très bien quand le pauvre Steeve s'est fait tabasser dans une cité du coin, tout ça parce qu'il est gay et c'est pas bien de faire ça. « Ça l'a marqué, c'est sûr. C'est un mec, voilà, maintenant, il a peur. » Kamel se souvient aussi de son bar-tabac où Marine Le Pen venait acheter ses clopes. Bah, il lui vendait, elle était polie, c'est tout. Nordine aussi, il sert du beau monde. « Marine Tondelier ? Bien sûr, c'est une habituée ! Mais j'suis pas à 100 % écolo, moi, attention ! » Le patron du café est un fils de mineur comme tout le monde. Son père a fait vingt et un ans de fond dans la fosse 3 de Sallaumines. « C'étaient les mines elles-mêmes qui trafiquaient les papiers pour que nos parents puissent travailler. » Son père est mort en 2014. Le fond l'a usé, il faisait des crises d'épilepsie. Sa mère habite encore une maison de coron mise à disposition par la mine. Abdel, lui, il s'est lancé dans le bâtiment, dans les années 1980, à Clignancourt, Saint-Ouen, Melun. « Ils aimaient les gens du Nord, les Parisiens, parce qu'on avait la réputation d'être des bosseurs. » Il en est fier, de cette réputation. Il répète qu'il a beaucoup bossé, avec l'humble mouvement de tête qu'on retrouve dans tous les coins où d'anciens pauvres se la sont donnée.

« Ici, ça a toujours été la belle vie. On travaillait beaucoup mais l'ambiance était bonne. On fermait jamais la porte de chez soi. Je m'en souviens, sur les lignes de corons, tout le monde vivait sur le trottoir. » Kamel confirme, il allait toutes les semaines chez madame Larose, « une Française », elle lui préparait des frites, elle lui prêtait des livres et des jeux de société. Il paraît que les vieilles sortaient les chaises sur le seuil des portes, que les enfants se couraient après, que tout le monde vivait mélangé, les « Macaronis », les « Polaks », les Reubeus et puis les Français. « Il y avait des embrouilles, bien sûr, c'est normal. Mais c'est les médias qui ont attisé toute cette haine et cette violence qu'on a aujourd'hui. Ils exagèrent toujours tout. » Nordine nous dit ça pendant que sa télé diffuse CNews dans son dos. C'est une émission sur « Saint Benoît : un fondateur à l'épreuve ». « Ouais, je ne sais pas trop pourquoi je mets cette chaîne... » Nous non plus et on ne s'explique pas comment notre regard a pu être happé successivement par les images des manifestations contre les bassines, et par l'hommage à saint Benoît. « C'est tous ces médias à la con qui font monter la mayonnaise ! »

***

On avait débarqué à Hénin le jour du marché. Faut reconnaître au hasard le don de soigner nos arrivées. Dans cette ville qui est le symbole de la prise de pouvoir du Front national nouvelle génération, notre première surprise a été de croiser des femmes voilées et des stands d'abayas sur la place principale. Au milieu des allées et venues des familles, il y avait Clément et ses tracts pour la Lutte ouvrière qui nous a remis à jour sur l'élection de Steeve Briois, en 2014. L'année précédant son premier mandat, Gérard Dalongeville, l'ancien maire socialiste, avait été condamné à quatre ans de prison, dont trois ferme, cinq ans d'inéligibilité et 50 000 euros d'amende pour dix-huit détournements de fonds publics, onze délits de favoritisme, six usages de faux et une corruption passive. Clément détaille le palmarès parce que ça a une incidence sur les élections quand il arrive ce genre de bricoles. Aux municipales de 2009, le Front national avait déjà été tout proche de l'emporter avant que Steeve Briois ne se casse les dents sur le « front républicain ». Le second tour avait laissé un petit goût amer aux électeurs déçus, les poussant à associer les partis de gauche et de droite pour les rejeter en bloc. Et puis, il y avait eu les législatives de 2012, une première victoire de Marine Le Pen face à Jean-Luc Mélenchon, le procès du fameux Gérard et les municipales de 2014 pour consacrer Steeve. La conquête de cette banlieue lensoise désindustrialisée avait validé la stratégie du Front national en reconstruction. Le parti se préparait à changer de nom pour devenir le Rassemblement national, en surfant sur la désindustrialisation et le rejet de la classe politique dominante. Quarante ans après les premiers coups d'éclat du FN à Dreux et Aulnay-sous-Bois, des villes industrielles à forte population maghrébine, le RN terrasse le PCF ici comme ailleurs.

Après ces clarifications, Clément s'était indigné de la campagne des médias et des politiques contre Mélenchon qui serait soi-disant antisémite alors que personne n'est capable d'expliquer en quoi. Clément n'était pourtant pas fanatique du grand manitou de la gauche. Il lui avait mis son tarif concernant les promesses à coups « d'argent magique » et son abandon de la classe ouvrière. Tant qu'il y était, parce que ça faisait longtemps, il avait aussi descendu les journalistes de notre espèce. « Les seuls moments où t'entends parler des ouvriers aujourd'hui, c'est pour dire qu'ils votent RN et qu'ils sont fachos. » On se serait crus dans les réserves sioux. Faut avouer que si on était allés se perdre à Hénin-Beaumont, c'était plutôt pour chercher des gueules rougeaudes de fachos, et c'est mal. Eh bah, ça n'avait rien à voir. On s'en rendait bien compte à traîner par les rues, entre les kebabs et les deux-trois commerces polonais.

***

Dans un tout autre style, c'est ce qu'on a vécu aussi en débarquant à Calais. Sur les plages du centre-ville, a priori, tout roulait plutôt bien. Il faisait un temps de chiottes, des enfants joufflus se couraient après entre les cabanes de plage, la mer donnait envie de se jeter dedans pour la réchauffer. C'est en grattant un peu qu'on est tombés sur le centre d'accueil de jour pour « les personnes migrantes ». Dans une rue excentrée de la ville, il y a un portail, derrière ce portail il y a une cour et au fond de cette cour, entre les Soudanais, les Érythréens et une flopée de bénévoles en gilet, il y a Rasta. Ça fait six ou sept ans que le centre tourne grâce à des types comme lui. Il a servi dans l'armée et il a vu de ses yeux « toute la merde qu'on fait en Afrique », alors il est rentré au ter-ter, dans son appart qui donne sur le rond-point de Transmarck, à l'entrée du tunnel de Calais, porte d'entrée pour l'Angleterre. Juste sous ses fenêtres, des Afghans désespérés de boire de la bière chaude et de manger des fish and chips se foutaient sous des camions en croisant les doigts pour ne pas mourir de froid ou bien écrasés en chemin. Rasta s'est souvenu de son grand-père résistant, de sa famille de gauche, il a découvert sa date de naissance commune avec Cédric Herrou, enfin il y a eu quelque chose, ce déclic qui fait qu'un type plus ou moins rangé se décide à consacrer sa vie à aider des inconnus. C'est pas commun.

Comme il parle arabe et wolof, qu'il est engagé dans cette aventure humanitaire sans fin depuis dix ans et qu'il fait près de deux mètres dans tous les sens, il est un peu la référence pour tous les gars – parce qu'il y a surtout des gars – qui ont besoin d'un conseil, qui ont une requête ou une pensée plus ou moins sombre à partager. Pendant notre discussion, on est interrompus plusieurs fois par des jeunes hommes. Ils soufflent doucement « Rasta ? », en se tortillant dans leurs vêtements de récup, et Rasta tend l'oreille, prononce quelques mots, rassure, indique les toilettes ou une prise pour brancher un téléphone. Il garde aussi un œil sur les types louches qui traînent. Certains sont des passeurs. Ils cherchent à remplir leur bateau et le pactole à quelques dizaines de milliers d'euros. D'autres sont simplement des déséquilibrés. « Celui-là, je le surveille comme l'huile sur le feu. Il nous a déjà démonté l'accueil deux ou trois fois. Il y a un nombre de schizophrènes... L'autre, là-bas, en noir, c'est un enfant-soldat du Soudan du Sud. Il décompense, il va faire une connerie, je le sens. Il y a trois mois, j'ai dû le sortir manu militari. Et celui-ci, putain, il revient de loin... C'est un Kurde irakien. »

Rasta connaît tout le monde. Il fait le travail que ne font pas les autorités publiques : accueillir, orienter, protéger. « Tu te prends les histoires de tout le monde dans la gueule, tu vois, et tu te les portes sur ton dos, tout seul, sans l'État, voilà. » Rasta ressemble à un mec que j'ai rencontré à la frontière ukrainienne, en mars 2022. Un Français, un grand, un costaud comme lui. Il se déguisait en Jack Sparrow avec un drapeau français autour du cou pour faire rire les enfants. Il organisait les distributions de repas et de jouets en gardant un œil sur les bandes de proxénètes qui tournaient autour des jeunes réfugiées. Il se plaignait que les gouvernements européens laissent aux bonnes âmes comme lui le soin de se dépatouiller dans la merde. C'était au point frontière de Medyka, en Pologne. La principale différence avec Calais, c'est qu'il y avait principalement des femmes et des enfants dans ce camp de fortune et puis des bus pour les amener vers l'Allemagne, l'Espagne ou la France. Ici, ce sont surtout des garçons, plutôt jeunes, et il n'y a rien pour les amener nulle part, que des bateaux gonflables de merde où ils peuvent s'entasser à une soixantaine en se délestant de 1 500 ou 3 000 balles et de la certitude d'être en vie le lendemain.

On en rencontre tout plein, au lendemain de notre arrivée, sur un terrain vague, en bordure d'un ancien Lidl désaffecté, en périphérie de Calais. La plupart sont des Soudanais. Ils nous racontent une guerre dont tout le monde se fout à peu près bien qu'elle ait fait des dizaines de milliers de morts et une dizaine de millions de déplacés en un peu plus d'un an. On repense à tous les « Reubeus » croisés sur notre route et à leur « Gaza tout le monde s'en fout parce que c'est des Arabes » et on pense à ce que doivent se dire tous les « Renois » à propos du Soudan. Ceux qui sont là sont joyeux à faire peur. Ils parlent de foot. L'un d'eux s'appelle Razin, il a fui le Soudan au milieu de ses études de médecine. Il voudrait reprendre les études en Angleterre. On lui souhaite parce qu'il y a de belles histoires mais on ne lui dit pas qu'on pense à ce que nous a glissé Rasta la veille. « C'est un caillou l'Angleterre. Tout coûte cher. C'est 20 euros le paquet de clopes. La plupart de ceux qui tentent la traversée, s'ils se noient pas, s'ils réussissent à passer, ils vont servir d'esclaves pendant cinq ans, laver des voitures et puis ils ne rêveront qu'à se barrer. »

Bien sûr, ça ne se dit pas, quand on ne connaît pas l'histoire individuelle de ceux dont il est question, quand on n'est pas leur intime, quand on ne sait pas quel cauchemar ils fuient, quel rêve ils poursuivent. Des rives du Rio Bravo aux rives de la Manche, en passant par la vallée de la Roya, le jardin d'Éole à Paris ou la plaine des Vachers à Lille, c'est la même galère qu'on retrouve, la même misère, le même saut dans le vide, le même enchaînement de risques inouïs à commencer par celui, vertigineux, de tout abandonner en un lieu qu'ils connaissaient pour ne rien trouver, peut-être, en d'autres lieux dont ils ne savent rien, où personne ne les attend que des citoyens d'ici et là qui se débrouillent, qui font de leur mieux avec le peu de moyens qu'ils ont. « Si nous existons », avait dit Christophe, un volontaire lillois en maraude, « c'est qu'il y a un échec des États quelque part ». Christophe avait remarqué sobrement qu'il y avait eu une certaine « maladresse » gouvernementale – « Je veux pas dire favoritisme, donc bon... » – par rapport au traitement des réfugiés ukrainiens. Il en a vu placer certains dans des chambres d'hôtel dont on avait délogé les familles soudanaises. « Ouais, ça fait bizarre à voir. »

***

Parler avec les représentants de l'immense tissu associatif français, c'est aussi enthousiasmant que désespérant. « On a l'impression de vivre dans une bulle complètement en dehors de la France », nous a dit Flore, la coordinatrice de l'Auberge des migrants, à Calais. On se dit que l'humanité est belle, tout de même, et que le monde autour, parfois, est bien merdique. Rue Clément-Ader, il y a les centaines de Soudanais entassés comme des chiens dans un hangar humide ouvert aux quatre vents, il y a le bureau en pagaille de Flore qu'il faut traiter contre les punaises de lit parce qu'elles sont revenues, il y a les parkings de fret grillagés des transporteurs vers l'Angleterre et puis le nouveau Lidl flambant neuf où des mères de famille vont faire leurs courses de pauvres en poussant des caddies. En reprenant l'avenue du Commandant-Cousteau qui a été barricadée-barbelée pour empêcher les migrants d'embarquer entre les containers, au grand dam des habitants qui aimaient s'y promener et flâner autour des paquebots, on revient aux rues de la citadelle Vauban et on se pointe au café de la Tour, à la Timbale ou à la Betterave, en retrait.

C'est trois bars, trois ambiances. Dans la première salle, on rencontre Pierre, journaliste du média *Calais la Sociale*, un site d'information locale qui traite des migrants autant que des ouvriers, parce qu'on serait tentés d'oublier un peu les ouvriers, les délocalisations et tout et tout, tellement tout le monde s'en fout. C'est triste mais certains saturent de n'entendre parler de leur ville que pour les décomptes sinistres des anonymes disparus en mer. Dans la seconde salle, on retrouve toute la faune artistique et activiste locale qui devrait faire parler d'elle si le monde tournait rond, tellement qu'elle est jeune, douée et engagée. Dans la troisième, on s'enfile des « jus de bagarre » avec le reporter Louis Witter qui a passé un an à documenter le foisonnement de cette ville dont on entend parler cycliquement dans les journaux télé mais dont on ne sait trop rien, finalement, parce qu'on en parle trop peu, trop mal, sans noms, sans visages, sans âme, sans vie, avec des chiffres.

Voilà, bon, il y a ça à Calais et beaucoup plus bien sûr. J'aimerais vous raconter dans les détails à quel point cette ville est surprenante. Pour vraiment capter le délire, il faudrait que vous rencontriez Loup Blaster. Elle est élue à la mairie, chanteuse, DJ, illustratrice, réalisatrice, tout ça et d'autres choses, à l'orée de la trentaine. Elle irradie la ville dans le gris du ciel et de la mer. Il faut y aller pour voir, rencontrer, comprendre. Merde, je ne peux pas tout vous expliquer. J'ai sauté l'histoire des jeunes ouvriers du port de Calais, par exemple, et je m'en veux. Ils roulent des câbles dans les cales d'immenses bâteaux et quand ils en sortent, dans la nuit, ils vont filmer des flics qui déchirent les tentes de migrants au couteau. J'ai aussi manqué de vous parler de Fatima Sahraoui, à Roubaix, qui a toute une série d'engagements auprès de migrants, de femmes isolées ou d'enfants placés qui font des passes pour cinq euros et c'est pas toujours drôle mais Fatima se tape des barres quand même. « On va pas pleurer tout le temps, faut de la joie de vivre ! »

Pour chacune de ses actions bénévoles, elle est obligée de transgresser un peu, ici ou là, parce qu'on « ne peut pas s'occuper des gens qui sortent du cadre sans sortir du cadre soi-même », mot pour mot ce que m'a toujours répété mon oncle Jean-Pierre. Fatima pianote sur son téléphone devant les projections cinéma et les panneaux de recrutement municipaux, elle pousse à sortir des femmes qui ne mettent « jamais un pied en dehors de chez elles, miskine, avec leur voile sur la tête », elle distribue des repas à des sans-papiers qui ont quitté leur pays pour venir vivre à Roubaix « dans une cave ! » et puis elle fait la morale à des gens qui s'enrichissent dans le Nord et partent couler des jours paisibles dans le sud de la France, « ces ingrats ! ». C'est la fille d'un militant du FLN devenu ouvrier chez Usinor, une couturière multi-licenciée d'entreprises fermées ces trente dernières années comme Pennel et Flipo, la Lainière de Roubaix, l'usine de peignage de la Tossée, Damart, Camaïeu, La Redoute. Elle fait la liste en se marrant.

Je suis bien forcé de vous la faire courte même si je rêverais de m'étaler sur le Nord. Il y aurait tout un tas de choses à dire sur les anciens corons – il faut lire *Le Jour d'avant* de Sorj Chalandon – et puis sur l'écosystème du canap installé à l'entrée d'une cité de l'Épeule, à Roubaix, où de très jeunes dealers à l'esprit entrepreneurial regardent passer des voitures volées en partance pour l'Allemagne et des meufs qu'ils ont soi-disant niquées pour pas cher. Ils nous ont conseillé d'arrêter de faire les chaberts, d'oublier les publications dans des magazines que personne ne lit pour nous reconvertir dans des vidéos Snapchat en Thaïlande parce que ça rapporte. « Il n'y a que ça frérot : l'argent, l'argent, l'argent. » C'était pas la première fois qu'on nous expliquait comment faire de l'oseille, à Louis et moi. Dans ces moments, on hoche la tête mais on n'écoute pas vraiment. C'est pas qu'on s'en fout, nan, mais on ne réussit pas à assimiler. Il faudrait faire de la vidéo, oui, bon. Mais avec de la vidéo, je perdrais plus de choses encore qu'à l'écrit. Je ne pourrais pas faire resurgir de la nada tel ou tel plan de vie que j'aurais manqué de capturer. Avec les mots, si. Et même si c'est une esquisse, quelques phrases, des noms jetés à la va-vite sur le papier, l'important c'est qu'elles soient là, les pièces du puzzle, pas toutes, d'accord, mais disons le plus possible, que ce soit le plus ressemblant, le plus fidèle, le plus bordélique, le plus réel, le moins vendable possible.

CHAPITRE 9

LAISSE BRETON

Trois types en salopette sortent de la grange avec la démarche des mecs pas-là-pour-rigoler. L'un d'eux joue avec une espèce de bielle d'acier. « On nous a signalé une voiture noire qui faisait le tour des élevages. Vous êtes sur une propriété privée ici, alors vous dégagez. » La voiture noire en question, c'est la Chichi qui touche vaillamment le bout d'un périple de 10 000 bornes aux six coins de la France, de la frontière italienne jusqu'à ce bled obscur de Landunvez, dans le Finistère. Ses petites roues bien oxydées n'ont jamais vu défiler autant les kilomètres. Quand elle passe, les enfants la pointent de l'index, les automobilistes font coucou de la main, les passants dressent le pouce. Elle est mignonne comme tout mais les trois types en question n'ont pas la courtoisie de le noter. Dans leur ensemble bottes-cotte, aucune tendresse. Pourtant, ils en cachent forcément quelque part, sous leurs bretelles, au fond de leurs trois petits cœurs qu'on s'emploie à ranimer de notre mieux.

« Oui, c'est nous, bonjour ! On sait que vous n'aimez pas les journalistes à cause de toutes les enquêtes qui sont sorties sur les élevages porcins. C'est justement de ça qu'on vient parler. » Celui qui s'est approché le plus près de la vitre de Louis paraît d'autant plus massif que nos sièges à motifs reposent à quelques centimètres du sol. Il a un plissement d'œil suspicieux, comme pour dire qu'on la lui fait pas. C'est un genre qu'il se donne, le côté mec hostile, ça se sent, que de la gueule, c'est un émotif et nos sourires d'angelots pourraient bien le faire craquer. « Ça nous intéresse pas, on vous dit. Si vous voulez parler à quelqu'un, vous appelez les porte-parole de la FNSEA, c'est tout. Maintenant, demi-tour. » Dommage, on fait remarquer, parce qu'on comprend bien qu'il soit sur ses gardes, avec la L214 qui tourne des vidéos en caméra cachée et nos airs de dangereux bobos qui n'y connaissent rien aux animaux, mais nous, juré, on cherche vraiment à discuter. Il secoue la tête.

Alors, on pourrait plutôt faire l'entretien par téléphone, s'il préfère. Ça tombe encore à plat. Tenez, on vous donne notre contact et vous nous appelez plus tard si, par hasard, vous changez d'avis. Il s'en fout de notre numéro. Ses collègues de Plouvorn ou de Guiclan l'ont déjà et il circule sur des conversations WhatsApp qui doivent être en alerte maximum parce qu'on fait vraiment louches tellement on a l'air de rien. Le seul numéro qui l'intéresse, notre copain, c'est celui de notre plaque d'immatriculation. Il le reproduit consciencieusement du bout de son gros doigt dans la poussière d'un tracteur qui est garé là, à rien foutre. Et puis, au cas où on n'aurait pas compris, il nous refait un grand geste du bras pour nous indiquer la sortie. Oui, oui, on répond, on y va, mais elle braque doucement la Panda, faut lui donner le temps, voilà.

Malheureusement pour nous, le seul qui aura la courtoisie de composer notre 06, c'est un pseudo-gendarme « d'une des brigades du Finistère » qui exige d'en savoir davantage sur nos motivations parce qu'il nous suit « avec un tracker » et qu'il sait exactement par où qu'on est passés, où c'est qu'on a mangé, à qui on a parlé, « etc. etc. etc. », comme s'il y avait beaucoup plus à dire sur notre emploi du temps de baroudeurs éclatés. Alors, même si ce monsieur nous appelle en masqué, s'il refuse de nous communiquer son matricule, son nom, son grade et la localisation de cette fameuse gendarmerie du Finistère qui l'emploie, on le remercie d'avoir pris le temps de nous joindre et on le salue ici bien bas en nous excusant de l'impolitesse de lui avoir raccroché au nez parce que c'était pas tout ça mais qu'on avait de la route et pas forcément l'envie de nous justifier devant d'obscures autorités frauduleuses aux méthodes patibulaires mais presque.

C'est bien la première fois que ça nous arrive, ce genre de coups de fil menaçants et anonymes, avec même un vrai 02 de la gendarmerie de Landerneau qui finit par nous biper sans attendre qu'on décroche, histoire de prouver qu'il y a des gendarmes impliqués dans cette tentative d'intimidation bien saugrenue, des vrais de vrais avec des képis et peut-être même la moustache. Ça nous arrive en France, alors qu'on n'est pas non plus les plus fins limiers et qu'encore une fois, juré, craché, on s'en tape à peu près des porcs en batterie, des abattoirs pas nets, des tonnes de lisier, des algues vertes, de Philippe Bizien et de ses 4 millions de porcs qui niquent les cours d'eau de Landunvez et des environs. Ils ne comprennent pas, ça, les agro-industriels bretons.

***

En l'Argoat armoricain, fief des Celtes, pays cornouaillais de Poher, entre les monts d'Arrée et les montagnes noires, l'étrange Vallée des Saints qui n'a rien d'une vallée dresse, une par une depuis 2008, les statues des mille saints bretons légendaires dont une centaine soutiennent d'ores et déjà le ciel bas du haut de leurs deux, trois ou quatre mètres de granit monolithe. Fantastique, n'est-ce pas, et poussiéreuse autant qu'obscure formulation pour décrire cette « Carnac du troisième millénaire », à l'image des terres pré-finistériennes et de leur histoire, méconnues par nous, colons de Français ignorant tout ou presque de ces fins de terre auxquelles les chapeaux ronds donnent le nom, tout au contraire, de Penn-ar-Bed, « tête du monde », c'est-à-dire son commencement.

Depuis les terrains de tennis côtiers de Saint-Lunaire jusqu'à la pointe du Raz, notre brave Panda s'aventurait vers ce début de la fin qu'est l'Ouest par les chemins laborieux de la campagne. Plus nous nous enfoncions, plus nous constations notre inculture affligeante à propos de cette région qui n'est pas qu'une terre de marinières, cirés, binious, cidres et galettes, contrairement à ce que des *genaoueg* de touristes, des *sac'h kaoc'h* de Parigots, des *toull foer* de citadins pourraient penser. À part Brieuc et Malo, les noms des sept saints fondateurs de la Bretagne, Pol Aurélien, Tugdual de Tréguier, Samson de Dol, Patern de Vannes et Corentin de Quimper ne nous disaient pas grand-chose, pour ne pas dire absolument rien.

Si on allait visiter la fameuse Vallée des Saints, qui n'est sans doute pas la réalisation la plus esthétique que la terre de Bretagne ait portée depuis l'érection des dolmens, c'est qu'on voulait rendre visite à un saint en particulier, Alexis de son prénom, le saint des voyageurs mais pas seulement. À travers lui, c'est un nom de famille que de généreux mécènes célèbrent, Alexis Gourvennec, entrepreneur visionnaire de la Bretagne agro-industrielle moderne. Sous son bras, le saint statufié porte un bateau surmonté d'un artichaut parce qu'Alexis Gourvennec est le créateur de la compagnie de transport maritime Brittany Ferries et celui de la SICA, une coopérative agricole bretonne. Pour financer leur hommage syncrétique, les structures orphelines se sont associées au Crédit agricole du Finistère dont l'homme d'affaires a présidé l'administration pendant près de vingt ans. Ce n'est pas pour rien qu'Alexis Gourvennec a sa statue comme un boss dans la Vallée des Saints. Pour ceux d'entre vous qui n'avaient jamais entendu son nom, il faut vous expliquer que ce mec, en Bretagne, c'est une légende.

En 1961, juste après une mémorable « bataille de l'artichaut » qu'il avait menée contre la baisse des prix sur le marché, il est devenu la star du syndicalisme agricole en occupant la sous-préfecture de Morlaix avec ses potes pour réclamer le désenclavement de la Bretagne et sa modernisation. Il a été arrêté comme un martyr puis libéré comme un héros avant d'obtenir du gouvernement français la construction de routes gratuites, l'installation de voies ferrées électriques, l'automatisation du réseau téléphonique et la construction d'un port en eau profonde à Roscoff pour développer les exportations vers l'outre-Manche. C'est à ce moment qu'il a créé la compagnie Brittany Ferries, actuellement le premier employeur de marins français. Tout ça pour écouler des artichauts. En parallèle de ses actions coups de poing, le Bernard Tapie des Bretons a accompagné le remembrement à marche forcée du monde agricole, soutenant la politique de remplacement du bocage et des fermes familiales par des champs en openfield et des structures agro-industrielles, la taille des haies, le comblement des fossés, l'aplanissement des talus, la suppression des chemins pour mécaniser et intensifier les exploitations. Le nombre de parcelles a chuté et la taille moyenne des exploitations s'est démultipliée dans la pauvre Argoat – la Bretagne intérieure, par opposition à l'Armor, la prospère et touristique Bretagne des côtes. Selon le dernier recensement agricole de 2020, la Bretagne a perdu un quart de ses exploitations en dix ans tout en conservant sa surface agricole, et une exploitation dispose en moyenne de 62 hectares, soit près de deux fois plus qu'en 2000. Ça veut dire que les grands propriétaires, aujourd'hui majoritaires, continuent de s'étendre tandis que les petits continuent de disparaître. En termes d'écologie, c'est pas tellement bon signe. En termes gracquiens, marxistes ou guevariens, ça rime avec maquis, treillis, réforme agraire. En termes capitalistes, c'est le cours des choses.

Écoutant Thomas, un éleveur de porcs bio, évoquer l'histoire de cette agriculture conventionnelle qui n'a cessé de gagner du terrain sur les exploitations « à taille humaine » depuis le milieu du XXe siècle, Louis s'était étonné. « Mais c'est trop bizarre... Le conventionnel c'est quand on utilise des pesticides ? Alors quand on fait les choses normalement, sans produits chimiques, ça s'appelle comment ? » Thomas a souri, dépité. « Ben, les banques elles appellent ça un projet atypique... Ça devrait être le cycle naturel mais maintenant tu dois justifier d'élever tes cochons sur de la paille et de produire tes propres céréales pour nourrir les bêtes. Ça rassure pas les banquiers, en général. » Contrairement aux gros exploitants de la région, Thomas et sa sœur ont décidé de laisser la paille à leurs cochons, malgré la contrainte que ça représente de nettoyer la litière à la fourche plutôt que de passer le béton au karcher. « La paille, c'est une aire de jeu pour les cochons, ils fouillent avec leur truffe, ils adorent ça. » Il faut voir les agriculteurs parler de leurs bêtes, c'est mignon comme un gourmand devant une assiette.

Même chez les éleveurs de l'école vaches autolavantes, on retrouve cette tendresse fantastique du regard en direction des chie-la-bouse. Des vaches autolavantes, on n'avait jamais vu ça, mais figurez-vous que ça existe. Les holsteins font la queue d'elles-mêmes pour se faire traire par un robot et puis elles refont la queue bien sagement, grosses Allemandes qu'elles sont, pour se faire mousser-tamponner comme des BM par des rouleaux de *car wash*. Derrière sa paire de lunettes, Josiane a la même tendresse pour ses vaches que Thomas pour ses cochons, et elle est très satisfaite de la technologie révolutionnaire qui permet à ses enfants de bosser sans tâter de la mamelle. Avec son mari Gérard, ils ont laissé l'exploitation à leurs fils Cyril et Fabrice, lesquels ont emprunté fort à la banque pour moderniser le site à coups de machines américaines. Résultat : les 150 vaches produisent 4 000 à 4 500 litres de lait par jour, soit 30 litres par paire de mamelles, 7,5 litres par téton. La famille pilote cette production de compèt depuis une sorte de cockpit donnant sur l'étable avec vision panoramique.

« Les vaches vivent bien », assure Josiane et on la croit puisque son lait entier est bon et qu'elle a la gentillesse d'une grand-mère à la campagne. Au fond, elle doit être aussi gentille que Jean-Luc, un éleveur porcin du côté de Guiclan qui tire pourtant vachement la gueule quand il nous voit. « Vous n'êtes pas ici pour dénigrer les agriculteurs ? » On se récrie. On vient de se faire salement secouer par Régis Cueff dans son exploitation de Pen ar Hoas. Il nous a hurlé de détaler avant de nous bloquer la route avec son caddie de logistique, pour noter notre plaque d'immatriculation et nous ordonner d'effacer la pauvre photo que Louis n'a même pas faite parce qu'il avait oublié d'insérer sa carte mémoire. « Ben ouais, c'est que les vidéos de L214, v'savez, ça nous a marqués dans la région. » Le voisin Jean-Luc, il est pas hyper à l'aise en nous parlant. Il se dandine d'un pied sur l'autre, les mains dans la salopette. C'est le dernier gros éleveur qui voudra bien nous recevoir parce qu'il n'a pas encore consulté son WhatsApp. Après ça, on sera cramés dans tout le Finistère parce que Régis Cueff a mis en marche l'implacable rouleau de non-communication de la FNSEA. « Je connais une éleveuse quoi, ben elle est dégoûtée que des types ont filmé chez elle. Tout ça parce qu'ils ont vu un animal mort, bon... Un animal, ça meurt. Les vidéos, elles sont vraies, c'est pas le problème. Le problème, c'est le montage, l'effet choc. Dès que je vous ai vus dans la voiture, ben ouais, j'ai eu la crainte. Depuis mes 18 ans, je suis dans le métier, moi. Économiquement ça va à peu près, on dégage 1 400 euros par mois chacun, mon frère et moi, et puis 2 100 euros pour les ouvriers. Mais humainement, c'est sûr, ça s'est dégradé depuis le scandale avec la pollution, les algues vertes, etc. Les écolos, ils critiquent. Heureusement, le gouvernement, il nous a toujours soutenus. Parce que ouais, il y a eu des abus sur l'épandage, d'accord, mais on est obligés d'augmenter la production nous, pour être compétitifs avec les Espagnols. Ils produisent pour moins cher les Espagnols. Alors moi, je respecte les éleveurs bio, mais qu'ils nous laissent travailler parce que si on veut pas couler dans le marché mondialisé, ben, on est obligés. »

On est près de Plouvorn, une ville où il y a près de trente fois plus de cochons que d'habitants, la capitale du porc industriel français où 80 % des élevages dépassent les 2 000 bêtes, la commune bretonne la plus émettrice d'ammoniac où le point de captage d'eau potable est fermé depuis 2007 à cause de la pollution. C'est pas moi qui le dis, c'est *Splann !*, le média d'investigation breton créé autour d'Inès Léraud et Morgan Large, deux journalistes indépendantes qui ont fait éclater le scandale de la pollution aux algues vertes et qui essuient depuis leur lot de menaces, de harcèlement et d'intimidations. Le chien de Morgan a été empoisonné, des éleveurs se sont introduits chez elle, une roue de sa voiture a été déboulonnée. Ce genre d'histoires ne rassure pas pour la Panda. Maintenant que sa photo circule sur les réseaux, on craint de la retrouver minable sur ses essieux chaque fois qu'on s'en éloigne pour s'envoyer un godet en vitesse. Sylvain connaît cette peur, c'est un journaliste de *Splann !* et il sait de quoi sont capables les agro-industriels bretons. Avec ses petits copains, ils se sont habitués à vivre dans cette ambiance de merde. Ils se sentent un peu seuls au monde. Ils ont la rage contre le grand journal local, *Le Télégramme*, qui « ne fait pas le taf ». C'est pas pour rien qu'ils ont créé leur propre média.

Comme ses confrères de *Mediabask* ou *Berria* au Pays basque, comme ceux de *L'Empaillé* ou *L'Arlésienne* en Occitanie, *Mouais* dans le pays niçois, *Marsactu* à Marseille, *Mediacités* à Lyon ou *Calais la Sociale* sur la Côte d'Opale, *Splann !* travaille sur des sujets pas faciles plutôt que sur les « moments médiatiques », dédicace à la journaliste la plus en vogue de notre époque, et quelle époque, Léa Salamé. La journaliste de France Inter et France 2 est une institution du journalisme contemporain, elle mérite donc d'être citée. « Le plus important, évidemment que c'est pas la question mais c'est le moment. C'est même pas la réponse, c'est le moment ! C'est-à-dire que peu importe la question, peu importe la réponse, il faut qu'il y ait un moment, il faut qu'on entende... Moi, mon obsession le matin sur Inter par exemple, c'est qu'il y ait un moment. C'est pas d'aller chercher, déceler la vérité, c'est qu'il y ait un moment et que l'auditeur soit surpris. Pour moi, un bon journaliste c'est quelqu'un qui va faire un moment, où il va se passer un truc. » Après tout, pourquoi pas ? *Invendable* aussi mise beaucoup sur « les moments » ; peut-être seulement qu'il s'agit de moments différents, peut-être que tous ces moments se valent, peut-être que chacun son truc et c'est très bien.

Pour en revenir à la Bretagne intérieure, en résumé, il y a d'un côté les gros méchants agro-industriels et la somme des petites mains qui en dépendent économiquement, de l'autre les petits trop mignons éleveurs bio, éternels prêcheurs dans le désert qui ne font vivre qu'eux-mêmes et quelques voisins, comme la famille Hamoniaux, Nadia, Patrice, Antoine et surtout Paul, l'aîné, un grand bouclé à la verve intarissable. Il a insisté pour nous faire dormir autour de sa caravane, avec son border collie et puis Marmotte, sa vache de compagnie. Son rêve, c'est de porter un beau chapeau de cowboy, des bottes et puis de la monter comme un cheval. Il a vu un type faire ça sur Instagram. « Moi je suis tous les jours dans la nature, c'est le rêve ! Y en a qui grandissent dans les villes, loin de cette vie naturelle, vous voyez ? Moi, j'adore faire découvrir ces plaisirs aux enfants de citadins ! » En miroir inversé, comme Pascal Praud et Léa Salamé, Paul me fait penser à Booba dont la « jeunesse a la couleur des trains RER C ». J'imagine Booba enfant. Il aurait adoré Paul. Il serait monté sur ses genoux dans le tracteur. Paul et lui auraient nourri les poules ensemble, ils auraient trait les vaches à quatre mains en riant à pleines dents, des brins de paille dans les cheveux.

À fréquenter la famille de Paul, on constate bien que la ferme n'est pas qu'un mauvais gagne-pain dont les finances ne suffisent même pas à installer le second membre de la fratrie. Elle est aussi un lieu de sociabilité intergénérationnel où le vieux Marcel passe remplir ses bouteilles de lait avec son accent de paysan du xxe siècle et sa bonne bouille, où les mômes pleurnichent devant les oies qui cacardent, où la famille Hamoniaux se réunit chaque matin pour le café rituel de 10 heures, entre les chiens, la toile cirée et le paquet de Ricoré. Elle est à taille humaine. Elle ne cherche pas à gagner des parts de marché à l'international. Elle est à l'ancienne, non conventionnelle, utopiste frustrée, *has been*, en voie d'extinction mais elle mène sa barque comme elle l'entend, comme elle peut surtout, et voilà quoi, elle s'en fout.

CHAPITRE 10

DERNIER PANACHE

À condition de ne pas préparer l'agrégation d'histoire, d'avoir ce qu'on appelle une âme d'enfant, de débrancher son cerveau, bref, d'être là pour le show, il faut reconnaître que le Puy du Fou se rapproche, allez, disons les choses, de ce qu'aurait pu être le jardin d'Éden s'il avait existé et si le Très Saint des Saints l'avait placé en terre de Vendée. Tous ceux qui sont déjà passés par ce parc d'attractions, l'un des trois plus visités en France avec Disneyland et le Parc Astérix, en résumé toutes les personnes honnêtes et de bon goût de ce pays reconnaîtront qu'en termes de courses de chars, de grands coups de masse de gladiateurs dans la gueule, de bateaux de Vikings qui jaillissent de l'eau, de tours de château qui se transforment en orgue géant, de cahutes en feu, de ballets de rapaces, de duels à la lance, bref en termes de kif absolu, on ne fait pas mieux.

Alors oui, les flûtes, les cornets à bouquin et les piccolos rendent fou après douze heures à courir d'un spectacle à l'autre au milieu de la forêt, entre les alignements de poussettes et les capuchons moyenâgeux, les étals de préfou, ceux de troussepinette et les « Auprès de ma blonde » frénétiques frappés sur les volées de cloches du grand carillon par la sosie de la Laitière de chez Nestlé. En sortant du spectacle nocturne des Noces de Feu, on ne peut plus en bouffer de la musique épique et du syncrétisme chrétien mais voilà, le Puy du Fou nous a encore eus. On se surprend encore et encore à ne pas être blasés, on s'étonne de notre capacité d'émerveillement renouvelée, réactivée cent fois en une journée par les mêmes ressorts répétitifs, efficaces, fabuleux.

Encore une fois, puisqu'il faut se justifier sans cesse, loin de moi l'idée d'inciter des lycéens à visiter le Puy du Fou à la veille d'une épreuve du bac et ça ne sera pas plus mal si l'on peut en tenir éloignés les citoyens les plus influençables le jour d'un éventuel référendum sur l'indépendance de la Vendée. Le Puy du Fou vend d'abord du spectacle mais, en loucedé, bien sûr, il vend aussi une fiction, celle d'une France éternelle et d'un peuple au destin commun, une fiction qui est le thème de ce récit. À notre époque où le champ lexical de la résilience se propage comme du glyphosate sur le champ du vocabulaire, le Puy du Fou réconforte ceux qui en ont besoin en revisitant le passé et la somme d'élans héroïques qui ont façonné nos terres que tout de Villiers qui se respecte appelle « notre formidable pays semé de clochers ». La représentation des minorités en moins, le mysticisme en plus, les sourires béats des dizaines de milliers de visiteurs quotidiens ne sont pas si éloignés des sourires éclos pendant les JO et dont les médias se félicitent en chœur depuis la cérémonie d'ouverture. Dans leur écrin de verdure, les de Villiers père et fils accomplissent le même miracle de parenthèse avec leur méthode éprouvée par CNews du spectacle en continu, diffusant ses mythes glorieux en toute détente, Febreze de l'esprit réactionnaire, boomerang de panache et de merveilleux renvoyé à la face du roman national déconstruit d'une république désenchantée.

Accompagnés de chœurs glorieux et de violons, les applaudissements gonflent les salles et les cœurs. J'ai le sentiment qu'on est tous très chauds, très purifiés, très inspirés, qu'on pourrait tous se sacrifier pour à peu près n'importe quelle cause noble parce que, putain, c'est beau. Pendant *Le Dernier Panache* qui retrace la répression des Vendéens par les révolutionnaires parisiens, mon voisin brestois a levé le poing dès que résonnait l'une des mélodies qui venaient de chez lui. Il mettait l'autre main sur la poitrine, le torse bombé, et son gamin l'imitait. J'ai l'impression d'être en Russie. Je me sens breton ou vendéen, je sais pas, enfin grave solidaire quoi. Louis siffle à côté de moi. « Eh bah... Implacable. » C'est l'un de ces mots précisément implacables dont il a le secret. Ce qu'il juge implacable, cette fois, c'est l'intensité de l'émotion commune et de l'étrange sentiment d'appartenance que le Puy du Fou réussit à créer de spectacle en spectacle. De Villiers fils, Nicolas de son prénom, développe là-dessus au téléphone, quelques jours plus tard, avec sa ponctualité, sa langue et sa politesse de grand seigneur. « Quand Teddy Riner ou Léon Marchand remportent une médaille, c'est toute la France qui célèbre. Quand Notre-Dame brûle, c'est toute la France qui pleure. Nos joies et nos peines sont collectives, nous sommes un peuple avec une âme. » Lorsque Nicolas de Villiers parle, c'est tout un poème vieillot qu'on griffonne sur le calepin, un poème traversé de « lumière », de « racines chrétiennes » et de célébrations du « génie français », un poème d'amour courtois, céleste et figé, impeccable et démodé dont la muse éternelle est « le peuple français auquel les élites dirigeantes ne croient plus puisqu'elles ne croient plus qu'à l'argent ». Mais ce n'est pas le drame qui l'intéresse, optimiste qu'il est, « c'est le sursaut, ce que nous appelons l'héroïsme ». Avec le Puy du Fou, il s'enorgueillit de célébrer « nos racines, notre patrimoine commun, notre imaginaire collectif », d'emprunter aux personnages historiques autant qu'aux figures légendaires pour « chanter l'histoire plutôt que la raconter ».

Il dirige le parc fondé par son père Philippe en 1989, l'année du bicentenaire de la Révolution, comme une réponse au spectacle triomphalement mitterrandien commandé la même année à Jean-Paul Goude pour le 14 Juillet, fête nationale dont les révolutionnaires se sont bien gardés de jamais spécifier si elle célèbre la prise de la Bastille, chère aux républicains, ou la fête de la Fédération, chère aux conservateurs. Quarante ans plus tard, Louis dresse le parallèle entre les spectacles du Puy du Fou et celui de Thomas Jolly pour l'ouverture des Jeux. Nicolas de Villiers aurait aimé voir certaines « images d'Épinal », le vélo par exemple – il a cette phrase touchante : « C'est quand même nous, les Français, qui avons inventé le Tour de France » – et puis « notre industrie », le TGV, Airbus, les cartes à puce, ou encore « le monde de la mode en dehors de LVMH », c'est-à-dire pas que le meilleur poto de Macron mais aussi Hermès, Chanel, Longchamp. Nicolas de Villiers ne sait pas pourquoi certains réacs ont boudé le spectacle mais il dit « je ne sais pas », avec l'air de savoir, sans insister sur les critiques parce que, vraiment, il a trouvé « comme tous les Français que c'était une fête merveilleuse ». Les séquences homoérotiques n'étaient « peut-être pas forcément indispensables », il ne s'intéresse pas du tout à la polémique autour de Philippe Katerine, un Vendéen filmé tout nu et peint en bleu pour un banquet de Bacchus. Certains téléspectateurs à l'esprit mal tourné ont accusé Thomas Jolly de parodier la Cène, ce qui aurait vraiment été de mauvais goût puisque « la France est pétrie de christianisme, que son histoire a été façonnée pendant plus de mille ans par l'Église et qu'il suffit de prendre sa voiture, comme vous le faites, pour le constater ». C'est presque mot pour mot ce qu'avait dit Corentin, le réapprenant catholique de Lyon, pour qui la République n'est que le travestissement des valeurs anciennes et trahies du Christ.

Écoutant Nicolas de Villiers, j'entends Alexandre Soljenitsyne. En 1993, l'écrivain russe s'était rendu en Vendée pour commémorer le massacre des Vendéens par les révolutionnaires parisiens. C'était quinze ans après son fameux discours d'Harvard sur « le déclin du courage » des élites occidentales, l'uniformisation de la pensée dans les médias libéraux et l'abandon des valeurs spirituelles des sociétés perverties. Selon lui, celles-ci ne poursuivraient plus que l'unique quête du bonheur matériel et ce serait la simple et bonne raison pour laquelle elles sont toutes anxieuses et dépressives. C'est un résumé, bien sûr mais enfin voilà. Je pense aussi à ces vers de Musset dans « Rolla » : « Dors-tu content Voltaire et ton hideux sourire / Voltige-t-il encore sur tes os décharnés ? / Ton siècle était, dit-on, trop jeune pour te lire ; / Le nôtre doit te plaire, et tes hommes sont nés. / Il est tombé sur nous, cet édifice immense / Que de tes larges mains tu sapais nuit et jour » ; que suivent ces vers-là : « Et que nous reste-t-il, à nous, les déicides ? / Pour qui travailliez-vous, démolisseurs stupides ? » Ça pousse à penser qu'il y a une nostalgie de la transcendance chez les réactionnaires tendance vendéens, comme chez les déçus du communisme ou les désenchantés du mythe républicain. Je ne sais pas si ça se soigne.

***

Je commençais à fatiguer Louis, le pauvre, à force de bavarder dans la vaillante Panda sur cette ultime ligne droite du Puy du Fou à l'Île de loisirs de Cergy-Pontoise parce que oui, on allait relier ces étapes pas banales pratiquement sans transition. Comme d'habitude, en fin d'escapade, l'approche de la ligne d'arrivée nous incite non pas à nous relâcher comme les marins à l'approche du port, et c'est très dangereux parce que c'est le moment où ils se prennent de la caillasse, mais plutôt, il faut le reconnaître, à franchement torcher les derniers kilomètres. En nous voyant nous hisser hors de la Chichi sens dessus dessous et pleine à ras bord, Louis avec son jean troué, ses lacets défaits, ses semelles traînantes, moi avec mes espadrilles franchement pas sortables, mon vieux maté et mes mains pleines de cambouis parce qu'on venait de changer la courroie de distribution comme des as dégueulasses, un gardien nous avait refusé l'entrée de l'usine Duralex, en banlieue d'Orléans. On comptait vaguement visiter, parler aux employés de n'importe quoi, boire des cafés, faire notre travail en somme, mais le type avait dit non deux fois et on n'avait pas insisté parce qu'au fond, ça nous arrangeait bien.

Alors voilà, on s'est retrouvés à garer la Panda sur le parking gazonneux de l'immense base de loisirs de Cergy-Pontoise, un 11 août, et puis on est sortis en plein cagnard, dans deux petits shorts-maillots très seyants, bleu pour ma part, rouge pour celle de Louis, avec une furieuse envie de faire trempouille et de s'envoyer un Coca-saucisse-barquette de frites brûlantes. On n'y était jamais allés à l'Île de loisirs. On l'avait découverte dans les films documentaires de Guillaume Brac et notamment *L'Île au trésor* où le réalisateur suit des familles de toutes les origines qui viennent y pique-niquer, des ados qui viennent s'y bécoter et des travailleurs saisonniers. À l'ombre des arbres ceinturés de grillages, la boucle de l'Oise se couvre de nappes et de glacières comme si c'était le *Top Chef* des spécialités du monde. De tous côtés, les mamans déballent leurs paquets d'aluminium bourrés de plats épicés pakistanais, ivoiriens, colombiens ou martiniquais, tandis que les enfants chahutent, engoncés dans des flamants roses en plastique, et que les papas mâchonnent un cure-dent, blaguent ou ne disent rien. À distance, posées sur les buttes ou les pieds des toboggans, des équipes de gars plus ou moins abonnés aux salles de sport s'aspergent au brumisateur, maillot de foot sur l'épaule. Ils croisent le regard de filles en bikini, en jupe longue ou en hijab, qui sirotent des Capri-Sun et parlent fort en mâchonnant leur paille. Un avion trace un anneau dans le ciel. Ça fait lever la tête à quelques-uns, pointer du doigt, dire « Ils préparent la clôture des JO », mais ça n'interrompt pas le brouhaha des pelouses. Des Afghanes font du trampoline, des Gitans font du pédalo. C'est l'insouciance du mois d'août et d'un dimanche entre deux semaines.

En se promenant sur les rives de Cergy-Pontoise où il y a un monde fou mais pas 35 000 bobos de notre espèce, certains pourraient s'indigner comme quoi « Oui, on ne voit pas un Blanc ! Pas un Français ! », ce qui est faux, d'abord, puisqu'on est là, youhou, mais ce qui est imprécis surtout puisque ce qu'on ne voit pas, en réalité, ce sont des bourgeois.

En général, ça part en vacances à plus de cinq kilomètres de son logement, un bourgeois, et ça n'apprécie pas particulièrement la superposition des serviettes autour d'un étang où l'eau est maintenue à niveau grâce à la pisse d'enfants. La base de loisirs de Cergy-Pontoise ne ressemble pas à « la France », elle ressemble à Cergy-Pontoise, une ville nouvelle sortie de terre en 1970 pour répondre à la croissance démographique de la région parisienne. Elle n'a pas de « natifs » sur plus de deux générations. La variété des langues et des pique-niques témoigne de la force d'attraction de la région parisienne et de la nouvelle réalité d'une société française culturellement hétéroclite. Si on attrapait une ribambelle de baigneurs de Cergy par le slip et qu'on leur demandait qui est Charles de Gaulle, il y a moyen qu'un certain nombre d'entre eux réponde en parlant de l'aéroport, comme les élèves de BTS informatique à qui Louis et moi donnions des cours de culture générale dans le XXe arrondissement de Paris. En revanche, on aurait des chances de recevoir des cours d'histoire dispensés par de vieux harkis, des descendants de tirailleurs sénégalais ou des réfugiés du Sri-Lanka, du Bangladesh, d'Afghanistan, des gens forcément passionnants.

J'utilise le conditionnel parce que je dois vous confier honteusement qu'on n'a pas causé à grand monde sur les rives de Cergy-Pontoise. On avait vaguement répondu aux dragouilleries de la caissière, parlé de la chaleur écrasante et des JO avec la vendeuse de sandwichs et puis échangé deux-trois mots avec deux-trois types dans l'eau. On était claqués de l'été. Notre quota d'interactions sociales était très largement atteint et puis, je vous dis, on avait cette sensation d'être arrivés. Cergy-Pontoise, c'est pas Paris mais c'est déjà notre monde, on se relâchait, on connaissait. On retrouvait la gouaille des jeunes de plus ou moins notre âge, celle des 20-30 ans qui n'a plus rien à voir avec la gouaille des titis de l'époque de nos parents. Les titis d'aujourd'hui parlent toujours aussi fort, disent toujours autant de dingueries, font toujours autant de conneries. Ils font peur à tout un tas de gens tranquilles comme la jeunesse un minimum chahuteuse a toujours fait peur, avec cette particularité de n'être souvent ni blancs, ni de culture chrétienne. Certains en veulent à la France pour tout un tas de raisons. Ils sont pourtant des Français autant que les autres, ils font partie d'une troisième ou quatrième génération, mais eux-mêmes parlent toujours « des Français » comme le font certains vieux Mosellans un siècle après le rattachement. Ils pensent toujours à ce pays, à 3 000 bornes de leur cité, qu'ils ne connaîtront peut-être jamais, en sachant très bien que là-bas aussi ils seront étrangers, que là-bas aussi ils ne seront qu'une moitié de personne.

C'est une paraphrase d'une chanson de Renaud sortie en 1983. Il y fait dire à un immigré de seconde génération : « Alors, pour m'sentir appartenir à un peuple, à une patrie, j'porte autour de mon cou, sur mon cuir, le keffieh noir et blanc et gris. Je m'suis inventé des frangins, des amis qui crèvent aussi. » C'était il y a quarante ans.

***

Au-delà des grandes aires urbaines, il y a les restaurants routiers, leurs menus à 16 euros, quart de rouge, pâté, saucisse, purée, fromage et crème brûlée. Les patronnes de ces cantines officient dans le brouhaha des pantalons de travail, des mains calleuses, des épaules larges, des groupes d'hommes rigolards qui patientent avant que des places ne se libèrent, un demi à la main, un apprenti dans les pattes. Un bourgeois se distingue aux tables de ces campagnes comme à celles des villes nouvelles. Les deux mondes se ressemblent plus qu'il n'y paraît. Ils sont peuplés d'hommes et de femmes qui, souvent, se lèvent tôt, travaillent dur, galèrent et rêvent d'un autre pays que le leur, un pays moins malade de lui-même, un pays qui irait mieux, qui n'est pas facile à trouver et qui, peut-être, n'existe pas. Tous constatent que la France est devenue bizarre. Il y a cette histoire de « voisins vigilants » avec l'œil à l'entrée des communes, comme dans *1984*.

Les enfants ne courent plus les rues, les glaciers n'épluchent plus des légumes sur les trottoirs, les voyageurs ne lient pas facilement connaissance dans les transports, dans les commerces, dans la rue, les vieux ne vivent pas avec leur famille, les handicapés ont besoin de quotas pour apparaître sur les écrans de télé. Des Lyonnais se souviennent d'un temps où il n'y avait pas de codes aux traboules, des Francs-Comtois laissaient les clefs sur la C15, un type aimait les clients des boulangeries d'autrefois qui lançaient des « M'sieurs-dames ! » à la volée alors que maintenant plus. D'autres vieux de la vieille regrettent le temps des imprimeurs de presse dans les journaux qui maintenaient les rédactions en contact avec le monde ouvrier, les usines qui brassaient les origines et tous les « petits métiers » qui créaient du lien entre les couches sociales. Une partie de ce que certains esprits insensibles appellent « les passions tristes des Français » est la simple expression d'un constat, celui de l'effritement des particularismes et du commun.

C'est pour cette raison qu'on voulait explorer le terrain drôlement miné de l'identité française, pas par fascination morbide pour ce qui fâche et divise, mais par envie de tâter ce qu'il reste de lieux, de références, de pensées, d'intérêts, de sens communs dans ce pays. Toutes les personnes à qui nous avons demandé de définir « l'identité française » ont répondu par un balbutiement plus ou moins bien rattrapé. Mention spéciale à Marion de la Roya et à notre papa Delorme national qui a eu la réponse peut-être la plus consensuelle et élaborée. « L'identité n'est jamais figée, toujours plurielle, en évolution permanente, elle se construit. Dans l'identité française, je vais choisir Hugo et Jaurès quand d'autres choisiront Corneille et Maurras. L'essentiel c'est de ne pas dire : "La France c'est ceci ou cela", de ne pas abandonner la France à un morceau d'elle-même, de rappeler que notre pays ne s'est pas construit autour d'un peuple mais d'une idée, celle de l'égalité entre les hommes. » Il était resté pensif et puis il avait ajouté : « C'est tout de même incroyable ! Comment se fait-il que la gauche ait pu abandonner à ce point le drapeau de la Révolution française, à ce point qu'on a honte, aujourd'hui, de l'arborer ? Ça n'a pas de sens ! » Effectivement, de nos jours, camarades, il y a pas mal de choses qui n'ont pas de sens mais il y a des terrains d'entente à trouver, au prix de bonnes volontés, de bavardages à rallonge, de veillées de Noël sans portes qui claquent.

Invités à dîner, un soir à Fécamp, on a assisté aux premières loges à une rencontre exquise et interminable entre Philippe, un Franco-Vietnamien issu d'une famille de la noblesse désargentée – « Enfin comme tout le monde, bien sûr, c'est très banal » – et Antoine, fils d'éleveur laitier de Criquetot-l'Esneval. C'était dans un minuscule appartement de pêcheur. La première heure et demie, Antoine était resté discret assis près de la fenêtre. Il se grattait la barbe, fumait une clope, écoutait Philippe évoquer sa collection de bottes et sa « quête désespérée du modèle Chamolux qui est apparu dans les années 1970 avec un caoutchouc très épais, plutôt marron, disparu dans les années 1990. Non ? Ça ne vous dit rien ? Oui, il est très difficile à trouver ». Antoine ne s'était vraiment animé qu'à partir du moment où Philippe, avec sa mondanité naturelle, son ton chaleureux, docte et amusé, avait lancé : « Alors, figurez-vous que c'est assez amusant parce que, comme vous pouvez peut-être ne pas le constater dans cette habitation franchement modeste, Fécamp est une ville qui a toujours été assez prospère. » Ça sortait de nulle part. Antoine a sursauté. « Ouh là là ! Non, hé hé... Enfin, ça dépend de si on parle du Fécamp des armateurs ou bien du Fécamp des pêcheurs ! »

Philippe a remis ses lunettes en place du bout de l'index et la discussion a pris un tour fantastique. Philippe et Antoine se sont mis à parler ensemble de leur rapport aux classes sociales. Ça a duré jusqu'au bout de la nuit. Je trouve du sens à cette scène et aux mille et un récits brouillons des rencontres hasardeuses de cette errance de trois mois, davantage que dans le commentaire journalistique que fournissent en continu les plateaux télé, les éditos des journaux et les matinales des radios, où le pays et les chers compatriotes paraissent toujours très loin quand on en parle. Peut-être que j'extrapole, qu'il y a un manque de rigueur, une sorte de paresse intellectuelle dans cette façon de coller des bouts de phrase chopés au hasard, à des heures tardives, à moitié bourré, mais la rencontre de Philippe et Antoine au même titre que celle des copains barragistes d'Oyonnax et de la militante retraitée de l'Éducation nationale, ou celle de Santa Fe et de la jeune électrice RN à Sainte-Foy-la-Grande, me laissent chaque fois l'impression d'avoir touché quelque chose, comme avec cette vendeuse de churros de Momuy qui s'était écriée « Beh c'est Macron qui a fait brûler la cathédrale de Paris, tiens, parce qu'il doit être à moitié islamiste ! » entre deux moulinets de crêpe. En l'occurrence, cette phrase avait un sens limité et Louis avait d'ailleurs su rebondir très stoïquement en réclamant du rab de Nutella sur sa gaufre.

Mais quand la même vendeuse – dont le mari est allemand et qui elle-même est « un quart espagnole, un quart basque, un quart béarnaise, le reste ça vient de Pologne » – nous a dit qu'elle aurait pu voter pour Bardella et Le Pen mais qu'elle ne l'a pas fait parce qu'« ils sont pas pour le peuple », qu'elle aurait pu voter pour Zemmour mais qu'elle ne l'a pas fait non plus parce qu'« il a critiqué les handicapés dans une vidéo », qu'on l'a entendue rameuter sa fille en gueulant pour faire de la monnaie « aux jeunes » et que la fille, avec ses 25 ans et ses trois enfants, s'est levée d'un trampoline en traînant des pieds et geignant « Eh, j'suis pas ta Banque postale », eh bien, étrangement – même si je savais que ça ferait une phrase à rallonge –, j'ai pensé : « Tiens, il faudra que je raconte. » Je trouve du sens au chahut des lignes, des visages et des pensées, davantage qu'à tous les paragraphes anglés, réagencés, aseptisés, désamorcés, vite périmés, que j'ai jamais publiés dans les médias qu'on dit *mainstream*, lesquels donnent cette impression trompeuse de pureté et l'illusion de pouvoir refléter le monde dans une collection de miroirs de poche sculptés où même l'irréductible Gaule, cet immense petit pays, ce dense amas de vies minuscules, ne tient pas.

ÉPILOGUE

« Je cultive maintenant les roses dans mon microcosme,
Mesure les dégâts minimes que mon micro cause. »

Akhenaton

Voilà, bon, c'est tout pour moi sur ce coup-là. Avec la complicité de Sophie Caillat, de Jeanne Fonmarty, de Clémentine Legrand et de l'équipe d'*Invendable*, à commencer par l'irremplaçable Louis Borel, j'ai essayé de vous retranscrire une année de voyages en un livre. C'est périlleux et déchirant parce qu'il a fallu tailler, trancher, perdre énormément de ce que j'aurais aimé écrire et voulu raconter.

Depuis une poignée d'années, je m'accorde ce grand luxe de partir à l'arrache qui procure autant d'exaltations que de désillusions. On s'amuse autant qu'on s'use à l'usage du monde. Le plaisir enivrant et l'intérêt sans pareil que cette façon de traîner apporte me poussent à persévérer dans un rythme de vie qu'on devrait avoir pas mal de raisons rationnelles d'abandonner, à commencer par l'instabilité économique, sociale et affective qu'il engendre. Les allers-retours entre les mondes épuisent. On est constamment sur un fil, physiquement, intellectuellement, mentalement. En traînant loin des capitales dans l'Amérique, la Russie ou la France, on se fatigue parfois à gratter l'amitié, à compatir, à questionner. Mais le grand effort commence au retour, quand on porte un bout d'ailleurs sur soi et qu'on peine à trouver une oreille avec qui partager le poids des choses vues.

Ce qui est difficile pour un Belge, ce n'est pas d'aller à Hong Kong, disait Jacques Brel, c'est de quitter son village. En reportage, je dirais que le plus difficile n'est pas de quitter son village ou d'y rentrer, mais d'être rentré là où la vie a suivi son cours, où le temps a filé, où tout se poursuit, où les rédactions s'en foutent et où ceux qui ne sont pas partis me retrouvent en quelque sorte altéré. J'essaie de raconter, ennuyant ceux qui écoutent, trahissant ceux qui se sont confiés, constatant cet éclat de déception dans le regard de certains qui, souvent, s'indignent que la route fasse voyager. Le véritable sujet de ce livre, s'il y en a un, est la question indépassable du « Est-ce qu'on se comprend ? », à laquelle je cherche une réponse dans tout ce que j'entreprends confusément, persistant dans la bonne et vieille méthode camusienne : « Il s'agit de s'obstiner. »

Cinq mois après mon passage en Arménie, quand l'Azerbaïdjan a finalement annexé le Haut-Karabagh, j'ai écrit à Vaché, vous savez, Vaché, ce copain que je m'étais fait à Khndzoresk, il ne faut pas sauter les introductions. Je voulais lui dire que je pensais à lui depuis l'Opéra de Paris où je travaillais comme ouvreur pour me refaire, tant bien que mal, une santé financière. Ça aussi, c'était déjà mentionné. Vaché m'a répondu « Tout va très bien, ici ! » et, dans la foulée, il m'a envoyé une photo qu'il a immédiatement effacée. L'image a juste eu le temps de s'imprégner dans mon cerveau.

C'était un buste tranché à hauteur de la taille surmonté d'un visage azéri, crado de terre noire au milieu d'une terre cramée, le drapeau arménien fourré dans sa gueule ouverte. Mon nœud papillon autour du cou, entre les costumes et les robes de soirée, à l'entracte de je ne sais quel spectacle, j'imaginais le sourire de Vaché. J'avais pensé à lui avec la plus sincère compassion qu'on peut ressentir pour quelqu'un qui souffre et qu'on connaît. Vaché me répondait par ce sourire cruel, pourri, fétide, ce sourire grimaçant de la guerre, comme un secret entre son pays et moi, ce sourire dont il a honte puisqu'il l'efface mais qu'il a fait sien, ce sourire humain qui m'écœure et surgit çà et là, entre les fleurs du chemin.

Un mois après la fin de l'épopée française, en route vers son Italie natale, ma valeureuse Fiat Panda est allée s'éteindre, reine qu'elle était, en pleine nuit, au sommet d'un rond-point d'Arc-lès-Gray. C'était un vendredi 13 septembre. « Jamais la fin d'été n'avait paru si belle. »

TABLE DES MATIÈRES

DÉJÀ PARUS DANS LA COLLECTION DOCUMENTS DES ÉDITIONS DU FAUBOURG

La Doctrine invisible, George Monbiot et Peter Hutchison, 2025.

Dé-rangée, Mina Kavani, 2025.

Réinventons la montagne, Fiona Mille, 2024.

L'Argent des gens, Thomas Baumgartner, 2024.

Les Terroirs et la gauche, Samuel Grzybowski, 2024.

L'Intelligence artificielle, ses biais et les nôtres,
Rémy Demichelis, 2024.

Pierre de Coubertin, Aymeric Mantoux, 2024.

Nous n'avons pas peur, Natalie Amiri et Düzen Tekkal, 2024.

Mes labyrinthes, Florian Forestier, 2023.

Wagner, Lou Osborn et Dimitri Zufferey, 2023.

Demain, c'est nous, François Bernard et Heïdi Sevestre, 2023.

Vivre fluide, Mathilde Ramadier, 2022.

Imposture à temps complet, Nicolas Kayser-Bril, 2022.

Souriez, vous êtes nudgé, Audrey Chabal, 2021.

Venir après, Danièle Laufer, 2021.

Souffrance en milieu engagé, Pascale-Dominique Russo, 2020.

Tous nos livres sont disponibles
en version numérique sur notre site
www.editionsdufaubourg.fr

ÉDITIONS DU **faubourg**

SIÈGE SOCIAL ET COURRIER
42 rue Planchat, 75020 Paris
editionsdufaubourg.fr
contact@editionsdufaubourg.fr

DIRECTION GÉNÉRALE ET ÉDITION
Sophie Caillat

ÉDITION ET PRÉPARATION DE COPIE
Jeanne Fonmarty

CORRECTION
Augustin Langlade

DIRECTION ARTISTIQUE
Clément Bournas
clement.bournas@gmail.com

MAQUETTE
Clémentine Legrand

CARTES
Faustine Delétrain et Clémentine Legrand

TYPOGRAPHIES
League Gothic
Miller Text

DIFFUSION-DISTRIBUTION
Harmonia Mundi Livre
Tél : 04 90 49 58 05

numérique
Impression & brochage - France
Numéro d'impression : N33186250101 - Achevé d'imprimer : février 2025
Dépôt légal : février 2025
IMPRIM'VERT®
PEFC
10-31-3532